KB205674

꼬리에 꼬리를 무는 말씀

알아도 모르는 하나님 이야기

* 알아도 모르는 하나님 이야기

지은이 김희진

펴낸 곳 크리스찬북뉴스

초판발행 2024년 6월 25일

등록번호 제2018-000039호

이메일 cbooknews@naver.com

홈페이지 www.cbooknews.com

총판 하늘유통(031-947-7777, 팩스 0505-365-0691)

ISBN: 979-11-965473-9-4

알아도 모르는 하나님 이야기

꼬리에 꼬리를 무는 말씀

김희진 지음

목 차

sola Scriptura

sola Scriptura

sola Scriptura

* 한국어 성경 구절은 전달하려는 의미를 가장 잘 나타내는
버전으로 소개하였으며 별도로 표기하지 않은 경우는 "우리
말성경" 버전임을 밝혀 둡니다.

소개의 글

김승은(캐나다 BC주 주정부 변호사)

작가의 가족이라는 이점 덕분에 책을 소개하는 글을 쓰게 된 것이 조금 쑥스럽고 민망하기도 하지만, 딸이기 이전에 첫 독자이자 비평자였던 입장에서 이 책의 앞부분에 한마디 얹을 수 있게 된 것을 큰 영광으로 생각한다. 물론 한편으로는 신학이라는 난해한 학문을 제2언어인 영어로 공부하느라 분투 중이던 엄마 곁에서 과제를 도와 드린 십여 년 전의 전적을 고려한다면 나에게도 이 책의 지분이 아주 없지는 않으리라는 뻔뻔한(?) 주장을 해 보고도 싶지만 말이다.

엄마와 나는 재미있게도 거의 같은 시점에 주님을 만나면서 영적 성장을 함께해 온, 어찌 보면 믿음의 동지 사이라고 말할 수 있다. 나름대로 엎치락뒤치락하며 선의의 경쟁을 펼치기도 했지만 결국 엄마는 내 인생에서 가장 중요한 신앙의 선배이자 롤모델이 되었는데, 그 이유는 단연코 성경에 대한 엄마의 뜨거운 열정과 탐구심, 진리를 찾는 여정 속에서 길을 잃지 않은 인내심 때문이다. 모든 일에 스스로 본보기가 되었던 모습 그대로 엄마는 나에게 '성경을 읽는 삶'이 어떤 것인지 직접 가르쳐 주셨다. 숙제하듯 해치우거나 의무적인 의식처럼 치러 내는 것이 아니라 가슴 뛰는 호기심과 즐거움으로 하나님이 남기신 사랑의 흔적을 더듬는 일상으로서.

가장 힘들고 외로웠던, 아무런 응답이 없는 듯 느껴지던 순간들에도 필사적으로 주님의 말씀을 공부하며 의지했던 엄마의 노력이 기억에 선명하다. 성경 속에 곱게 자리한 그분의 사랑과 보살핌의 증표들을 하나하나 캐어 가며 어두운 줄만 알았던 시간들 속에서 스스로 불을 밝힌 그 여정을 떠올릴 때마다 다른 무엇으로도 살 수 없는 믿음의 유산을 물려받았다는 사실이 감사하다. 그리고 그 시간 속에서 엄마가 얻은 지혜와 깨달음들은 고스란히 이 책에 담겨 하나님의 오차 없는 계획을 증거할 수 있게 되었다. 성경은 읽고 또 읽어도 끝이 없을 뿐 아니라 매달리는 이에게 반드시 '답한다'는 사실을 다시금 깨닫는다.

이 책의 큰 주제가 그렇듯, 성경이란 결국 "하나님이 누구신지"를 알려 주기 위한 매개체가 아닐까 싶다. 다시 말해 우리는 성경을 읽으며 당장의 상황에 적용할 지혜를 얻거나 삶의 길에서 해야 할, 그리고 해선 안 될 행동의 분별력을 얻는 등의 이런저런 유익을 취할 수 있지만, 그것들은 성경 읽기의 부차적 혜택일 뿐 결국 성경이 존재하는 가장 큰 목적은 하나님이 어떤 분이신지를 읽는 이들이 명확히 알고 깨닫도록 돕는 데에 있다는 것이다. 그리고 그것이야말로 주님께서 우리의 모든 질문과 간구, 애원 등에 대해 이미 예비해 두신 답일지도 모르겠다. 하나님이 '어떤 분'인지 제대로 알기만 한다면 삶에서 마주친 전례 없는 혼란과 방황, 고통과 외로움 속에서도 주님이 앞으로 '어떤 일'을 하실지에 대해 불안이나 두려움 없이 평온함과 자유로움을 지킬 수 있을 테니 말이다. 그래서인지 성경을 읽는 일이 무척이나 설레고 감격스러운 은혜라는 사실을 점점 더 실감하게 된다. 하나님에 대해 더 자세히 알아 갈수록 우리를 향한 그분의 전능하신 사랑을 더욱 뚜렷이 깨닫게도 된다. 당신 자신을 설명함으로써 당신의 사랑을 서술하시는 이 다정한 러브레터는 읽으면 읽을수록 새롭고 신기하다.

하나님에 대한 더 깊은 이해를 얻는 과정의 중요성과 즐거움을 직접 보여 주신 신앙의 선배이자 영혼의 단짝, 나의 최애 작가님인 엄마께 깊은 감사와 존경을 표한다. 내가 그랬듯 다른 독자들도 이 책을 통해 성경을 탐구하며 하나님의 다양한 면모를 스스로 발견하는 기쁨을 느낄 수 있기 바란다. 책을 덮고 난 후에도 계속되는 열정과 호기심으로 그 여정이 꾸준히 이어지기를 또한 소망한다. 사랑하는 상대가 늘 자신에 대해 더 알고 싶어 한다는 것을 깨달았을 때의 그 기꺼움과 행복을 우리도 하나님께 드릴 수 있다는, 그 어마어마한 특권을 우리 모두가 일상 속에서 당연하게 누리며 살게 된다면 좋겠다.

2024년 5월 캐나다 밴쿠버에서

알아도

모르는

하나님 이야기

꼬리에

꼬리를 무는 말씀

1장 유일하신 하나님(1)

> "여호와께서 홀로 그들을 인도하셨고 함께한 다른 신
> 이 없었도다"(신 32:12).

　세상에 하나밖에 없는 무언가는 그 자체만으로도 엄청난 가치
를 인정받습니다. 물질적 값어치로 세간의 관심을 끄는 상품 중에
는 역시 세상에 단 하나뿐이라며 회자되는 보석이나 귀금속 등을
빼놓을 수 없겠기에 예전에 읽었던 기사들을 다시 찾으면서 확인
해 보았더니, 여배우 그레이스 켈리의 웨딩드레스 디자인에서 영
감을 받아 제작되었다는 전세계에서 하나뿐인 팔찌가 8억원을 호
가하는가 하면, 30.68 캐럿의 옐로우 다이아몬드로 만들어져 세
계적으로 유일무이하다고 인정된 반지의 가격은 110억 원에 육박
한다고 합니다. 게다가 이것도 몇 년 전 정보임을 고려할 때 지금
은 그것들의 가격이 더 올랐을 수도, 혹은 그 기록을 경신하는 훨
씬 더 비싼 가격의 세계 유일 품목이 출현했을지도 알 수 없는 일
입니다.

　이처럼 한갓 물질에 지나지 않는 것들, 또한 유사하거나 그것

을 능가하는 '새로운' 세계 유일이 될 수 있는 물건들도 이렇게 가치를 인정받는다면, 그 무엇과도 비교되거나 필적할 수 없으며 온 우주를 통틀어 유일하고 독보적인 존재이신 하나님의 존귀하심은 인간의 언어로 형언이 불가능한 것이겠지요.

한자로는 "유일무이"(唯一無二), 영어로는 "one off"나 "one and only" 등으로 표현될 수 있을 "단 하나뿐"이라는 말은, 결국 소멸할 세상 어느 것에도 아닌, 영원히 독존(獨存)하시는 하나님에게만 그 사용이 적절한 – 본래의 의미에 부합하는 – 어휘일 것입니다. 하나님께서도 그런 사실에 대한 우리의 명확한 깨달음을 원하셨기에 기록된 역사와 선지자들의 발언을 통해 반복적인 주지의 노력을 계속하셨을 테지요. 이는 이스라엘의 출애굽이 끝나자마자 "말씀"으로 주신 첫 계율(십계명), 그 가운데에도 첫 번째로 주어진 "너는 나 외에는 다른 신들을 네게 두지 말라", "이날 너희는 저 위 하늘과 저 아래 땅에서 여호와께서 하나님이심을 인정하고 마음에 새기도록 하라 다른 신은 없다"(출 20:3; 신 4:39; 참조. 신 5:7; 6:4; 7:9)라는 조항은 물론, "여호와께서 홀로 그들을 인도하셨고 함께한 다른 신이 없었도다"(신 32:12)라고 한 모세의 선언에 의해 확인되는 사실이기도 합니다.

신명기를 통해 하나님의 '행하심'을 잊지 말라는 당부를 거듭했던 모세가 같은 책에서 하나님의 '유일하심'을 그 못지않게 강조했던 것은 그들의 당시 상황과 무관하지 않은 일입니다. 노예 생활에서 벗어나 광야를 떠돌던 이스라엘 사람들이 이제 농경 사회에 정착해 새 삶을 시작할 전환기를 맞은 데다, 그들이 곧 들어가 살게 될 땅에는 강력한 국가를 건설한 여러 민족들과 그 민족들이 섬기는 다양한 신들이 이미 존재하고 있었기 때문이지요. 각 지파의 땅 분배를 마친 후 세겜에서 언약을 갱신하던 여호수아가 "너희의 조상들이 강 저쪽과 애굽에서 섬기던 신들을 치워 버리고 여호와만 섬기라"(수 24:14; 개역개정; 참조. 삼상 7:3)는 마지막 명령과 "너희가 섬길 자를 오늘 택하라 오직 나와 내 집은 여호와를 섬기겠노라"(수 24:15; 개역개정)는 공언을 남긴 것도 같은 이유로 볼 수 있습니다.

창세기 시작 부분인 2장의 내용을 주의 깊게 읽다 보면 "여호와 하나님/주 하나님"(the Lord God)이라는 호칭이 반복해서 등장함(창 2:7-8, 18, 21-22)을 발견하게 되는데, 이는 "여호와/주 하나님"께서 모든 것을 말씀으로 지으시고(form), 심으시고(plant), 이끄시고(cause), 취하시고(take), 만드시는(make) 분임을 강조하기 위해 사용된 표현입니다. 여호와 하나님은 세상 만물을 창조하셨을 뿐 아니라 그들에게 생명을 불어넣고 각자 제자리에 배치하심으로써 모두가 자신의 기능을 잘 수행할 수 있도록 조직하기까지 하신 분이시니까요.

도주하던 배 안에서조차 요나가 "바다와 땅을 만드신 하늘의 하나님 여호와"(욘 1:9)라고 찬양했던 이름인 동시에, 앗시리아의 산혜립으로부터 하나님을 모독하는 서신을 받은 유다 왕 히스기야가 "주님만이 이 세상의 모든 나라를 다스리시는 오직 한 분뿐인 하나님이시며, 하늘과 땅을 만드신 분이십니다"(왕하 19:15; 사 37:16; 표준새번역, 새번역)라는 호소의 기도를 올리며 일컬었던 바로 그 명칭이기도 합니다.

"하나의 신만이 존재한다"는 유일신 사상(monotheism)은 현존하는 몇몇 종교들이 표방하고 있는 이념이지만, 그 가운데에도 기독교는 그 한 분분인 신이 "테오스 힙시스토스"(Θεός ὕψιστος: Theos Hypsistos), 즉 "가장 위대한 신"이라는 주장의 일관성과 확신성에 있어 타의 추종을 불허합니다. "테오스 힙시스토스"는 히브리어 "엘 엘리온"(אֵל עֶלְיוֹן: ēl' ēl yōn')을 코이네 그리스어(헬라어)로 옮긴 명칭으로, "하늘과 땅의 창조자인 지극히 높으신 하나님"(God Most High, Creator of heaven and earth)을 지칭하기 위한(창 14:19-20) 개념입니다.

오직 한 분이자 최고의 신인 하나님의 유일성과 위대성에 대한 인식은 이처럼 그분을 일컫는 호칭과도 직접적으로 연결되는데, "God"이라는 외국어를 번역하며 단순히 "신"(神)이라는 중국어 성경의 한자를 그대로 차용한 일본의 경우 기독교 유일신 사상의 효과적 전달에 장애가 발생할 수밖에 없었으리라는 추론도 그렇기에 가능합니다. 이는 "하ᄂ님"이라는 고유한 번역어가 정착하면서 기독교 정신의 핵심인 유일신 개념의 이해를 확립할 수 있었던 한국의 상황과 비교해 보면 상당 정도 설득력 있는 논리라고 생각됩니다.

"이스라엘아, 들으라. 우리 하나님 여호와는 오직 한 분인 여호와시다"라는 선포가 담긴 - 민수기 15장 37-41절, 신명기 11장 13-21절과 함께 "쉐마"(שְׁמַע: Sh'ma)라는 이름으로 일컬어지는 - 신명기 6장 4절을 위시하여, 이를 인용하면서 "이스라엘아, 들으라! 주 우리 하나님은 오직 한 분이시다"(막 12:29)라고 하신 예수님의 말씀과 그 말씀을 들은 이의 "하나님은 오직 한 분이시고 하나님 한 분 외에는 다른 신이 없다는 말씀이 옳습니다"(막 12:32)라던 답변이 하나님의 유일성에 대한 증언이라면, "너희 하나님 여호와는 신의 신이시며 주의 주시며 위대한 하나님이시며 강력하고 두려운 하나님이시다"(신 10:17)라는 모세의 언명을 포함해 여리고 성에 침입한 정탐꾼들에게 "위로는 하늘에서 아래로는 땅 위에서, 과연 주 당신들의 하나님만이 참 하나님이십니다"(수 2:11; 새번역)라고 한 라합의 고백 같은 구절들은 하나님의 위대성을 강조한 증언으로 구분될 수 있을 것입니다.

더불어, "이스라엘의 왕인 여호와, 이스라엘의 구원자인 만군의 여호와가 이같이 말하노라 나는 처음이요 나는 마지막이라 나 외에 다른 신이 없느니라", "오직 여호와는 참 하나님이시요 살아 계신 하나님이시요 영원한 왕이시라"(사 44:6; 렘 10:10; 참조. 사 41:4; 48:12; 계 1:17; 2:8; 21:6; 22:13)는 예언서의 선포들과 "하나님은 복되시고 유일하신 주권자이시며 만왕의 왕이시며 만주의 주시요"(딤전 6:15; 참조. 계 19:16)라는 서신서의 선언 등은 유일하신 하나님을 '최고'의 주권자로 - "왕 중의 왕"(King of kings)이자 "신 중의 신"(God of gods, Lord of lords)으로 - 존칭하고 있는 말씀들이라 하겠지요.

하나뿐인 최고의 신을 섬기기 위해 다른 신(다른 것들)을 모두 등져야 한다는 근본적 전제 때문에 기독교 유일신 사상은 종종 지나치게 배타적이라는 비난의 대상이 되기도 합니다. "One off"라는 어휘가 그 하나(One)를 제외한 다른 모두는 분리하여 제외시킴(off)을 뜻하는 만큼이나 "기독교를 선택"하는 행위 자체도 "'그' 외의 다른 모든 것들을 버리는" 일을 의미하기에 어느 정도는 일리 있는 비난이라고 할 수 있을지 모릅니다. 실제로 하나님께서 이사야를 통해 "나 밖에 다른 신이 또 있느냐? 다른 반석은 없다"(사 44:8; 표준새번역, 새번역)라며 건네신 반문과 "나는 여호와며 다른 신은 없다. 나밖에 다른 신은 없다⋯ 나는 여호와며 다른 신은 없다", "나 외에 다른 신이 없나니 나는 공의를 행하며 구원을 베푸는 하나님이라 나 외에 다른 이가 없느니라"(사 45:5-6, 21; 개역개정; 참조. 사 45:18, 22; 46:9)라고 반복하신 공표를 접하다 보면 더욱 그렇게 생각하기 쉬울 것입니다.

"주 우리의 하나님, 이제까지는 주님 말고 다른 권세자들이 우리를 다스렸습니다. 그러나 앞으로는 우리가 오직 주의 이름만을 기억하겠습니다"(사 26:13; 표준새번역, 새번역)라던 선지자의 엄정한 서약은, 기독교와 다른 종교들의 차이를 "유착(adhesion)과 전향(conversion)의 차이"로 요약 정리한 영국 신학자 아더 노크(Arthur D. Nock)의 말을 떠올리게 만드는 구절입니다. 단순히 어떤 신에 '유착'하는 것으로 충분한 여타의 종교들과 달리 "예수님만이 유일한 길"(the Only Way)임을 외치는 기독교는 이전에 익숙하던 모든 것들로부터 완전히 돌아선 '전향'을 요구하는, 하나님과의 새로운 인격적 관계이기 때문입니다.

그와 같은 전향의 자세를 통해 "그들이 네 앞에서 절하고 빌면서 '틀림없이 하나님이 당신과 함께하십니다. 그 밖에 다른 누구도 없습니다. 그 밖에 다른 신은 없습니다' 라고 말할 것이다", "세상에 있는 우상은 아무 것도 아니며 신은 하나님 한 분밖에 계시지 않는 것을 우리는 알고 있습니다"(사 45:14; 고전 8:4)라는 말씀들에서 보여지는 완전한 개전(改悛)이 가능할 수 있겠지요.

기독교만의 특성으로 지목될 수 있는 유일신 사상의 명증(明證)은 가장 위대하신 최고의 주권자 하나님께로 돌이켜 그분과 사랑의 관계를 맺는 일입니다. 위에 언급된 쉐마의 대표적 구절(신 6:4-9)에서도 "이스라엘아, 들으라. 우리 하나님 여호와는 오직 한 분인 여호와시다"라는 4절과 "너는 네 온 마음을 다하고 영혼을 다하고 힘을 다해서 네 하나님 여호와를 사랑하여라"며 이어지는 5절(참조. 막 12:29-30)을 통해 명령하고 있는 것처럼 말이지요. 이 구절의 "마음과 영혼, 힘을 다해 하나님을 사랑한다"는 표현에는 "사랑하는 그분의 말씀을 힘써 따르고 순종하는 가운데 하나님이 사랑하시는 것을 우리도 사랑하게 된다"는 의미도 포함될 것입니다. 그리고 여기에서 가리키는 순종해야 할 하나님의 대표적 "말씀"(최고의 계명)과 그분이 사랑하시는 "것"(실천 강령)이란 곧 "타인을 배려하고 사랑하는 일"에 다름 아니라 하겠습니다.

유대인들이 예수님을 '하나님의 아들'로 인정하는 일에서 가장 큰 걸림돌이 되었던 요소가 그들 나름의 유일신 사상임을 지적

하는 의견들이 많습니다. 다시 말해, 메시아를 정치적/군사적 지도자의 이미지로 상정해 온 그들이 갖고 있던, 자신들의 메시아(모쉬아크: Moshiach)는 "흩어진 민족을 불러 모아 예루살렘을 회복하고 이스라엘에 세계 중심의 정부를 세울 정치적 구원자(사 11:10-12; 59:20; 렘 30:3; 33:15; 48:47; 49:39; 호 3:4-5; 슥 14:9)여야 한다"는 신념이 예수님에 대한 반감으로 역작용했다는 것이지요. 이런 사실만 보더라도 하나님을 가장 위대하신 최고의 주권자라고 믿는 유일신 사상마저 '자기'를 중심에 둔 - 사랑이 그 기저에 놓이지 않은 - 것일 경우 원래의 사상 자체가 오염되고 독선적, 배타적으로 변질할 수 있음을 확인하게 됩니다.

그런 반면, 하나님께서 처음 주신 계명, 흔히 율법적이라 간주되어 신약시대 이후엔 기독교인들도 자주 거론하지 않는 십계명(출 20:3-17; 레 19:3-12; 신 5:7-21)조차 다섯 번째부터 열 번째까지의 여섯 조항이 타인에의 배려와 사랑에 기반한 요목들로 채워져 있음은 우리 모두가 기억해야 할 사실입니다.

하나님을 인격적으로 만나지 못해 기독교 유일신 사상을 배타성의 개념으로 오해하는 사람들이 적지 않지만, 영어의 "exclusive"라는 단어가 "독점적", "배타적"이라는 부정적 의미만이 아니라 "고급의", "높은 가치의"라는 뜻도 포함하는 개념이듯, 기독교가 품고 있는 근본정신, 그리고 하나님께서 우리에게 가르치고자 하시는 유일신 사상의 핵심은 나와 '다른' 남들(다른 생각을 갖고 있거나 다른 신을 믿는 이들)을 배척하고 배격하는 태도가 아니라 우리 스스로 진리가 아닌 것들, 무심코 숭배할 수 있는 것들을 자신 안에서 걸러 내며 배제하고 정선(精選)하는 마음 자세의 지향임이 보다 많은 이들에게 깨달아지기를, 마음 깊이 소망하게 됩니다.

2장 유일하신 하나님(2)

> "내가 이스라엘 가운데 있고 내가 너희 하나님 여호와며 나 외에는 다른 신이 없음을 너희가 알게 될 것이다"(욜 2:27).

"주밖에 없네"라는 제목으로 번안되어 한국에서도 널리 불려진 찬양곡의 원제는 "There Is None like You"(주님 같은 분은 없네)인데, 성경의 구절들을 인용해 만들었으리라 짐작되는 이 찬양의 제목과 가사처럼 성경에서는 실제로 "주와 같은 이가 없습니다", "우리 하나님 같은 분은 없습니다", "주님 같은 이가 누가 있겠는가?" 등의 말씀을 여러 곳에서 발견하게 됩니다.

기독교 유일신 사상의 핵심으로 특정될 수 있는 것이 "가장 위대하신 최고의 주권자 하나님께로 돌이켜 그분과 사랑의 관계를 맺는 삶"이라고 앞 장에서 정의했듯, 그처럼 한 분뿐이고 위대하신 전지전능의 주권자 하나님은 여타 종교에서 '추정'하는 것처럼 저 높은 곳 어딘가에서 우리를 내려다보고만 있는 신이 아니라, 가까이에서 늘 지켜보시고 매 순간 우리의 일상에 관여하시며 무엇보다 우리 내부에 항상 거하고 계시는 인격적 존재이십니다. 그것이 바로 위 찬양의 제목처럼 "주님 같은 분은 없다"는 고백을 수시로 올릴 수 있도록 믿는 이들을 고무하는 동력이라 하겠습니다.

성경에서는 하나님이 "유일무이한 신"이실 뿐 아니라 스스로 신이라 자처하는 다른 존재들과 전혀 '다른 신성'(神性)임을 강조하는 말씀들이 자주 발견됩니다. 사실 신(God)은 하나님 한 분뿐이기에(고전 8:4) 그들을 신(gods)으로 부른다는 것 자체가 모순이지만, "위로 하늘에나 아래로 땅에나, 그 어디에도 주와 같은 하나님은 없습니다"(표준새번역), "하늘 위에서 누가 여호와와 비길 수 있겠습니까? 신들 가운데 여호와 같은 이, 누가 있겠습니까?"(왕상 8:23; 시 89:6; 참조. 대하 6:14)라며 올린 송축과, "이스라엘 백성아, 너희의 하나님과 같은 신은 달리 없다"(표준새번역, 새번역), "주님과 같은 분이 또 계시다는 말은 들어 본 적이 없고, 주님밖에 또 다른 하나님이 있다는 말도 들어 본 적이 없습니다"(신 33:26; 삼하 7:22; 표준새번역, 새번역; 참조. 대상 17:20)라고 한 단언 등이 그와 같은 구절들로 분류될 수 있을 것입니다.

여호와 하나님의 놀랍고 위대한 '행하심'을 근거로 그분의 독보성을 강조한 내용들을 "여호와여 신 중에 주와 같은 자가 누구니이까 주와 같이 거룩함으로 영광스러우며 찬송할 만한 위엄이 있으며 기이한 일을 행하는 자가 누구니이까"(출 15:11)라는 출애굽기의 구절이나 "여호와 나의 하나님이여 주께서 행하신 기적이 많고 우리를 향하신 주의 생각도 많아 누구도 주와 견줄 수가 없나이다", "신들 중에 주와 같은 자 없사오며 주의 행하심과 같은 일도 없나이다"(시 40:5; 86:8)라고 한 시편의 말씀들에서 만나게 되는가 하면, 타의 추종을 불허하는 하나님의 '능력'과 놀라운 '역사'에 감탄하며 주님 같은 분이 없음을 찬양하는 내용들 또한, "너희 하나님 여호와께서 이집트에서 너희 눈앞에서 하신 그 모든 일들처럼… 한 민족을 다른 민족에게서 이끌어 낸 그런 신이 어디 있었느냐?", "주님 말고 어느 신이 자기를 기다리는 자들에게 이렇게 할 수 있었겠습니까?"(신 4:34; 사 64:4; 표준새번역, 새번역)라는 반문과 "여호와여, 주와 같은 분은 없습니다. 주는 위대하시며 주의 이름은 권능이 크십니다"(렘 10:6)라며 올려진 찬송 등에서 찾아 볼 수 있습니다.

한편 하나님의 유일성에는 그 같은 능력과 더불어 주님의 '사랑'과 '신실하심'이 포함되지 않을 수 없겠지요. "주님, 주님 같으신 하나님이 또 어디에 있겠습니까. 주께서는… 기꺼이 한결같은 사랑을 베푸십니다"(표준새번역), "여호와 우리 하나님 같은 이가 누가 있겠는가? 높은 곳에 계신 분이 하늘과 땅에 있는 것들을 살펴보시려고 스스로를 낮추시지 않았는가?"라고 하는 미가 7장 18절과 시편 113편 5-6절에 하나님의 사랑과 자비가 증거되어 있다면, "주님, 만군의 하나님, 누가 주님과 같겠습니까? 주의 능력과 주의 신실하심이 주님을 감싸고 있습니다"(표준새번역), "하나님, 주의 의로우심이 저 하늘 높은 곳까지 미칩니다. 하나님, 주께서 위대한 일을 하셨으니, 그 어느 누구를 주님과 견주어 보겠습니까?"(표준새번역)라며 찬탄한 시편 89편 8절과 71편 19절 등에는 주님의 신실하심과 의로우심이 증거되어 있듯 말입니다.

"너희가 하나님을 누구와 같다 하겠으며, 어떤 형상에 비기겠느냐?"(사 40:18; 표준새번역, 새번역)라는 선지자의 힐문은, "너는 너 자신을 위해 하늘에 있는 것이나 땅에 있는 것이나 물속에 있는 것이나 무슨 형태로든 우상을 만들지 말라"(출 20:4; 참조. 출 34:17; 레 26:1; 신 4:16-18, 23; 5:8)는 말로 오래전에 주셨던 하나님의 명령을 생각나게 합니다.

십계명 중 두 번째 계명에 해당하는 이 구절에서의 "형상/형태"(carved/graven image)는 히브리어로 "페셀"(פֶּסֶל: p̄e-sel)이라 표기되는 단어인데, 이 어휘가 다른 신들을 형상화한 조각, 소조를 가리키는 것인지 아니면 예배를 위해 만든 여호와의 신상을 가리키는 것인지에 관해서는 의견이 엇갈립니다. 전자로 볼 경우 특정 형상을 갖춘 우상의 숭배에 대한 금지로 이해되는 반면, 후자로 해석한다면 하나님의 모습을 어떤 형태로든 형상화해서는 안 된다는 경고의 의미로 간주하게 되지만, 전자와 같은 명령은 십계명의 첫 조항에 이미 포함되어 있다는 사실 때문에 후자가 보다 적절하다고 주장하는 의견이 전반적으로 우세합니다. 영이신 하나님은 절대 형상화될 수 없는 존재일 뿐 아니라, 그러한 형상화로 인해 여호와 하나님을 인간의 눈에 보이고 인간의 수준에 맞는 차원으로 끌어내리는 죄를 범할 수 있다는 뜻에서 말이지요.

우리가 믿는 하나님께서 "삼위일체"(Trinity)의 주님이심 역시, 그분을 어떤 형상에도 비길 수 없다고 한 위의 선포(사 40:18)와 함께 "너희가 나를 누구와 견주고 누구와 같다고 하겠느냐? 너희가 나를 누구와 비교하면서 '닮았다'라고 하겠느냐?"(사 46:5; 40:25)라는 또 다른 반문의 근거가 된다고 볼 수 있습니다. 앞 장에서 유대인들이 예수님을 하나님의 아들인 주님으로 인정하지 않은 근본적 원인은 그들의 왜곡된 유일신 사상, 즉 자신들의 메시아를 정치/군사적 지도지로 상정하던 그릇된 신념과 관련된 것임을 지적했었지만, 그들이 이해할 수도 인정할 수도 없던 기독교의 핵심 교리 "삼위일체론"(Trinitarianism) 또한 그 못지않은 장애 요소로 지금까지 작용하고 있습니다. 성부, 성자, 성령의 세 인격이 한 하나님 안에 존재한다는, 즉 '본질'(本質: essence)에서는 한 분이고 '위격'(位格: hypostasis)에 있어서는 세 분이라는 기독교의 삼위일체 교리를 다신론쯤으로 이해한 그들은, 역시 자신들이 상정한 유일신 사상으로 인해 예수님과 기독교를 철저하게 배격할 수밖에 없었던 것이지요.

"나는 주다. 나 밖에 다른 이가 없다. 나 밖에 다른 신은 없다. 네가 비록 나를 알지 못하였으나, 나는 너에게 필요한 능력을 주겠다"(표준새번역, 새번역)라는 이사야 45장 5절에는, "그렇게 해서, 해가 뜨는 곳에서나, 해가 지는 곳에서나, 나 밖에 다른 신이 없음을 사람들이 알게 하겠다. 나는 주다. 나 밖에는 다른 이가 없다"(새번역)라고 하는 6절(참조. 렘 49:19; 50:44)의 내용이 뒤를 잇습니다. 이는 앞 장에서 다루어진 "이날 너희는 저 위 하늘과 저 아래 땅에서 여호와께서 하나님이심을 인정하고 마음에 새기도록 하라. 다른 신은 없다"라는 신명기 4장 39절(참조. 신 6:4; 7:9) 말씀에서 보듯, 하나님만이 유일한 주님이심과 그 유일하신 주님의 주(主)되심을 우리가 '알고 인정하는 것'이 그분께 무척 중요한 일이라는 사실을 확인시켜 줍니다.

애굽에서 보이신 표적과 기사에 대해 "그것을 네게 보여 주신 것은 여호와만이 하나님이시며 그분 외에는 다른 이가 없음을 알게 하기 위해서였다"(신 4:35)라고 요약한 모세의 설명이, 개구리 재앙을 멈추게 해 달라는 바로의 요청에 "당신이 말씀하신 대로 될 것입니다. 그러면 당신은 여호와 우리 하나님과 같은 분이 없다는 것을 알게 될 것입니다"(출 8:10)라고 응한 그 자신의 답변을 재확인하는 것이라면, "내가 이스라엘 가운데 있고 내가 너희 하나님 여호와며 나 외에는 다른 신이 없음을 너희가 알게 될 것이다"(욜 2:27)라고 하신 주님의 말씀은, "여호와 우리 하나님이여, 이제 우리를 그의 손에서 구원해 주셔서 세상 모든 나라가 오직 주만이 하나님이심을 알게 해 주십시오"(사 37:20)라는 히스기야의 간구에 대한 대답으로 읽힐 만큼, 이들 모두는 하나님의 유일성을 "알게 되는" 일의 의미를 시사하고 있는 구절들입니다.

"인간은 태생적으로 다신론적 존재이다"라는 주장이 방증하듯, 하나님께서 자신의 주인되는 주님이심을 정확히 알고 인정할 수 있기 위해서는 다른 우상들로부터 떨어져(off) 나오는 과정이 선행되어야 함은 물론, 무신론이나 범신론, 다신론과 같이 인간의 무의식에 내재되어 있는 영적 혼탁성으로부터도 떨어져 나와야 합니다.

그리 오래지 않은 과거 우리의 선조들 역시 이곳저곳에 정안수를 올려놓고 빌던 시절이 있었던 데다 일본의 신토, 인도의 힌두교 등 수많은 다신교들이 지금도 여러 문화권에서 엄존하고 있는 만큼, 예수님이라는 '유명한' 신을 포함해 나를 지켜 주는 신이 많으면 많을수록 좋겠다는 욕심이 인간의 마음속에 자리 잡고 있음은 부인하기 어려운 현실이라 여겨집니다. 어쩌면 철저한 무신론보다 타협하는 다신론이 더욱 위험할 수 있다고도 생각하게 되는 것은, 차가운 무신론자의 삶을 살다 뜨거운 크리스천으로 회심하는 경우를 적잖이 목격할 수 있는 것과 달리, 다신론자로 살면서 그 위에 예수님 한 분을 더 '얹어도' 별달리 "손해 볼 것 없다"는 식의 전형적 구복 신앙의 사고를 가졌던 사람이 예수님만을 주(主)라 고백하는 철저한 기독교인으로 거듭나는 경우는 거의 보지 못했기 때문입니다.

우리 가운데에도 부지불식 중 마음 안에 다른 것들을 함께 섬기고 있거나 예전 어른들처럼 자신의 소원을 이뤄 달라고 물 떠놓고 비는 대상만 '천지신명'에서 예수님으로 바뀐 경우가 혹 있다면, 이는 "실질적 무신론자"(practical atheist)보다 더 심각한 영적 상태에 놓인 "실질적 다신론자"(practical polytheist)로 불려 마땅할지 모릅니다. 너무 심하게 들릴 수도 있을 이 표현이 결코 지나친 말이 아님은, 온 우주를 통틀어 '유일한' 존재이신 하나님께서 도리어 지구상의 80억에 육박하는 우리 각 사람을 세상에 '단 하나'뿐인 존재인 양 귀하게 여겨 주시기 때문입니다.

더욱이 "그 때에 내가 너를 영원히 아내로 맞아들이고, 너에게 정의와 공평으로 대하고, 너에게 변함없는 사랑과 긍휼을 보여 주고… 그러면 너는 나 주를 바로 알 것이다"(호 2:19-20; 표준새번역, 새번역)라는 절절한 사랑 표현으로 우리가 당신을 "바로 아는" 데에 대한 깊은 바람을 표현하신 하나님께서, 이어지는 다음 절에서 "비록 이스라엘 자손들이 다른 신들에게로 향하고 건포도 빵을 사랑한다 해도 여호와께서 그들을 사랑하듯이"(호 3:1)라는 비유에 의해 음행한 아내를 다시 데려와 사랑하라는 명령을 주셨음을 생각하면 우리의 '지조 없는' 심령이 더욱 송구해질 뿐입니다.

"내가 너희를 뽑은 것은 너희가 나를 알고 믿고 내가 하나님임을 깨닫게 하려는 것이다. 나보다 앞서 만들어진 신이 없으며 나 이후로도 없을 것이다"(사 43:10)라며 주신 말씀에서는 하나님이 우리를 선택하신 이유, 우리가 그분의 주되심을 알고 인정해야 하는 까닭, 그리고 우리의 주님은 영원토록 여호와 한 분뿐이라는 핵심적 메시지를 모두 발견할 수 있습니다.

하늘과 땅을 만드시고 세상 모든 나라를 다스리시는 유일한 권위자(왕하 19:15; 사 37:16)이자 영원히 살아 역사하시는 왕 중의 왕(렘 10:10; 딤전 6:15), 그럼에도 연약한 우리가 길을 잃고 헤맬 때는 직접 인도하시고 (신 32:12) 어려움에 처해 있으면 도움을 주기 위해 어디에서든 달려오시는(신 33:26) 아버지…

우리 주님 같은 분은 정말 없습니다.

3장 전능하신 하나님

> "주 여호와여 주께서 큰 능력과 펴신 팔로 천지를 지으셨사오니 주에게는 할 수 없는 일이 없으시니이다"(렘 32:17).

하나님만의 품성을 대변하는 수많은 형용사 가운데에도 "전능하시다"(Almighty, Omnipotent)라는 표현을 대표적인 것 중 하나로 꼽을 수 있겠는데, 99세이던 아브람에게 나타나 "아브라함"이라는 이름을 새로 주신 여호와께서 "나는 전능한 하나님이다"(I am God Almighty)라고 스스로를 알리신 고지(창 17:1) 이후 성경 안에서 같은 표현이 300여 회에 걸쳐 반복적으로 등장하기 때문입니다. "나는 아브라함과 이삭과 야곱에게 '전능한 하나님'으로는 나타났으나, 그들에게 나의 이름을 '여호와'로는 알리지 않았다"(출 6:3; 표준새번역, 새번역)라고 모세를 향해 자신을 드러내신 선언뿐 아니라 "네가 하나님의 깊은 뜻을 다 알아낼 수 있느냐? 전능하신 분의 무한하심을 다 측량할 수 있느냐?"(욥 11:7; 표준새번역, 새번역)라며 욥을 나무라던 소발의 '훈계' 등에서도 그와 같은 표현은 계속 이어지지요.

한자가 포함된 "전능(全能)하다"라는 단어가 "어떤 일이든 다 (全) 할 수 있는 능력(能力)이 있다"는 의미임과 같이, 영어로도 "almighty"는 "ael(all)+mihtig(mighty)"라는, 그리고 "omnipotent" 는 "omnis(omni: all)+potens(potent: powerful)"라는 어근의 조합 이라는 점에서, 이는 말 그대로 "어떤 일에나 못함이 없이 능하 다"라는 사전적 의미의 개념임을 알 수 있습니다.

물론 성경에서도 "여호와께 어려워서 못할 일이 있겠느 냐?"(창 18:14; 참조. 렘 32:27)라고 아브라함에게 건네신 반문과 "주 여호와여 주께서 큰 능력과 펴신 팔로 천지를 지으셨사오니 주에게는 할 수 없는 일이 없으시니이다"(렘 32:17; 개역개정)라는 말로 올려진 찬탄, 그리고 "하나님께는 불가능한 일이 전혀 없 다", "사람이 할 수 없는 일을 하나님께서는 하실 수 있다"(눅 1:37; 18:27; 마 19:26; 막 10:27)라고 하신 공언 등을 통해 무슨 일에든 어려움이 없으신 하나님의 무한한 능력은 증거되는 바입 니다.

우리가 세상을 살다 보면 자신의 뜻과 생각처럼 되지 않는 일 을 참으로 많이 만나게 됩니다. 사실 자신의 계획대로 되는 일보 다 그렇지 않은 일이 훨씬 많다고 해야 더 정확한 말이 되겠지요. 하지만 그렇게 사방이 막혔을 때 비로소 우리의 절박한 시선은 하 나님을 향하게 됩니다. 스스로의 한계와 무능력을 뼈저리게 절감 하며 자신에게 고정되었던 초점을 거두어 성경의 말씀으로 눈을 돌리면 하나님께서는 "여호와의 손이 짧으냐 네가 이제 내 말이 네게 응하는 여부를 보리라"(개역개정), "내 손이 너희를 구해 내지 못할 만큼 너무 짧으냐? 내가 너희를 구할 힘이 없겠느냐?"(민 11:23; 사 50:2; 참조. 사 59:1)라고 하는, 또한 "과연 태초로부터 나는 그이니 내 손에서 건질 자가 없도다 내가 행하리니 누가 막으리요"(사 43:13; 개역개정) 등과 같은 든든한 격려로써 우리의 용기를 북돋아 주십니다.

"멀리 있는 사람들아, 내가 한 일을 들으라. 가까이 있는 사람들아, 내 능력을 인정하라!"(사 33:13)는 여호와의 명령이 당신의 "주되심"에 대한 하나님의 일깨움이라면, "나는 주께서 모든 일을 하실 수 있고 계획하신 일은 무엇이든 이루신다는 것을 알았습니다"(욥 42:2)라는 욥의 고백은 그 명령에 대한 우리의 합당한 반응으로 읽을 수 있습니다. 하나님께서는 다시 "그 날이 오면, 살아남은·백성이 이 일을 보고 놀랄 것이다. 그러나 그것이 나에게야 놀라운 일이겠느냐?"(슥 8:6; 표준새번역, 새번역)라는 분명한 말씀으로 당신의 능력을 확인시켜 주시는가 하면, "해를 낮의 빛으로 주고 달과 별을 밤의 빛으로 명하시고 바다를 흔들어 파도가 소리치게 하는 이, 그의 이름은 만군의 여호와다"(렘 31:35)라는 대언을 통해 스스로의 권능을 천명하기도 하십니다.

그러나 이러한 전능의 하나님께서 "할 수 없다"라고 성경에서까지 공공연히 선언하시는 일이 있습니다. "하나님께서는 약속하시고 맹세하실 때에 거짓말을 하실 수 없습니다"(히 6:18; 새번역)

라는 직설에서 보듯 스스로 하신 약속을 뒤바꾸거나 거짓말을 하는 일이 바로 그것입니다. 이와 관련해 성 어거스틴(Augustine of Hippo)은 "전지전능하다는 것은 논리적으로 가능한 모든 일을 할 수 있다는 의미"라며 "전능한 자는 본인의 선택에 따라 전능해지지 않을 수도 있다"고 설명합니다. 신학 분야에서 논쟁거리가 되곤 하는 "하나님께서 자신이 들 수 없는 바위를 만드실 수 있는가"와 같이 불필요하고 무의미한(사실 신학이라기보다 '반철학'과 '비논리'에 근거한 관념유희라고 해야 옳겠지만) 논란을 차치하고 볼 때, "하나님이 하실 수 없다"는 말은 "하지 않기로 선택하셨다"는 의미에 지나지 않습니다.

그렇기에 "하나님은 사람이 아니시니 변덕스럽지 않으시고 사람의 아들이 아니시니 마음을 바꾸지 않으시니라"(민 23:19)는 발람의 계시와 "이스라엘의 영광이신 여호와는 거짓을 말하거나 마음을 바꾸지 않으시오"(삼상 15:29; 참조. 시 89:34-35)라고 한 사무엘의 언명, "나 주는 변하지 않는다. 그러므로 너 야곱의 자손아, 너희는 멸망하지 않는다"(말 3:6; 표준새번역, 새번역)라던 선지자의 예언이 방증하는 것처럼, 하나님께서 무언가를 "할 수 없다"고 말씀하실 때는 그분께서 특정한 일을 "하실 능력이 없다"(cannot)는 뜻이 아니라 그런 일들을 "하지 않기로 선택하셨다"(choose not to)는 의미에서 이해함이 온당합니다.

예수께서 당신의 전능하심의 이유로 일관되게 제시하신 근거는 "아버지 하나님의 권세를 부여 받아 그 권능을 공유하시기 때문"이라는 것입니다. "내 아버지께서 모든 것을 내게 맡겨 주셨습니다"(표준새번역), "내 아버지께서 내게 나라를 맡겨 주신 것처럼 나도 너희에게 나라를 맡긴다", "아버지께서 가지신 것은 다 나의 것이다. 그렇기 때문에 내가, 성령이 나의 것을 받아서 너희에게 알려 주실 것이라고 말한 것이다"(마 11:27; 눅 22:29; 요 16:15; 참조. 눅 10:22; 새번역)라고 복음서에 직접 남기신 말씀들뿐 아니라, "예수께서는 아버지께서 모든 것을 자기 손에 맡기신 것과 자기가 하나님께로부터 왔다가 하나님께로 돌아간다는 것을 아시고"(표준새번역), "그분이 질그릇들을 부수는 것같이 쇠 지팡이로 그들을 다스릴 것이니 그와 같이 나도 아버지에게서 그러한 권세를 받았다"(요 13:3; 계 2:27-28)라는, 사도 요한을 통한 증언들에도 그러한 사실이 명확화되어 있습니다.

아버지 하나님께서 아들 예수님께 동일한 권세와 능력을 부여하며 공유하신 것은, 그리스도 안에서 하나님과 연합된 신앙인들에게도 그 같은 권위와 능력이 공유될 수 있도록 하시기 위함입니다. "예수께서는 자신을 통해서 하나님께 나아오는 사람들을 온전히 구원하실 수 있습니다"(히 7:25)라는 확언에 약속되어 있듯, 부여 받은 권능으로 우리를 구원하신 예수님께서 "부르심을 받은 사람에게는, 유대 사람에게나 그리스 사람에게나, 그리스도는 하나님의 능력이요, 하나님의 지혜입니다"(고전 1:24; 표준새번역)라는 말씀 그대로 하나님의 능력과 지혜를 고루 전해 주신다는 것이지요.

작가이자 목사였던 레이 스테드먼(Ray Stedman)은 자신의 주석서 『성경 속으로의 탐험』(*Adventuring Through the Bible*)에서 골로새서 2장 6절을 분석하며 "예수님 안에서 살아가는 사람이라면 더 이상의 능력을 구할 필요가 없다"고 강력히 주장합니다. 매일의 일상을 영위하는 데 필요한 모든 힘과 능력이 주님 안에 거하는 사람에게 늘 공급되고 있는 만큼, 그런 이들에게는 "예수님 한 분 외에 달리 더 구할 것이 없다"는 뜻에서 말입니다.

이처럼 "예수님 안에"(in Christ) 머물며 사는 우리는 삼위일체 하나님의 전능을 나누어 받은 사람들이기에 어떠한 결핍도 존재하지 않는, 놀라운 능력과 축복의 수혜자라는 것이 성경의 여러 구절에 입증되어 있는 사실입니다. "나의 하나님께서 자기의 풍성하심을 따라 그리스도 예수 안에 있는 영광으로 여러분에게 필요한 것을 모두 채워 주실 것입니다"(새번역)라는 빌립보서 4장 19절과 "우리 안에서 역사하시는 능력을 따라 우리가 구하고 생각하는 모든 것보다 훨씬 더 넘치도록 하실 수 있는 분에게"라며 찬송하는 에베소서 3장 20절, 그리고 "하나님께서는 여러분에게 온갖 은혜가 넘치게 하실 수 있습니다. 그러하므로 여러분은 모든 일에 언제나, 쓸 것을 넉넉하게 가지게 되어서, 온갖 선한 일을 얼마든지 할 수 있습니다"(새번역)라고 한 고린도후서 9장 8절 등을 그에 해당하는 대표적 말씀으로 볼 수 있겠지요.

예수님께서 이처럼 당신의 능력을 기꺼이 나누어 주시는 것은 우리가 그럴 만한 자격을 갖추고 있어서가 아니며, "그는 몸소 시험을 받으시고 고난당하셨기에 시험받는 사람들을 도우실 수 있습니다"(히 2:18)라는 히브리서 기자의 언명과 같이 인간의 몸을 입고 이 땅에서 사시는 동안 우리의 연약함을 직접 체험하심으로 실질적 이해와 공감이 가능하게 되셨기 때문입니다. 이는 헨리 나우웬(Henri J. M. Nouwen)의 저서 『상처 입은 치유자』(*The Wounded Healer*)에 기록된 여러 사례들에서도 확인되는 바이지요. 타락 이전의 아담과 이브에게 "땅을 정복하여라. 바다의 고기와 공중의 새와 땅 위에서 살아 움직이는 모든 생물을 다스려라"(창 1:28; 표준새번역, 새번역)고 승인하셨고, 인간의 죄악에 따른 홍수 사건 이후에도 의롭고 흠 없이 하나님과 동행했던 노아에게 같은 메시지(창 9:2; 시 8:6-8)를 전하며 직접적 권위를 부여하셨던 하나님께서, 불순종을 거듭함으로 도무지 희망 없어 보이는 우리를 위해 인간의 약점을 잘 아시는 예수님을 통한 능력과 권위의 나눔을 멈추지 않으시는 것입니다.

우리 인간의 마음 깊은 곳에는 보통 사람들의 일반적 능력을 넘어서는 어떤 '초능력'에 대한 잠재적 환상이 있는 듯합니다. "수퍼맨"과 "배트맨" 같은 고전 영화들은 물론, 지금도 성황리에 상영되는 "스파이더맨", "아이언맨" 등의 마블(Marvel) 영화들을 통해서도 그러한 인간의 욕구를 감지하게 되니까요.

하지만 하나님께서 우리에게 부여하시는 능력이란 그런 식의 초능력과 전혀 관계없는 것으로, 꽤 오래된 코미디지만 나름의 깊이를 보여 주는 "브루스 올마이티"(Bruce Almighty)라는 영화에서 관련된 메시지를 찾을 수 있습니다. "I've Got the Power"("나는 '힘'을 가졌어요")라는 노래가 흐를 때 주인공 브루스가 뽐내는 무의미한 'power'의 남용이 아니라, 하루하루가 힘겨울 싱글맘이 최선을 다해 일과 육아를 병행하는 일, 마약 중독이던 청소년이 정신을 차리고 제자리로 돌아가 성실히 학업에 전념하는 일 등이 진정한 '기적'이라며, "사람들은 내가 모든 걸 다 해 주기 바라면서도 자신들에게 이미 주어져 있는 능력에 대해서는 깨닫지 못한다"고 안타까워하던, 하나님 역할의 배우(모건 프리만)가 전한 대사 속의 메시지 말입니다.

예수님 안에 거하는 이상 우리에게 필요한 모든 능력은 이미 주어져 있다는 말과, 따라서 우리에게 계속 필요한 대상은 그 공급원이신 예수님 한 분뿐이라는 말의 의미도 바로 그런 것이리라 생각합니다.

인간의 온갖 허물과 연약함에도 불구하고 은혜 가운데 포기하지 않으시는 하나님은, 그 크신 능력으로 이 땅의 마지막 날까지 우리를 지켜 주시겠다고 지금도 약속하고 계십니다. "여러분을 넘어지지 않게 지켜 주시고, 흠이 없는 사람으로 자기의 영광 앞에 기쁘게 나서게 하실 능력을 가지신"(유 1:24; 표준새번역) 주님께서 앞으로 하실 일들에 대해, "나는 내가 믿는 분을 잘 알고 있고, 또 내가 맡은 것을 그분이 그 날까지 지켜 주실 수 있음을 확신합니다"(딤후 1:12; 표준새번역), "그분은 만물을 복종시킬 수 있는 능력으로, 우리의 비천한 몸을 변화시키셔서, 그분의 영광스러운 몸과 같은 모습이 되게 하실 것입니다"(빌 3:21; 표준새번역)라고 확신을 담아 외치는 선언은, 그렇기에 삶의 끝 날까지 우리 모두가 굳게 붙들어야 할 말씀일 것입니다.

.

4장 전지하신 하나님

> "내가 너를 모태에서 생기게 하기 전에 너를 알았고 네가 태어나기 전에 너를 거룩하게 구별했으며"(렘 1:5).

하나님을 존칭할 때 거의 자동적으로 앞에 붙는 "전지전능"(全知全能)이라는 표현에서 보게 되듯, "전지하시다"(All-Knowing, Omniscient)라는 형용사 또한 "전능하시다"와 함께 하나님의 특성을 묘사하는 대표적 어휘 가운데 하나라고 할 수 있습니다. "사물과 현상의 모든 것을 다 앎"이라는 뜻이기에 역시 하나님 한 분께만 사용할 수 있을 주님의 "전지하심"에 대한 찬미는 신구약 성경 모두에서 어렵지 않게 찾을 수 있는 내용이기도 합니다.

구약의 경우 "우리 주는 위대하시고 능력이 크시며 그 통찰력은 한이 없으십니다", "하나님, 주님의 생각이 어찌 그리도 심오한지요? 그 수가 어찌 그렇게도 많은지요?"(시 147:5; 139:17; 새번역)라는 찬탄에서, 그리고 신약에서는 "깊도다 하나님의 지혜와 지식의 풍성함이여"(개역개정), "주께서 모든 것을 알고 계시고 또 어느 누구의 질문도 받으실 필요가 없음을 저희가 알았습니다”(롬 11:33; 요 16:30)라는 찬송 등에서 그 다양한 예들을 발견하게 됩니다.

문자 그대로 “사물과 현상의 모든 것을 다” 아시기에 세상 그 무엇도 하나님의 ‘앎’의 반경에서 벗어나는 것은 없지만, 하나님께서 가장 큰 관심을 두고 계시는 대상이 우리 인간인 만큼 성경에서 특히 주목하며 다루는 대상도 역시 인간일 수밖에 없습니다. “여호와께서 그분의 거룩한 성전에 계시고 여호와의 옥좌는 하늘에 있으니 그분이 눈을 열어 사람들을 지켜보신다”, “여호와께서 하늘에서 굽어보사 모든 인생을 살피심이여 곧 그가 거하시는 곳에서 세상의 모든 거민들을 굽어살피시는도다”(개역개정)라는 시편11편 4절과 33편 13-14절, “참으로 하나님의 눈은 사람의 일거수일투족을 살피시며, 그의 발걸음을 낱낱이 지켜 보고 계십니다”(표준새번역, 새번역)라고 한 욥기 34장 21절(참조. 욥 7:19-20) 등이 그 사실을 명쾌히 증거해 주는 말씀들이지요.

얼마 전 TV 프로그램의 제목으로 사용되어 많은 이들에게 익숙해졌을 “전지적 시점”이라는 말은 본래 소설의 작가와 등장인물의 관계를 묘사하는 표현으로, “전지적 작가 시점” 혹은 “삼인칭 전지적 시점”이라고도 불리는 이 개념을 사전적으로 정의하면 “서술자가 소설 바깥에서 전지적인 신처럼 각 인물의 내면을 관통하며 사건의 전말을 알고 있는 듯 서술하는 방식”으로 풀이됩니다. 즉, ‘전지자’의 통찰적 관점에 위치한 작가가 등장인물의 행동이나 태도는 물론 인물 내면의 생각까지 알고 있음을 전제로 이야기를 풀어 나가는 설정인 것이지요. 시편 139편은 이런 "전지"의 의미를 소개하는 구절들의 집합이라 해도 과언이 아닌 시편이지만, "내가 앉아 있거나 서 있거나 주께서는 다 아십니다. 멀리서도 내 생각을 다 알고 계십니다. 내가 길을 가거나 누워 있거나, 주께서는 다 살피고 계시니, 내 모든 행실을 다 알고 계십니다. 내가 혀를 놀려 아무 말 하지 않아도 주께서는, 내가 그 혀로 무슨 말을 할지를 미리 다 알고 계십니다"(표준새번역)라는 2-4절 부분에 그 뜻이 더욱 분명히 제시되어 있습니다.

사도행전 3장 15절에서 "생명의 주", "생명의 근원"으로 번역된 하나님에 대한 묘사를 대다수 영어 성경은 "우리 인생의 작가"(author)로 옮기고 있는데 - 헬라어 성경에도 '작가', '저자'라는 의미의 "아르케곤"(Ἀρχηγὸν: archēgon)으로 기록된 단어이기에 - 이 말은 우리 삶의 전말을 모두 알고 계시며 우리의 내면까지 일일이 들여다보시는 하나님의 전지적 위치를 한마디로 축약한 핵심 정의라고 할 수 있을 것입니다. "하나님은 내가 하는 일을 낱낱이 알고 계신다. 내 모든 발걸음을 하나하나 세고 계신다"(욥 31:4; 새번역), "참으로 주님은 모든 것을 아시는 하나님이시며, 사람이 하는 일을 저울에 달아 보시는 분이시다"(삼상 2:3; 표준새번역, 새번역)라는 기자들의 고백과, "나는 네가 어디 머무는 것과 언제 드나드는 것과 네가 내게 분노한 것을 다 알고 있다"(왕하 19:27; 참조. 사 37:28)라는 '두려운' 선포에도 그 같은 하나님의 면모가 기술되어 있음을 목격합니다.

사전에서 "전지"(全知)의 뜻을 찾을 때 두 번째 의미로 발견되는 "과거, 현재, 미래의 모든 것을 알고 있는 하나님의 적극적 품성"이라는 정의가 말해 주듯, 하나님의 전지하심은 시간과 분리해 생각할 수 없는 개념이기도 합니다. 하나님이 미래의 일에 대하여도 모두 알고 계심은 당신께서 시간의 제약을 받지 않는 존재이시기 때문으로, 추상적 관점으로는 이해가 쉽지 않을 이 개념은 하나님께서 시간을 바라보시는 방식이 우리 인간처럼 종렬(세로)의 줄지어 선 형태로가 아니라 횡렬(가로)로 펼쳐 놓고 보시는 형태라고 상정하면 보다 용이하게 접근할 수 있습니다. 우리처럼 세로로 마주 서서 볼 경우 이미 지나간 과거는 등 뒤에 있고 미래는 저 멀리에 있어 보이지 않으니 바로 눈앞의 현실만 주목하게 되지만, 가로로 시간을 펼쳐 놓고 본다면 하나의 선 위에 놓여진 과거, 현재, 미래가 한눈에 선명하게 들어오므로 그 모두를 동시에 관찰하는 일이 충분히 가능해질 테니까요.

　　미래의 일들을 선견(先見)하신다고 하여 "예지"(豫知) 혹은 "미리 아심"으로 불리는 하나님의 앞선 지식(foreknowledge)은, "내가 처음부터 장차 일어날 일들을 밝혔고 오래 전에 이미 아직 이뤄지지 않은 일들을 일러 주었다"라는 이사야 46장 10절이나 "이 예수께서 버림을 받으신 것은 하나님이 정하신 계획을 따라 미리 알고 계신 대로 된 일이지만"(새번역), "주님은 옛부터, 이 모든 일을 알게 해주시는 분이시다"(새번역)라고 적힌 사도행전 2장 23절, 15장 18절 등에 의해 그 단면을 파악할 수 있습니다.

　　"하나님 아버지께서 여러분을 미리 아시고 성령으로 거룩하게 해 주셔서"(벧전 1:2; 새번역)라는 베드로의 감사와, "하나님이 그 미리 아신 자기 백성을 버리지 아니하셨나니"(개역개정), "하나님께서는 미리 아신 사람들을 자기 아들의 형상을 닮게 하시려고 또한 미리 정하셨습니다"(롬 11:2; 8:29)라고 하는 바울의 선언 등이 "예정론"(Predestination)이라 불리는, 구원과 관련해 오늘날까지 많은 논란을 불러일으키는 '설(說)'을 낳게 하였고, 또 그에서 분파된 "이중예정론", "예지예정론" 등의 복잡한 '가설'까지 생겨났지만, 하나님께서 "예정하신다"는 개념은 우리를 위해 "예비"하신다는 뜻으로 이해함이 옳으며 – 우리 인간들도 어떤 사실을 미리 알고 있을 경우 그에 대한 예비(준비)를 하게 되듯 – "결정론"(Determinism)과 같은 운명론적 의미로 섣불리 단정해서는 안 될 일입니다.

릭 워렌(Rick Warren)의 저서 『목적이 이끄는 삶』(*The Purpose Driven Life*)에는 "그분은 우리 삶의 모든 것을 미리 계획해 놓으셨을 뿐만 아니라 우리의 출생과 죽음의 시기도 이미 결정[예정]해 놓으셨다… 가장 놀라운 것은 하나님이 우리를 이 세상에 어떻게 보내실 지도 모두 결정[예정]해 놓으셨다는 사실이다… 많은 아이들이 부모의 계획과 상관없이 태어날 수 있지만, 하나님의 목적 없이 태어날 수는 없다. 하나님은 인간의 실수와 죄까지도 모두 고려하여 계획을 세우신다"라는 '감동적인' 대목이 있습니다. "나의 형질이 갖추어지기도 전부터, 주께서는 나를 보고 계셨으며, 나에게 정하여진 날들이 아직 시작되기도 전에 이미 주의 책에 다 기록되었습니다"(시 139:16; 표준새번역)라는 시편의 말씀

뿐 아니라 "주께서 이미 모태에서부터 나를 부르셨고, 내 어머니의 태 속에서부터 내 이름을 기억하셨다"(사 49:1; 표준새번역)라고 증언된 선지서의 구절 역시 그 같은 주장의 근거로 제시될 수 있겠지요.

"내가 너를 모태에서 생기게 하기 전에 너를 알았고 네가 태어나기 전에 너를 거룩하게 구별했으며"(렘 1:5)라는 주님의 말씀에는 예레미야를 직접 지으신 분이 하나님 자신이라는 것과 오래전부터 이미 그를 "알고" 계셨다는 사실이 명시되어 있습니다. 전능자이자 전지자로서 앞날의 일을 모두 알고 계시기에 이처럼 그를 성별해 선지자로 세우신 것이 하나님의 역할이라면, 그토록 놀라운 은혜로 '예비'된 예레미야의 역할은 스스로를 "어린아이"라 칭하며 말할 줄 모른다고 염려하는 일(렘 1:6)이 아니라 하나님께서 보내시는 곳으로 가고 명령하시는 "모든 것"을 말하는 일(렘 1:7)이 되어야 마땅합니다. 이는 "너희 아버지께서는 너희가 구하기도 전에 무엇이 필요한지 아시는 분이다", 그리고 "하나님은 너희 머리카락 수까지도 다 세고 계신다. 그러므로 두려워하지 말라"(마 6:8; 10:30-31; 참조. 마 6:32)며 예수님께서 직접 주신 격려를 입은 우리 모두에게 동일하게 적용되는 사실이기도 합니다.

이와 같이 '사물과 현상의 모든 것'과 함께 '우리 삶의 모든 상황'도 아실 수 있음은 "무소부재"(無所不在)라고 하는 하나님의 독특한 품성(시 139:5-10) 덕분으로, 과거, 현재, 미래에 대한 총체적 지식이 시간의 제약을 받지 않으시는 당신의 전능에 기인한 것이듯, 무소부재하심(All-Present, Omnipresent: 어느 곳에나 동시에 존재하실 수 있음) 또한 공간의 제약을 받지 않으시는 주님의 능력으로 인해 가능한 일입니다. "내가 가까운 곳의 하나님이며, 먼 곳의 하나님은 아닌 줄 아느냐?"(렘 23:23; 표준새번역, 새번역), "사람이 제아무리 은밀한 곳에 숨는다고 하여도, 그는 내 눈에서 벗어날 수 없다… 내가 하늘과 땅 어디에나 있는 줄을 모르느냐?"(렘 23:24; 표준새번역, 새번역)라는 하나님의 반문을 포함하여, "악한 일을 하는 자들이 하나님을 피하여 숨을 곳은 없습니다"(욥 34:22; 표준새번역, 새번역), "내가 주님의 영을 피해서 어디로 가며, 주님의 얼굴을 피해서 어디로 도망치겠습니까"(시 139:7; 새번역)라는 말로 우리의 죄악도 숨겨질 곳이 없음을 토설한 구절들 역시 '고백'을 통한 '증언'이라고 불릴 만합니다.

오즈월드 체임버스(Oswald Chambers)가 자신의 저서 『진정한 제자』(Disciples Indeed)에 남긴, "만물을 두루 꿰뚫는 하나님의 시선 아래에 자신의 삶을 종속시키지 않은 사람은 주님을 믿는다고 주장할 권리가 없다"라는 직언은, "주님의 눈은 사람의 길을 지켜보시며, 그 모든 길을 살펴보신다"(잠 5:21; 표준새번역, 새번역), "여호와의 눈은 어디든지 있어 악인과 선인을 살펴보신다"(잠 15:3)라는 잠언의 구절들과 더불어, "이는 내 눈이 그들의 모든 행동을 보고 있기 때문이다. 그들이 내게서 숨지 못하고 그들의 죄 또한 내 눈앞에서 숨기지 못한다"(렘 16:17), "어떤 피조물이라도 하나님 앞에 숨을 수 없고 오히려 모든 것은 우리에게서 진술을 받으실 그분의 눈앞에 벌거벗은 채 드러나 있습니다"(히

4:13)라고 기록된, 경각심을 주는 말씀들도 생각나게 합니다.

　하나님께서 "전지하시다"라고 말할 때의 전지(全知)하심이란 "모든 것을 다 아신다"는 의미에서 "알 지"(知) 자를 쓰는 개념이지만, 지혜가 무궁하시고 아무런 막힘이나 모자람이 없는 온전한 통찰력을 지니신 하나님의 품성을 생각할 때 "지혜 지"(智) 자를 사용하여 "하나님은 전지(全智)하시다"라고 말해도 무방하지 않을까 생각합니다.

　"지혜와 능력이 하나님의 것이니 하나님의 이름을 영원토록 찬양하라"는 다니엘 2장 20절과 "그의 경영은 기묘하며 지혜는 광대하니라"(개역개정), "그는 피곤을 느끼지 않으시며, 지칠 줄을 모르시며, 그 지혜가 무궁하신 분이시다"(표준새번역, 새번역)라고 한 이사야 28장 29절, 40장 28절의 찬송을 보면 그 점이 더욱 분명해지는바, 위에서 언급된 "깊도다 하나님의 지혜와 지식의 풍성함이여"라는 로마서 11장 33절에도 "그의 판단은 헤아리지 못할 것이며 그의 길은 찾지 못할 것이로다"(개역개정)라는 감탄이 뒷부분에 이어짐을 보게 됩니다.

　당장 눈앞의 일만, 그것도 한 번에 한 가지씩 밖에 보지 못하는 한계 투성이의 존재이면서도, 때때로 우리는 자신의 '옳고 정확한' 판단과 계획을 막으시는 하나님이 틀렸다는 생각으로 원망과 불평을 쏟아내곤 합니다. 그러나 이런저런 일들을 가능하게 해 달라고 늘상 하나님께 졸라대는 철없는 우리도, 오랜 시간이 지난 후 결국 하나님께서 자신의 기도를 들어 주시지 않은 것에 진심으로 감사한다는 주위 사람들의 고백을 듣게 될 때가 있습니다.

우리에게 가장 좋은 것을 정확히 아시는 하나님께서 늘 최선이 되는 방식으로 응답해 주시지만 그 응답이 우리의 기도 내용과 정반대로 나타나는 경우도 드물지 않은 것입니다. 오늘 바라며 기도하는 우리의 소망이 몇 달 후, 몇 년 후 어떻게 이루어질지에 대해 미래를 앞서 보시는 하나님께 전권을 내어 드리고 순종해야 할 이유가 바로 여기에 있습니다. "하늘이 땅보다 높음 같이 내 길은 너희의 길보다 높으며 내 생각은 너희의 생각보다 높음이니라"(사 55:9; 개역개정)며 주신 위엄 있는 선포는 물론, 그와 조금 다른 측면에서 "혹시 우리 마음에 가책을 받는 일이 있다 할지라도 우리가 확신을 가져야 할 것은 하나님은 우리의 마음보다 크시고 모든 것을 아시기 때문입니다"(요일 3:20)라고 건네진 따뜻한 위로 또한 같은 진리를 증언하고 있으니까요.

대부분의 사람들이 스포일러를 싫어하고 전체 내용을 사전에 알고 싶지 않아 할 것이란 일반적 추측과 달리, 운동 경기의 재방송을 보는 사람이나 영화와 소설의 마지막 내용을 미리 알고 있는 사람이 결과를 전혀 모르는 이들보다 훨씬 여유 있게 – 불안함이나 긴장감 없이 – 디테일까지 즐길 수 있다는 연구 결과를 본 적이 있습니다. 전지적 작가 시점에 서 계신 하나님께서 우리 삶의 "전말"(顚末)을 주관하신다는 것은, 모든 스토리를 이미 완성해 놓은 위대하고 완벽한 작가인 주님께서 우리의 삶 전체를 "처음부터 끝까지"(사 46:10) 책임져 주신다는 의미이기도 합니다.

하나님께서 이미 구상과 기획을 마치셨고 끝부분이 '승리'로 마무리되는 우리 삶의 드라마를, 염려나 두려움 없이 편안하고 여유 있는 마음으로 함께 '시청'하는 우리 모두가 될 수 있기를 간절한 마음으로 기도해 봅니다.

5장

강하신 하나님

> "하나님은 전능하시지만 누구도 멸시하지 않으십니
> 다. 그분은 힘과 지혜에 있어 전능하십니다"(욥 36:5).

하나님께서 "강한" 분이라는 것이야 두말할 나위 없을 자명한
사실이지만, 그럼에도 그 사실에 무지하거나 그런 사실을 애써 무
시하는 것이 대다수 사람들의 보편적 태도인 만큼, 그 같은 '자명
한' 사실에 대한 강조는 아무리 반복해도 지나치지 않을 듯합니
다.

이런 인간의 어리석음이 동서고금을 막론하고 얼마나 일관되
게 나타나는 현상이었던지, 지혜서의 한 구절(전 6:10)에도 "사람
은 자기보다 강한 이와 다툴 수 없다"(표준새번역, 새번역)는 '당연
한' 사실을 교훈하는 내용이 있을 정도니 말입니다.

『구약 어떻게 읽을 것인가』라는 책의 저자 이한영은 "영광의
왕이 누구시냐 강하고 능한 여호와시요 전쟁에 능한 여호와시로
다"(시 24:8; 개역개정)라는 구절을 예로 들며 "지상의 왕들은 모
두 멸망했지만 '만왕의 왕'은 궁극적으로 모든 악의 세력을 물리

치고 승리하신다는 사실을 구약성경이 함축하고 있다"고 설명합니다. 하나님은 그처럼 강하고 능하신 왕 중의 왕이라는 것이지요.

하나님의 '강하심'에 대한 찬탄으로 점철된다고 할 시편 66편에서는 "주께서 하신 일이 얼마나 놀라운지요? 주의 그 크신 능력을 보고, 원수들도 주께 복종합니다"(시 66:3; 표준새번역)라며 원수까지 복종시키시는 주님의 능력을 칭송한 구절 뒤로 "그분이 그 능력으로 영원히 다스리시고 그 눈으로 이방 민족들을 지켜보시니"(시 66:7)라고 이어지는, 영원한 통치자이신 주님의 권능에 대한 찬양을 만날 수 있습니다. 다윗 역시 자신의 시편에서 "너희는 하나님의 능력을 선포하여라. 그의 위엄은 이스라엘을 덮고, 그의 권세는 구름 위에 있다"(시 68:34; 새번역)라 하여 위엄과 권세로 둘러싸인 하나님의 능력을 공표했으며, 고라 자손 또한 "그분은 땅 끝까지 전쟁을 그치게 하시고 활을 부러뜨리시고 창을 두 동강 내시며 병거를 불태우십니다"(시 46:9)라면서 두려울 정도라고 해야 할 하나님의 힘과 능력을 찬미했습니다.

"힘으로 당해 낼 사람이 없으니 여호와께 대항하는 사람들은 흩어질 것입니다"(삼상 2:9-10), "그분의 입에서 나오는 천둥과 같은 소리를 들으십시오… 천둥과 같은 하나님의 음성이 들립니다"(욥 37:2-4; 표준새번역, 새번역), "그가 오는 그날을 누가 견뎌 낼 수 있겠느냐? 그가 나타날 때 누가 서겠느냐?"(말 3:2) 등으로 계속되는 말씀을 통해 역사서와 지혜서, 선지서를 망라하며 공포

되는 하나님의 힘과 크신 위력을 목격할 수 있을 뿐 아니라, "누가 나와 같고 누가 내게 도전할 수 있겠느냐? 어떤 목자가 나를 대적해 설 수 있겠느냐?"(렘 49:19; 참조. 렘 50:44)라는 직접적 물음에서는 당신의 강하심에 대한 주님 스스로의 선포가 발견되기도 합니다.

"주의 뜻은 위대하시고 주의 일에 능력이 있으십니다"(렘 32:19)라는 예레미야의 기도가 "여호와는 위대하신 하나님이시며 모든 신들 위에 위대하신 왕이시다"(시 95:3)라는 시편 기자의 선언에 좀 더 구체화되어 있는가 하면, "그에게는 뭇 나라가, 고작해야, 두레박에서 떨어지는 한 방울 물이나, 저울 위의 티끌과 같을 뿐이다. 섬들도 먼지를 들어 올리듯 가볍게 들어 올리신다"(사 40:15; 표준새번역, 새번역)라는 선지자의 선포에서는 하나님의 위대하심을 가시적으로 표현하기 위해 뭇 나라와 왕들을 티끌, 먼지, 물 한 방울 등에 비유해 극명하게 대비시키는 방식도 사용되고 있습니다.

이와 더불어 "하나님의 권능이 심히 크니 누가 그분처럼 가르치겠습니까? 누가 그 길을 그분께 정해 주었습니까? 누가 그분께 '주께서 잘못했다'고 말하겠습니까?"라고 묻는, 그리고 "누가 주의 영을 헤아릴 수 있겠으며, 주의 조언자가 되어 그를 가르칠 수 있겠느냐? 그가 의논하시는가? 누가 그를 깨우쳐 드리며, 공평의 도리를 가르쳐 드리는가? 누가 그에게 지식을 가르쳐 드리며, 슬기로운 처세술을 가르쳐 드리는가?"(표준새번역)라며 반문하는 여러 구절들(욥 36:22-23; 사 40:13-14; 참조. 롬 11:34; 고전 2:16)은 하나님만이 세상 모든 사람의 '스승'이고 '길잡이'이며 '교정자'이기도 하심을 간접 어법으로 천명하고 있지요.

17-18세기의 프랑스 기독교인이었던 잔느 귀용(Jeanne Guyon)의 저서 『출애굽기』(*Exodus*)에는 하나님의 강하심을 그분의 이름과 연결시킨 심오한 분석이 제시되어 있습니다. 하나님께서 자신을 규정하신 "스스로 있는 자"(출 3:14)라는 정의가 "모든 것으로부터 자유하신 당신을 설명하기 위한 명칭"임을 설명한 의미 깊은 지적이 그에 해당하는데, 주위의 모든 것들에 속박되어 있기에 자기 자신을 다른 객체와 구별하기 위한 특정 명칭이 필요한 우리 인간과 달리, 세상 모든 것의 본체이신 하나님은 타자와 본인을 구별하기 위한 이름이 따로 필요치 않다고 하는 해석에 저절로 고개가 끄덕여집니다. 그의 이와 같은 주장은, "나는 나이다" 혹은 "나는 스스로 있는 자이다"라는 의미인 "I AM WHO I AM"(אֶהְיֶה אֲשֶׁר אֶהְיֶה: 'ehyeh 'ăšer 'ehyeh)의 구문(출 3:14) 가운데 부정사 "to be"의 1인칭 단수형에 해당하는 히브리어 표기 "에흐예"(אֶהְיֶה: 'ehyeh)가 어느 누구, 혹은 그 어떤 상황의 영향도 받지 않고 "자족적(自足的)으로 자존(自存)하는 항존(恒存)의 존재"를 가리키는 어휘라는 사실과도 직결되는 논리입니다.

하나님의 강하심을 증거하는 성경의 다양한 말씀들에 의해 그분의 능력을 내면화하는 것이 가장 기독교인다운 체험이겠지만, 우리의 일상에서 하나님의 강력하신 능력을 '피부로' 체감하게 되는 가장 실질적 측면은 "사람의 마음을 움직이는 힘"으로서의 주님의 능력이 아닐까 때로 생각해 봅니다. 저 개인적으로도 "사람의 행위가 여호와를 기쁘시게 하면 원수들까지도 그와 화평하게 지낼 수 있게 하신다"는 잠언 16장 7절이 거짓말처럼 눈앞에서 구현되는 사건을 통해, 상대방의 "마음을 움직이시는" 하나님의 강력한 힘을 체험하며 삶 속에서 구현되는 '말씀'의 능력도 함께 목도하는 놀라운 경험을 한 일이 있기 때문입니다.

이 주제와 관련해 가장 먼저 떠올리게 되는 성경의 책들은 출애굽기와 에스라로서, 결과적으로 자신들에게 온갖 '해'를 끼치고 떠나는 주체가 된 히브리인들에게 애굽 사람들이 도리어 값비싼 여러 물품들을 내어 준 일과, 페르시아 왕 고레스가 마음의 감동으로 이스라엘 포로를 예루살렘으로 돌려보내기로 결심하자 주위의 사람들도 그들에게 필요할 물건과 예물을 자발적으로 선물했던 일, 그리고 주변 적들의 계속적 방해에도 불구하고 아닥사스다 왕이 오히려 성전에 바칠 제물들을 선사했던 놀라운 상황을 통해 같은 사실을 확인하게 됩니다.

위에 언급한 귀용의 책 『출애굽기』는 이 구절들에 관하여 "하나님은 당신에게 자유를 주시는 것만으로 만족하지 않으시고, 당신이 이 순수한 길로 들어가는 것을 방해하는 사람들의 재물과 힘으로도 당신을 풍성하게 하실 것입니다. 당신이 떠날 때 하나님의 강한 손아래, 당신은 당신의 것이 아닌 힘을 붙잡고 있는 것을 발견할 것입니다"라는 인상적인 분석을 제시합니다. 여기에 제 나름의 의견을 덧붙인다면, 출애굽기 12장에서 이스라엘에게 허락된 은혜는 "우리에게 나타나신"(즉, 우리를 만나 주신) 하나님께서 우리가 죄와 억압으로부터 '벗어나' 자유로운 삶을 살도록 인도하시는 분이라는 메시지로서뿐 아니라 그 죄와 억압을 '이길' 능력이 갖추어지도록 당신의 힘을 나누어 주시는 분임에의 상징으로도 작용할 수 있다는 측면입니다.

"하나님" 혹은 "주님"이라는 명칭이 한 번도 등장하지 않는 에스더서 역시 여러 실제적 사실들을 바탕으로 사람의 마음을 움직이시는 하나님의 능력을 증거하는 책으로, 당초 페르시아 왕비였던 와스디가 아하수에로 왕의 명을 거역해 그의 분노를 사게 된 사건에서 시작하여, 새 왕비의 간택이 결정된 후 에스더가 왕의 내시 헤개의 마음에 들어 특혜에 가까운 도움을 얻게 된 일, 수많은 '지원자' 가운데에도 유독 에스더가 왕의 마음을 사로잡을 수 있었던 것, 부름을 받지 않은 채 그 앞에 나가면 사형도 선고될 수 있는 상황에서 왕이 에스더를 보자마자 반가운 마음이 들었던 경우는 물론, 결정적으로 에스더가 계획한 두 번째 잔치의 전날 밤 잠이 오지 않던 왕이 '느닷없이' 자신의 통치 기록을 가져와 읽게 하려는 마음이 생겼던 – 그 결과 모르드개는 높임을 받고 하만은 사형에 처해지게 된 – 과정들 속에서, 상황을 주관하실 뿐 아니라 사람의 마음을 주관하기도 하시는 하나님의 놀라운 능력을 목격하게 됩니다.

이처럼 긍정적인 방향으로 사람의 마음을 움직이시는 것과 함께 '두려움'이나 '혼란' 같은 방식을 통해 행사되는 주님의 능력도 성경 안에서 종종 발견하게 됩니다. 사사 기드온과 군사들이 하나님의 뜻에 순종해 그 많던 병사들을 다 돌려보낸 후 전장에 나섰을 때 일어난 일을 기록한 "그들이 300개의 나팔을 불자 여호와께서는 미디안의 온 군대가 서로 자기 동료를 칼로 치게 하셨습니다"(삿 7:22; 참조. 삼상 14:20)라는 구절과, 유다 왕 아사가 구스(에티오피아) 군의 침공을 맞아 여호와께 부르짖은 후 벌어진 상황에 대한 "여호와께서 그 성읍들에 두려움을 내리셨기 때문에 그들은 그랄 주변의 모든 성읍들을 쳤습니다"(대하 14:14)라는 증언, 그리고 여호사밧 왕 당시 제사장과 레위인들이 백성들에게 율법책을 가르치자 생겨난 현상을 두고 "여호와에 대한 두려움이 유다 주변의 모든 나라들에 번져 그들은 여호사밧에게 싸움을 걸지 못했습니다"(대하 17:10)라고 증거한 부분 등을 그 예로 들 수 있습니다.

이와 유사하게 "어느 누구도 하나님의 분노(anger)와 진노(wrath)를 견딜 수 없다"고 경고하는 성경 구절들 역시 하나님의 '강하심'을 방증하는 요소들 중 하나입니다. 조건 없는 사랑으로 인간을 사랑하시고(시 113:5-6; 롬 8:38-39) 노하기를 더디 하시는(출 34:6; 민 14:18; 느 9:17; 시 86:15; 103:8; 145:8; 욜 2:13; 요 4:2; 미 7:18; 나 1:3) 하나님이 표출하는 분노는, 당신께서 창조하신 세상을 어지럽히는 악에 대한 거룩한 반응(신 9:7; 요 3:36; 롬 1:8)이라고 해석할 수 있습니다. "주께서 한번 노하시면 누가 주 앞에 서겠습니까?", "우리들 가운데 누가 사르는 불을 견디어 내겠는가? 우리들 가운데 누가 꺼지지 않는 불덩이를 견디어 내겠는가?"(표준새번역, 새번역), "주께서 진노하실 때에 누가 감히 버틸 수 있으며, 주께서 분노를 터뜨리실 때에 누가 감히 견딜 수 있으랴?"(시 76:7; 사 33:14; 나 1:6; 표준새번역)라고 이어지는 힐문은 하나님께서 분출하시는 진노의 강력함을 잘 드러내 주는 말씀들이지요.

자신의 책에서 이한영은 "다스리시고 보존하시고 영원히 우리를 보호하시며 구원하시는 참된 왕, 그 자체로서 절대 주권을 가지고 모든 악의 세력을 물리칠 수 있는 분임에도 낮고 낮은 베들레헴 마굿간에 오셔서 갖은 수모를 당하시고 십자가에서 우리의 죄를 지시고 구원하셨다"는 말로 주님의 능력과 그 능력의 "자발적 철회"(withdrawal)를 동시에 설명합니다. 번개 빛을 펼치시고 바다의 밑바닥을 덮으시며(욥 36:30), 하늘과 땅을 다스리는 주권을 가진(욥 38:33) 전능의 왕이시면서, "하나님은 전능하시지만 누구도 멸시하지 않으십니다. 그분은 힘과 지혜에 있어 전능하십니다"(욥 36:5)라는 말씀처럼 어느 누구도 멸시하지 않고 모든 이들을 귀히 여기시는, 가장 높은 차원의 전능을 행사하신다는 의미가 아닐까 생각됩니다. 천둥 같은 음성으로(욥 37:2-4; 40:9; 요 12:29) 바람과 바다를 꾸짖어 잔잔하게 하실 수 있는(마 8:26; 막 4:39; 눅 8:24) 권능의 주님께서 우리 각 사람의 마음을 움직이고 우리 안의 파도를 잠재우며 우리를 자유로, 그리고 마침내 승리로 인도하시는 일에 당신의 크신 능력을 모두 거셨다는 그 놀라운 사실과 더불어 말이지요.

6장 놀라운 일을 행하시는 하나님

> "여호와의 변함없는 사랑과 사람의 자손들에게 하신 그 놀라운 일들을 생각하며 여호와께 감사하라"(시 139:14).

평소에 자주 보지 못하거나 주위에서 흔히 일어나지 않는 일들을 목격할 때 주로 쓰게 되는 "경이롭다"는 표현에서의 "경이"(驚異)는 "놀랍고 신기하게 여김"이라는 사전적 의미를 가진 말로, "주님은 위대하셔서 놀라운 일을 하시니, 주님만이 홀로 하나님이십니다"(시 86:10; 표준새번역, 새번역)라며 올려진 다윗의 찬양과, 변화산에서 내려오신 예수님께서 아이의 몸에서 귀신을 쫓아내신 당시 상황을 "사람들은 모두 하나님의 위대한 능력을 보고 놀랐다"(눅 9:43; 새번역)라고 전한 증언, 그리고 자신이 경험했던 환상을 기록한 사도 요한이 "전능하신 주 하나님, 주께서 하신 일들은 크고 놀랍습니다"(계 15:3)라며 올린 찬탄 등에 사용된 "놀랐다", "놀랍다" 등과 같은 뜻의 어휘입니다.

한국어 성경에 이같이 번역되어 있는 단어를 영어 성경에서 찾아보면 우리가 흔히 생각하는 "놀라운"(surprising)이라는 형용사만이 아니라 그 외의 여러 다양한 표현들(amazed, marvelous, wonderful)이 사용되고 있음을 발견할 수 있습니다.

"하나님을 경외(敬畏)한다"고 말할 때 사용되는 한자어 "두려워할 외"(畏)의 경우도 무섭다거나 겁난다는(scary, frightened) 의미로서보다는 "놀라워하며 경탄함", "떨리는 마음으로 탄복함"(awe, reverence)의 의미로 이해하는 것이 보다 적절합니다. 이스라엘의 환란 상황에 능동적으로 개입해 주실 하나님을 기대하면서 과거 친히 강림하셨던 주님의 역사를 "주께서 친히 내려오셔서, 우리들이 예측하지도 못한 놀라운 일을 하셨을 때에, 산들이 주 앞에서 떨었습니다"(사 64:3; 표준새번역)라고 회상한 선지자의 증언과, 예수께서 치유해 주신 중풍병 환자가 자신의 침상을 들고 걸어갔던 때의 상황에 대해 "사람들은 모두 놀라며 하나님을 찬양했고 두려움으로 가득 차 말했습니다. '오늘 우리가 놀라운 일을 보았다!'"(눅 5:26; 참조. 마 9:8; 막 2:12)라는 반응으로 기록한 말씀들에서 그 구체적 예를 찾을 수 있는 표현이니까요.

"크도다, 그 이적이여! 능하도다, 그 기사여!"(단 4:3; 표준새번역, 새번역)라는 구약의 말씀과 "여러분이 아는 바와 같이 나사렛 예수는 하나님께서 그를 통해 여러분 가운데서 베푸신 능력들과 기사들과 표적들로 여러분에게 증거하신 분입니다"(행 2:22)라는 신약의 구절에서는 "이적", "기사", "능력", "표적" 등의 단어가 한 문장 안에 연이어 사용되고 있음이 눈에 띕니다. 기독교 용어

사전인 "교회용어사전"에서 "이적"을 "상식적이고 이성적으로 설명할 수 없는 초자연적, 초이성적인 비상한 사건"으로, "기사"를 "기이하고 경이로운 일 또는 장래 일에 대한 징조나 암시"로 구분해 정의하고 있음에도, 히브리어로 "모페드"(מוֹפֵת: mō-wp̄-ṯay)나 "필레카"(פִּלְאֶךָ: pil-'e-ḵā)에 해당하고 헬라어로는 "테라스"(τέρας: ter'-as)라고 표기되는 단어 "wonder"를 한국어 성경에서 "이적"과 "기사"로 혼용하고 있는 데다, 히브리어로 "오트"(אוֹת: 'ō·wṯ), 헬라어로 "쎄메이온"(σημεῖον: say-mi'-on)인 어휘 "sign"도 한국어 성경에 "표적"과 "표징"으로 - 더구나 위의 다니엘 4장 3절에서는 "이적"으로까지 - 개념 구분 없이 섞어 쓰여 있어, 관련 부분을 읽을 때 각별한 주의가 필요한 측면도 있습니다.

특수한 섭리에 의해 사람들의 '경이'와 '경외'를 일깨움으로 스스로를 증거하시는 하나님의 비상(非常)한 행위를 가리키는 "이적"(異跡/異蹟)은, 성경에서도 가장 대표적 기적이라 할 홍해와 요단강이 갈라진 사건(출 14, 수 3), 해와 달이 멈춰 서고 해 그림자가 뒤로 물러간 현상(수 10, 왕하 20, 대하 32, 사 38), 죽은 아이를 되살린 엘리야와 엘리사의 행적(왕상 17, 왕하 4), 보리떡 20개로 100명을 먹인 엘리사의 사역(왕하 4) 등에서 그 예를 찾을 수 있습니다. 신약성경에서는 예수님께서 죽은 사람을 살리신 역사들(마 9; 막 5; 눅 7, 8; 요 11)이나 보리떡, 물고기의 기적인 오병이어(마 14, 15; 막 6, 8; 눅 9, 요 6)처럼 구약의 기록과 서로 상응 관계라 할 만큼 유사한 사건들을 예로 들 수 있겠지요.

한편 초자연적, 초이성적 기적은 아니라 해도 우주의 운행이나 생명 탄생의 신비처럼 인간에게 깊은 인상과 경이를 안겨 주는 사건을 의미하는 "기사"(奇事)는, 먹을 수 없던 물이 식수가 되거나(출 15, 왕하 2) 하나님께서 굶주린 사자의 입을 막아 주신 일(단 6), 그리고 예수님께서 사람의 몸에서 귀신을 쫓아내신 사역(마 9, 12, 17, 막 1, 3, 5, 9; 눅 4, 8, 9, 11) 등의 놀랍고 신기한 현상으로 구별해 볼 수 있을 것입니다.

한국어 성경에 두 개념이 혼재되어 있기는 하지만, "그들은, 주께서 하신 행사를 보고, 깊은 바다에서 일으키신 기사(wonders)를 본다"(시 107:24; 표준새번역), "네가 애굽 땅에서 나오던 날과 같이 내가 그들에게 이적(wonders)을 보이리라"(미 7:15; 개역개정)고 하여 "기사"와 "이적"으로 표현된 일들뿐 아니라, "내가 바로의 마음을 완악하게 하고 내 표징(signs)과 이적(wonders)을 애굽 땅에서 많이 행할 것이나"(출 7:3; 개역개정), "우리와 우리 조상들을 종살이하던 이집트 땅에서 이끌어 내시고 우리 눈앞에서 그런 놀라운 표적(signs)을 보이신 분은 우리 하나님 여호와십니다"(수 24:17)라는 구절들에서의 "표징", "표적"이라는 표현을 통해서도, 이스라엘을 이집트에서 구해 내신 역사는 하나님의 "놀라운 일"의 상징으로 소개되어 있습니다.

이러한 하나님의 이적과 기사를 "큰일"이라 일컬으며 "주께서 큰 일을 하셨다! 땅아, 두려워하지 말아라, 기뻐하고 즐거워하여라, 주께서 큰 일을 하셨다"(욜 2:20-21; 표준새번역), "여호와께서 우리를 위해 큰일을 하셨으니 우리가 정말 기쁩니다"(시 126:3)라고 올린 찬송과 더불어, "여호와여 주의 기이한 일을 하늘이 찬양할 것이요"(시 89:5), "너희가 충분히 먹고 배부를 것이고 너희를 위해 놀라운 일을 하신 너희 하나님 여호와의 이름을 찬양할 것이다"(욜 2:26)라면서 그들을 "기이하고 놀라운" 일로 묘사한 말씀들 속에서, 하나님의 놀라우신 능력을 기뻐하며 송축하는 시편 기자와 선지자의 모습이 눈에 선히 그려지는 듯합니다.

『이것이 성공이다』(*Success and the Christian*)라는 자신의 책에서 저자인 A. W. 토저(A. W. Tozer)는 "우리가 하나님의 큰일들을 얼마나 볼 수 있을까?"라는 자문에 이어 "자신들이 보기를 원하는 만큼 볼 수 있을 것이다"라는 자답을 제시합니다. 이 말들이 기억날 때 여호수아 10장의 내용도 늘 함께 떠오르곤 하는 것은, 이스라엘과 아모리 간의 전쟁 과정에서 하나님의 격려와 약속(수 10:8)을 그대로 믿은 여호수아가 자연법칙에 역행하는 기적을 간구하자 "백성이 적들에게 원수를 갚을 때까지 해는 멈춰 있었고 달도 멈춰 섰습니다"(수 10:13)라는 말씀이 증언하는, 기도한 그대로의 응답이 실제로 일어났기 때문입니다.

왕을 달라던 백성들 앞에 "사무엘이 주께 아뢰니, 바로 그 날로 주께서 천둥을 보내시고, 비를 내리셨다"(삼상 12:18; 표준새번역)와 같은 이적이 실행되었을 뿐 아니라, 모압과의 전쟁 중 하나님께서 주신 "너는 바람이 부는 것도 보지 못하고, 비가 내리는 것도 보지 못하겠지만, 이 계곡은 물로 가득 찰 것이며, 너희와 너희의 가축과 짐승이 마시게 될 것이다"(왕하 3:17-20; 표준새번역, 새번역)라는 말씀이 엘리사의 전언 그대로 이루어졌다는 기록에서도 "원하는 만큼" 그리고 "믿은 만큼" 경험된 하나님의 "큰일"이 생생하게 입증되고 있습니다.

"주께서 세우신 뜻과 목적대로 주께서는 이렇게 크나큰 일을 하시고"라는 사무엘하 7장 21절의 뒷부분에 "또 그것을 이 종에게까지 알려 주셨습니다"(표준새번역)라는 내용이 이어지는데, 영어 성경의 번역(to make your servant know it; ESV)을 보면 그 의미가 더욱 명확해지듯, 하나님께서 "크고 놀라운" 일을 베푸시는 이유는 우리에게 주님의 능력을 "알려 주시기 위해서"입니다.

하나님께서 모세에게 전하신 "너에게 나의 능력을 보여 주어, 온 세상에 나의 이름을 널리 알리려고, 내가 너를 남겨 두었다"(표준새번역, 새번역), "내가 그들에게 어떤 이적을 보여 주었는지를, 네가 너의 자손에게도 알리게 하려고, 또 내가 주님임을 너희에게 가르치려고 그렇게 한 것이다"(출 9:16; 10:2; 참조. 신 29:6; 시 77:14; 새번역) 등의 말씀들에 의해서도 확인할 수 있는 사실이고 말이지요.

하나님의 궤를 장막에 모신 다윗이 "그분이 행하신 놀라운 일을 모든 민족들에게 알리라"(대상 16:24), "그를 노래하면서, 그를 찬양하면서, 그가 이루신 놀라운 일들을 말하여라"(대상 16:9; 표준새번역)는 감사를 올리며, 또한 미상(未詳)의 기자가 자신의 시편에서 "그의 영광을 백성들 가운데에, 그의 기이한 행적을 만민 가운데에 선포할지어다"(시 96:3; 개역개정)라는 권면으로 하나님의

"놀라운 일"을 알리도록 명하는 구절들은 물론, "높고 높으신 하나님께서 내게 보여 주신 표적과 기적을 기꺼이 드러내 알리려고 한다", "내가 전심으로 여호와께 감사하오며 주의 모든 기이한 일들을 전하리이다"(단 4:2; 시 9:1; 참조. 시 78:4)라면서 그런 "놀라운 일"들을 널리 전하겠다고 스스로에게 하는 다짐 역시, 성경 곳곳에서 발견되는 하나님의 놀라운 일들의 '알림', '선포', '전달'과 관련된 말씀들입니다.

반면 "그들은 하나님께서 하신 일들과 자기들에게 보여 주신 그 놀라운 일들을 다 잊어버렸다", "그들은 또한, 이집트에서 큰 일을 이룩하신, 그들의 구원자 하나님을 잊어버렸다. 함의 땅에서 행하신 놀라운 이적들도, 홍해에서 행하신 두려운 일들도, 모두 잊어버렸다"(시 78:11; 106:21-22; 표준새번역)라고 개탄하면서 하나님의 이적과 기사를 무의미하게 만드는 인간의 건망증을 지적하는 구절들도 성경에서는 드물지 않게 발견되는바, 이 같은 '잊어버림'은 당신께서 행하신 놀라운 일들을 알고, 알리고, 기억하기를 원하시는 주님의 본래 의도에 완전히 배치되는 불순종 행위일 것입니다.

여러 상징성을 내포하는 출애굽기의 내용들 가운데에도, 이집트를 향한 재앙이라는 이적과 기사가 실현된 7-12장, 홍해가 갈라지는 기적을 이스라엘이 목도한 14장의 뒤에 마실 물이 없음을 그들이 불평하는 15장과 17장(민 20)이 곧바로 이어지는 것을 보면 - 또한 그 사이에도 '다양하고 맛있는' 음식을 먹을 수 없다는 불

만이 토로된 16장(참조. 민 11, 21)이 위치한 것을 보면 - 오병이어
의 기적 후 뒤따라 온 이들을 향해 "너희가 나를 찾는 것은 표징을
보았기 때문이 아니라, 빵을 먹고 배가 불렀기 때문이다"(요 6:26;
새번역)라고 하신 예수님의 나무람이 결코 지나치지 않았음을 부
인할 수 없습니다.

기적을 가장 많이 목격한 도시들이 회개치 않음으로 인해 주
님께서 "너희에게서 행한 기적들을 두로와 시돈에서 행하였더라
면, 그들은 벌써 베옷을 입고, 재를 뒤집어쓰고, 회개하였을 것이
다"(마 11:21-24), "네게 베푼 기적들이 소돔에서 나타났다면 그
도시가 오늘까지 남아 있었을 것이다"(눅 10:13-15; 표준새번역)
라며 고라신과 벳세다, 가버나움을 꾸짖으신 것과, 표적을 요구하
는 바리새인들에 대해 "악하고 음란한 세대가 표적을 구하지만
예언자 요나의 표적밖에는 보여 줄 것이 없다"(마 12:39; 참조. 막
8:12; 눅 11:29)라고 비판하신 일, 그리고 "유대 사람은 표적을 구
하고 그리스 사람은 지혜를 찾지만 우리는 십자가에 못 박힌 그리
스도를 전파합니다"(고전 1:22-23)라고 했던 사도 바울의 공언을
통해서도, 하나님의 놀라운 역사의 피상적인 측면에만 관심 두는
사람들을 향한 성경의 준엄한 경고가 다양한 형태로 제시되어 있
습니다.

"바람이 다니는 길을 네가 모르듯이 임신한 여인의 태에서 아
이의 생명이 어떻게 시작되는지 네가 알 수 없듯이, 만물의 창조
자 하나님이 하시는 일을 너는 알지 못한다"(전 11:5; 표준새번역,

새번역)라는 지혜서의 교훈은, "바람이 임의로 불매 네가 그 소리는 들어도 어디서 와서 어디로 가는지 알지 못하나니"(요 3:8)라고 하신 주님의 답변을 떠오르게 하는 동시에 하나님께서 베푸시는 "크고 놀라운" 일들에 대해 우리가 갖고 있는 이해력의 한계를 여실히 보여 주기도 합니다. "네가 살아 있는 동안에 내가 어떤 일을 행할 것인데 네게 말해 주어도 너는 믿지 못할 것이다"(합 1:5)라는 선지자의 대언 역시, 그토록 간절히 기적과 표적을 구하면서도 막상 그것이 제공되면 믿지도 이해하지도 못할 인간의 어리석음에 대한 통렬한 비판으로 읽게 되지요.

하나님께서 매번 기적적인 일을 행하심으로 그를 통해 하나님의 임재와 함께하심을 실감하기 원하는 얄팍한 심리는, 우리 각자의 삶 속에서 이미 베풀어 주신 놀라운 일들을 기억하며 감사하는 깊이 있는 자세로 대치됨이 마땅합니다. "믿는 만큼" 볼 수 있는 영의 눈으로 바라본다면, "나를 지으심이 심히 기묘하심이라 주께서 하시는 일이 기이함을 내 영혼이 잘 아나이다"(개역개정), "여호와의 변함없는 사랑과 사람의 자손들에게 하신 그 놀라운 일들을 생각하며 여호와께 감사하라"(시 139:14; 107:15, 참조. 시 107:8, 21, 31)는 시편의 말씀들이 시사하듯, 하나님께서 기이한 방식으로 자신을 창조하셨고 언제나 일관된 사랑을 전하고 계신다는 것 자체가 가장 큰 기적임을 인정하며 충분히 감사할 수 있을 테니 말입니다.

7장 약속을 지키시는 하나님(1)

> "비록 늦어진다 해도 너는 기다려라. 반드시 올 것이
> 며 지체되지 않을 것이다"(합 2:3).

"하나님은 사람이 아니시니 변덕스럽지 않으시고 사람의 아들
이 아니시니 마음을 바꾸지 않으시니라"는 민수기 23장 19절은
대부분의 기독교인들이 잘 알고 있을 만큼 성경의 여러 구절 중에
도 특히 유명한 말씀일 것으로, 이어지는 후반절 또한 "어찌 말씀
하신 대로 하지 아니하시랴? 어찌 약속하신 것을 이루지 아니하
시랴?"(표준새번역, 새번역)라는 반문 형식을 취한 강조의 어구로
이어집니다. "이스라엘의 영광이신 하나님은 거짓말도 안 하시거
니와, 뜻을 바꾸지도 않으십니다"(표준새번역, 새번역), "하나님께
서는 약속과 맹세하심에 있어 거짓말하실 수 없습니다"라고 선포
된 사무엘상 15장 29절과 히브리서 6장 18절 역시 동일한 주장을
다루고 있는, 일관된 맥락의 말씀들이지요.

이러한 사무엘상 15장과 히브리서 6장 말씀에 하나님께서 "거
짓말을 하지 않으신다"는 표현이 공통적으로 등장하는 것처럼,

민수기 23장의 "변덕스럽지 않으시고"라는 부분도 다른 한국어 성경 버전이나 영어 성경들에서는 "거짓말을 하지 않으시고"(will not lie/does not lie)라는 번역 방식이 채택되고 있는데, 하나님을 묘사하는 방식으론 불경하다고 해야 할 이런 표현까지 성경이 사용하고 있는 것은 한번 하신 맹세를 번복하지 않으시는 하나님의 품성을 부각하기 위한 의도라고 해석할 수 있습니다. "여호와께서 계획하신 대로 하셨고 오래 전에 그분이 명령하신 말씀을 이루셨다"(렘 2:17)라는 간증뿐 아니라 "내 입에서 모든 공의로운 말이 나갔으니 결코 번복되지 않을 것이다"(사 45:23)라는 약속에서도 하나님의 그러한 품성은 반복적으로 강조되고 있으니까요.

하나님의 말씀을 기록한 성경을 다른 말로 바꾸면 "하나님의 약속 모음집"이라는 명칭이 가장 적합하리라 생각될 만큼, 성경은 시작부터 그 끝에 이르기까지 주님께서 우리에게 주신 약속들로 가득 차 있는 책입니다. 아담과 이브의 타락 직후 주어진 "여자의 후손은 네 머리를 상하게 할 것이요"(창 3:15; 개역개정)라는 선언에 의해 "너희가 결코 죽지 아니하리라"(창 3:4; 개역개정)며 그들의 반역을 부추긴 사탄의 거짓 '약속'에 맞대응하는 참 약속을 주셨던 하나님께서는, 노아 홍수 사건 이후에도 "내가 너희와 언약을 세우리니 다시는 모든 생물을 홍수로 멸하지 아니할 것이라"(창 9:11; 개역개정; 참조. 사 54:9)는 사랑과 자비의 맹세를 잊지 않으셨습니다.

성경 전체를 관통하는 일관되고 반복적인 약속이라 할 하나님과 아브라함의 '언약'은 "내가 너를 큰 민족으로 만들고 네게 복을 주어 네 이름을 크게 할 것이니 네가 복의 근원이 될 것이다"라는 창세기 12장 2절에서 시작되는바, "아브라함"이라는 이름을 새로 주시며 "내가 너를 크게 번성케 하겠다… 영원한 언약으로 삼고 네 하나님 그리고 네 자손의 하나님이 될 것이다"(창 17:6-7; 참조. 창 15:5)라고 하셨던 같은 책의 구절들을 포함하여, 아브라함이 롯에게 선택권을 양보한 후, 그리고 이삭을 제물로 바치라는 명령에 순종한 직후 "내가 너의 자손을 땅의 먼지처럼 셀 수 없이 많아지게 하겠다"(새번역), "내가 반드시 네게 복을 주고 반드시 네 자손을 하늘의 별처럼, 바닷가의 모래처럼 많아지게 하겠다"라며 주셨던 13장 16절, 22장 17절의 말씀으로까지 동일한 약속은 이어집니다.

아브라함과 맺으신 하나님의 언약들(Abrahamic Covenant)이 당신의 백성을 축복하며 영원히 잊지 않겠다는 약속이었다면, 모세와 맺으신 언약(Mosaic Covenant)으로서 "주 너희의 하나님이 너희를 너희의 조상이 차지했던 땅으로 돌아오게 하시어, 너희가 그 땅을 다시 차지하게 하실 것이며, 너희의 조상보다 더 잘 되고 더 번성하게 하여 주실 것이다… 그리하여 너희가 마음을 다하고 정성을 다하여, 주 너희의 하나님을 사랑하며 살 수 있게 하실 것이다"(표준새번역)라고 기록된 신명기 30장 5-6절은, 비록 배역했더라도 돌이켜 순종하면 '새로운 기회'를 주시는 하나님께서 당신과의 언약을 어긴 이후라도 회개하는 백성들에게 허락하실 용서와 축복의 약속이었습니다.

아브라함과 모세가 하나님의 약속을 믿고 자신이 거하던 땅을 떠나 나그네의 삶을 산 사람들임에 비해, 여호수아의 경우는 그 약속들이 실제로 성취되는 과정을 목도한 – 하나님이 주셨던 '꿈이 이루어지는' 현실을 목격한 – 축복 받은 인물이라고 말할 수 있습니다. 모세의 사망 후 "네가 사는 날 동안 아무도 너의 앞길을 가로막지 못할 것이다. 내가 모세와 함께 하였던 것과 같이 너와 함께 하며, 너를 떠나지 아니하며, 버리지 아니하겠다… 내가 이 백성의 조상에게 주기로 맹세한 땅을, 이 백성에게 유산으로 물려줄 사람이 바로 너다"(수 1:5-6; **표준새번역, 새번역**)라고 서약하시고, 그 이후에도 "내가 그들을 네 손에 넘겨주었으니 그들 가운데 한 사람도 너를 당해낼 자가 없을 것이다"(수 10:8)라고 다짐하신 그대로, 하나님께서는 여호수아가 치룬 모든 전쟁에 함께하시며 주신 약속을 신실히 이행하셨으니까요.

아브라함, 모세와 맺으셨던 여호와의 언약은 사무엘하 7장에서 증거되는 다윗과의 언약(Davidic Covenant)으로 그 맥이 이어지기에, "이제 내가 이 땅의 위대한 사람들의 이름처럼 네 이름을 위대하게 만들어 주겠다… 내가 네 몸에서 나올 네 자손을 일으켜 네 뒤를 잇게 하고 내가 그의 나라를 든든히 세울 것이다. 그가 내 이름을 위해 집을 세울 것이고 나는 그 나라의 보좌를 영원히 세워 줄 것이다"(삼하 7:9-13; 대상 17:8-12)라며 주신 하나님의 이 맹세를, 창세기에 기록된 세 가지 주요 언약, 즉 셈과 그 자손(창

9:26-27), 아브라함과 그 자손(창 12:2-3; 13:15-16; 15:5), 그리고 유다와 그의 자손(창 49:8-12)에게 주어졌던 약속들이 집약된 '결정체'라고 부를 수 있을 것입니다.

"네 집과 네 나라가 내 앞에서 영원히 계속될 것이며 네 보좌가 영원히 서 있을 것이다"(삼하 7:16; 대상 17:14)라는 표현으로도 서술된 하나님의 약속이 선지서의 여러 구절들(사 9:6-7; 11:1-16; 렘 23:5-6; 30:8-9; 33:14-16; 겔 34:23-24; 37:24-25)에 반복적으로 확증되어 있듯, 그리고 다윗의 아들 솔로몬에게 전하신 "내가 네 아버지 다윗에게 '이스라엘의 왕좌에 앉을 사람이 네게서 끊어지지 않으리라'고 약속한 대로 내가 네 이스라엘 왕위를 영원히 세울 것이다"(왕상 9:5; 대하 7:18)라는 다짐을 통해 확인되었던 그대로, 이후 솔로몬과 그 아들 르호보암의 패역에도 불구하고 유다 왕좌의 지위가 변함없이 유지(왕상 11:34-36; 15:4)되는 은혜는 오랜 기간 허락되었습니다.

이렇게 꾸준히, 그리고 끊임없이 주어진 약속들이 일점일획도 틀림없이 이루어졌다는 사실은, 하나님의 모든 맹세가 실제로 성취되는 것을 직접 본 축복의 인물 여호수아에 의해 "여호와께서 이스라엘 집에 하신 모든 선한 약속은 하나도 남김없이 다 이뤄졌습니다", "너희 하나님 여호와께서 너희에 대해 말씀하신 모든 선한 약속들이 하나도 남김없이 다 이뤄졌음을 너희는 너희 온 마음과 온 영혼으로 알 것이다"(수 21:45; 23:14)라고 증언되었을 뿐더러, 자신의 아버지(다윗)에게 주셨던 약속들이 모두 성취되었음을 감사 찬양한 솔로몬에 의해서도 "주께서는 주의 종 제 아버지 다윗에게 하신 약속을 지키셨습니다. 주의 입으로 약속하시고 주의 손으로 이루신 것이 오늘과 같습니다"(왕상 8:24; 대하 6:15)라고 간증된 바 있습니다.

"바벨론 왕은 그에게 친절하게 말하고… 여호야긴에게 필요한 것을 평생 동안 날마다 공급해 주었습니다"(왕하 25:28-30; 렘 52:32-34)라는 기록이 가능할 수 있었던 이방인으로부터의 관대한 처분을, "주께서 그들에게 진노하사 그들을 적국에게 넘기시매 적국이 그들을 사로잡아 원근을 막론하고 적국의 땅으로 끌어간 후에… 그들을 사로잡아 간 자 앞에서 그들로 불쌍히 여김을 얻게 하사 그 사람들로 그들을 불쌍히 여기게 하옵소서"(왕상 8:46-50; 대하 6:36-39; 개역개정)라는 솔로몬의 간구가 낳은 은혜라고 이해하면서, 열왕기 전체에 울려 퍼지던 하나님의 자비하심이 그 마지막 장 마지막 절(왕하 25:30)에서 절정을 이루고 있다고 분석하는 학자들의 의견도 상당수 존재합니다.

구약과 신약 기록의 마지막 때, 선지자와 사도로서 특히 더 힘겨웠을 시기를 지나면서도 "비록 늦어진다 해도 너는 기다려라. 반드시 올 것이며 지체되지 않을 것이다", "하나님께서 하나님의 종 예언자들에게 전하여 주신 대로, 하나님의 비밀이 이루어질 것이다"(합 2:3; 계 10:7; 표준새번역, 새번역)라고 보증한 하박국 선지자와 사도 요한은, 앞일을 짐작조차 할 수 없는 암흑의 시간에도 하나님의 예언이 기필코 이루어질 것이라는 확신으로 자신들이 받은 언약과 묵시의 신뢰성을 담대히 천명하고 있습니다.

뿐만 아니라 우리 주님께서는 그 두 구절의 중간 시기에 주셨던 "내가 율법이나 예언자들의 말을 폐하러 온 줄로 생각하지 말아라. 폐하러 온 것이 아니라 완성하러 왔다"(표준새번역), "하늘과 땅은 없어질지라도 내가 한 말은 결코 없어지지 않을 것이다"(마 5:17; 24:35; 막 13:31; 눅 21:33)라는 직접적 확증에 의해 구약성경의 동일 주제가 신약성경으로 이어지는 연결 고리를 만들어 주기도 하셨습니다.

살아 숨쉬는 주님의 말씀(히 4:12), 즉 하나님의 약속은 지나간 과거 사실의 '박제'나 케케묵은 고서 속의 죽은 '문자'가 아닙니다. 결혼의 제단에서 불변의 맹세로 두 사람이 하나로 묶여지듯 당신의 약속과 그 성취를 사랑에 근거해 이뤄 가시는 하나님께서는, 창세기부터 요한계시록까지 이어지는 말씀을 통해 끊임없이 스스로를 우리 인간과 약속의 관계로 묶고자 하십니다. "주님이 하시는 말씀은 모두 다 진실하고, 그 모든 업적에는 사랑이 담겨 있다"(시 145:13; 표준새번역, 새번역)는 찬송에 명증된 바와 같이 "하나님을 사랑하고 그 계명을 지키는 사람들과 맺은 사랑의 언약을 지키시는"(느 1:5; 참조. 신 7:9; 단 9:4) 우리 하나님은, 남편과 아내가 그 약속의 견실성 안에서 삶의 모든 부분을 공유하듯 성경 속의 여러 의미 깊은 약속들에 의해 우리와 삶을 나누려는 열망을 갖고 계신 분입니다.

주님의 약속에 대해 더 잘 이해하게 될수록 말씀의 작동 원리에 기반하는 그분의 사랑의 본질도 더욱 정확히 파악할 수 있는 이유가 바로 그것 때문 아닐까, 다시금 생각해 봅니다.

8장 약속을 지키시는 하나님(2)

"내 언약을 깨뜨리지 아니하고 내 입술에서 낸 것
은 변하지 아니하리로다"(시 89:34).

"송아지를 두 조각으로 갈라놓고, 그 사이로 지나가 내 앞에서 언약을 맺어 놓고서도, 그 언약의 조문을 지키지 않고 나의 언약을 위반한 그 사람들을, 내가 이제 그 송아지와 같이 만들어 놓겠다"(렘 34:18; 표준새번역, 새번역)라는 선지서의 '무시무시한' 경고는, 실상 "해가 지고 어둠이 덮이자 연기 나는 화로와 불붙은 횃불이 그 쪼갠 고기들 사이로 지나갔습니다"(창 15:17)라는 창세기의 기록에 바탕을 두고 있습니다. 고대 근동의 언약 체결 방식으로 계약 당사자들이 쪼갠 고기 사이를 통과하는 이 의식은 언약을 위반한 쪽에서 그에 상응하는 책임을 질 것임을 - 쪼개진 그 고기처럼 목숨으로 보상할 것임을 - 서약하기 위한 풍습이었다고 합니다.

하나님의 준엄하신 임재를 의미하는 "연기 나는 화로와 불붙은 횃불"(창 15:17)은, 떨기나무에 붙은 불(출 3:2-4)과 시내 산 위의 불(출 19:18; 24:17; 신 4:11, 24, 33; 33:2), 또한 광야에서의 불기둥(출 13:21, 22; 민 14:14; 느 9:12, 19)과 예루살렘의 구원의 횃불(사 62:1)이 은유하듯, 여호와의 뜨거운 사랑과 불꽃 같은 열정을 대변하는 동시에 인간이 함부로 범접할 수 없는 거룩함의 상징으로도 사용된 매개입니다. 그 화로와 횃불이 쪼갠 고기들 사이로 지나갔음은 성경적으로나 당시의 문화적 풍습으로 볼 때 상당히 중요한 의미를 갖는데, 고대 중근동 지역 헷 족속의 계약서(The Hittite Laws)에서 발견된다는 이 관습이 생명을 걸고 언약을 준수하겠다는 각오에의 공표, 즉 계약 체결의 엄중함을 시각적으로 형상화한 의식이기 때문입니다.

이러한 언약 체결의 방식으로 "동등한 관계 사이의 언약"(parity covenant)과 "주종 관계에서의 언약"(suzerainty covenant)이라는 두 가지 형태가 존재했다고 하는바, 그 각각의 조건을 비교하는 정확한 자료를 찾기는 쉽지 않으나 여러 정황들을 고려해 추론하건대, 동격 관계의 언약에서는 쌍방이 함께 쪼갠 고기들 사이로 지나간 후 둘 중 약속을 어긴 쪽이 목숨으로 책임을 지고, 주종 관계의 언약에서는 종(낮은 자/약소국의 왕) 혼자 제물 사이를 지나간 뒤 그 종이 주인(높은 자/강대국의 왕)과의 서약 위반에 대한 대가로 목숨을 지불했으리라고 추정됩니다.

하지만 이 두 경우 중 어느 쪽이든 하나님과 아브라함 간의 언약에서는 "화로"와 "횃불"이신 하나님 혼자 그 사이를 지나셨다는 특이점이 발견되는데, 인간들끼리만 맺을 수 있을 동격 간의 언약은 애초 하나님과 아브라함 사이에 이루어질 수 없는 것인 데다, 주종 간의 언약이라면 더더욱 하나님 아닌 아브라함이 쪼갠 고기 사이를 지났어야 옳을 일이기 때문입니다. 따라서 상황이나 경우를 불문한 채 하나님께서 그 사이를 통과하신 이 일은, 반드시 언약을 이루어 내겠다는 주님의 굳은 의지에의 발현으로 이해함이 가장 정확할 것입니다.

본시 '계약'이란 그 약속을 맺는 쌍방 간의 동의를 바탕으로 하는 '양방향'적인 것임에도, 창세기에 기록된 하나님과 아브라함 간의 언약은 상대의 뜻을 불문하고 이행과 성취에 대한 전적 책임을 자임하신 하나님의 단독 의사로 성립된 체결인 만큼, 완전히 일방적, 주권적 형태의 약속이라고 규정할 수 있습니다. 상호 의무 계약이 아니라 일방적 책임 계약으로 성립된 이 언약을 쌍무(雙務) 계약 아닌 편무(片務) 계약으로 부르는 이유도 바로 여기에 있으니까요. 이런 형식을 통해 하나님은 아브라함의 신실성 여부와 관계없이 단독적 주도로 서약을 완성할 것을 확인해 주셨으며, 실제로 창세기 15장에서의 반복된 언약의 '여운'이 채 가시기도 전 사라의 말에 따라 하갈과 동침하여 이스마엘을 낳은 아브라함(창 16:1-16)임에도 하나님께서는 그의 목숨을 약속 위반의 대가로 요구하지 않으셨습니다.

"너희와 세운 언약을 나는 꼭 지킨다"(레 26:9; 표준새번역, 새번역)라는 확약과 "나 주가 말하였으니 내가 반드시 이루겠다"(겔 22:14; 표준새번역, 새번역; 참조. 겔 17:24; 37:14; 36:36)와 같은 든든한 보증에 더해, "그분이 백성들에게 구원을 보내 주셨고 언약에 명령해(command His covenant) 영원하라고 하셨으니"(시 111:9)라는 '시적' 표현까지 사용하며 반복적 확증을 주신 하나님은, "주께서 말씀하신 일이 그대로 들이닥쳤으며, 주께서는 이루어진 이 일을 친히 보고 계십니다"(렘 32:24; 표준새번역)라는 서술이 알려 주듯 당신의 말씀이 성취되는 과정도 몸소 확인하는 분이십니다. 구약성경에 열 번 이상 등장하는 "나 여호와의 말이다"라는 선포 – 앞부분의 맹세 뒤에 후렴구처럼 첨가되는 – 가 앞선 약속의 실현을 보증하기 위해 사용되었다는 사실만으로도 하나님의 맹세(말씀)의 견고성에 대해서는 별도의 설명이 필요 없겠지만 말입니다. "어떤 이들이 생각하는 것과 같이, 주님께서는 약속을 더디 지키시는 것이 아닙니다"(벧후 3:9; 새번역), "나는 주다. 내가 말하는 그 말은 무엇이든지 그대로 이루어지고, 더 이상 지체하지 않을 것이다"(겔 12:25, 28; 표준새번역, 새번역)라는 강조의 구절들을 접할 때마다 목사이자 신학자였던 제임스 패커(J. I. Packer)가 남긴 "하늘의 별은 떨어지더라도 하나님의 약속은 흔들림 없이 성취될 것이다"라는 말이 떠오르곤 하는 것도 그 때문이라고 해야겠지요.

미국 정교회 대주교였던 드미트리 로이스터(Dmitri Royster)의 저서 『하나님 나라』(*The Kingdom of God*)의 내용 가운데에도, 특히 주님의 약속과 관련된 "기독교인의 최종적 목적지는 하나님 나라이다. 여기에서 말하는 하나님 나라란 '나는 길이요, 진리요, 생명이니 나를 통하지 않고서는 아버지께로 올 사람이 없다'라는 요한복음 14장 6절에 상징된 '좁은 길'이 인도하는 곳을 의미한다. 마침내 진정한 삶으로 우리를 이끌 하나님 나라까지 이어진 길이 고난과 시련으로 점철되어 있는 만큼, 그 길을 꾸준히 따라 걷기 위해서는 하나님의 약속에 대한 믿음이 반드시 필요하다. 주님께서는 당신의 멍에가 쉽고 짐이 가볍다(마 11:30)는 사실을 알려 주시며, 우리가 각자에게 주어진 삶에 시선을 고정하고 흔들리지 않는다면 그 모든 고난과 시련을 대신 담당해 주실 것을 약속하신다"라는 대목이 가장 인상적인 기억으로 남아 있습니다.

150편의 시편 중 그 길이가 가장 긴 119편은 처음부터 끝까지 하나님의 말씀(약속, 교훈, 계명, 율례, 법)에 대한 앙망을 주제로 하고 있지만, 그들 가운데에도 "주님을 경외하는 사람과 맺으신 약속, 주의 종에게 꼭 지켜 주십시오"(시 119:38; 표준새번역), "종에게 하신 주의 말씀을 기억하소서. 주께서 그것으로 내게 소망을 주셨습니다"(시 119:49), "주께서 약속하신 말씀대로 나를 건져 주십시오"(시 119:170; 표준새번역)라는 간구에 담긴 "꼭", "약속하신 말씀대로", "기억하소서"와 같은 표현에서는 어떤 '확인성' 어감이 느껴집니다. 하지만 약속 실현을 독촉하는 듯한 이런 기도는 어쩌면 인간 편의 조바심에서 비롯된 것일지 모릅니다. "우리가 진정한 희망을 느끼게 되는 때는 하나님께서 약속하신 모든 것이 이미 이루어져 있으며 자신에게 남겨진 임무란 그 약속들이 성취되어 있는 곳에 이를 때까지 주님과 함께 걸어가는 일뿐임을 깨닫는 순간"이라는 기독교적 진리가 교훈해 주듯, 우리의 삶은 이미 '성취된' 약속의 토대 위에서 하루하루 앞으로 나아가는 것이니 말입니다.

"한 아기가 우리를 위해 태어났다. 우리가 한 아들을 모셨다. 그는 우리의 통치자가 될 것이다"(새번역), "이새의 줄기에서 한 싹이 나오고 그의 뿌리에서 가지가 돋아나 열매를 맞을 것이다"라는 9장 6절과 11장 1절(참조. 렘 23:5; 33:15) 등 예수님에 관한 예언을 특히 많이 포함하고 있는 이사야서의 다양한 구절들은 물론, "그들은 그들의 하나님 여호와를 섬기고 내가 그들을 위하여 일으킬 그들의 왕 다윗을 섬길 것이다", "내가 그들 위에 한 목자, 곧 내 종 다윗을 세울 것이니 그가 그들을 먹일 것이다. 그가 그들을 먹이며 그들의 목자가 될 것이다"라고 선포된 예레미야 30장 9절과 에스겔 34장 23절(참조. 겔 37:24)에서도 성경의 가장 핵심적인 예언, 즉 예수님을 선견(先見)하는 예언을 만나게 됩니다.

앞 장의 내용에서 "여자의 자손이 네 머리를 상하게 하고"라는 창세기 3장 15절의 말씀이 사탄에게 정면으로 대항하는 확고한 '약속'임을 지적했는데, "여자의 자손"(One of hers)이라 하여 복수 아닌 단수로 지칭된 대상이 바로 예수님임을 알려 주는 - 그로 인해 "결정적 언약"(Decisive Promise)이라고도 불리게 된 - 이 구절은, 그러한 약속을 지켜 내심으로 결국 사탄이 아담과 이브에게 했던 거짓 '약속'이 무산되게끔 만드신 당신의 사랑(우리가 아직 죄인 되었을 때 베풀어 주신 사랑)에 대해 다시금 생각해 보게 하는, 또한 동시에 하나님의 모든 약속과 예언의 성취를 믿을 수 있도록 돕는 근거로서의 말씀입니다.

하나님께서 아브라함을 의롭다고 인정하신 것이 이삭을 바친 창세기 22장의 시점이 아니라 믿음의 관계로 언약을 맺은 15장이었다는(창 15:6) 사실 역시 시사하는 바가 적지 않습니다. 우리가 갖는 의는 우리 자신의 올바른 행위로써가 아니라 하나님께서 자진하여 맺어 주신 약속에 근거하며, 그 약속을 바탕으로 십자가의 죽음을 자원하신 주님에 의해 창세 초 언약이 완성된 결과이기 때문입니다.

"네 어린 시절 너와 맺은 언약을 내가 기억하고 너와 영원한 언약을 세울 것이다"(겔 16:60)라고 말씀하시며, 은혜로 맺어 주셨던 언약을 깨뜨린 이스라엘에게도 끝내 사랑과 자비를 거두지 않을 것을 다짐하신 하나님의 본뜻이 "내가 이스라엘의 집과 유다의 집과 새 언약을 맺을 날들이 오고 있다"(렘 31:31; 참조. 겔 36:27)라는 예언을 통해 "새로운 언약"으로 구체화되어 있는 데다, 이는 다시 "내가 네게 내 언약을 세워 내가 여호와인 줄 네가 알게 하리니"(겔 16:62; 개역개정), "내 언약을 깨뜨리지 아니하고 내 입술에서 낸 것은 변하지 아니하리로다"(시 89:34; 개역개정)라는 확약들에 의해 "내 언약"이라는 표현으로 명확화되고 있습니다. 이들 언약은 예수님의 피로 맺은 "새 언약"(마 26:26-29; 막 14:22-25; 눅 22:15-20; 고전 11:23-25)의 근거일 뿐 아니라, 하나님의 구속 섭리가 영원히 불변하는 것임을 보증하는 예표이기도 합니다.

언약을 잊지 않고 기억하시는 하나님(출 6:5)은 신실하신 분이기에 우리에게 주신 모든 약속을 끝내 이루시리라는 것(살전 5:24; 히 10:23)이 신구약을 망라하는 성경의 일관된 메시지입니다. 신약성경(히 8:10; 10:16)에 인용되어 있는 선지서 구절(렘 31:31-34)에서의 "너", "유다", "이스라엘" 등은 과거의 그들만을 가리키는 것이 아니라 오늘날의 우리 모두(사 56:8; 요 10:16; 17:20)에 대한 지칭인바, 고기와 무교병을 사른 바위로부터의 불(삿 6:21)과 번젯물을 지나 구덩이 물까지 말려 버린 여호와의 불(왕상 18:38)처럼 뜨거운 하나님의 사랑은, 당신의 임재의 상징으로 우리 삶과 인류 역사의 현장에 지금 이 순간도 개입하고 계시는 것입니다.

목사이자 신학자인 R. C. 스프로울(R. C. Sproul)이 했던 "믿음이란 미래에 대한 하나님의 약속을 신뢰하며 그것의 성취를 기다리는 일을 의미한다"는 말은, "믿음은 바라는 것들의 확신이요, 보이지 않는 것들의 증거입니다"(새번역)라는 히브리서 11장 1절의 유명한 구절을 떠오르게 합니다. 그러나 여기에서 말하는 믿음이란 주님의 약속들을 '머리'나 '마음'으로 믿는 일뿐 아니라 그분의 약속을 신뢰하며 발걸음을 내딛는 실천적 행동까지 포함하는 개념일 것입니다. 그러한 믿음과 결단의 행위가 약속을 반드시 지키시는 하나님의 신실하심을 보다 풍성히 경험할 수 있는 놀라운 은혜를 우리에게 허락하곤 하니까요. 하나님은 우리 눈에 불가능해 보이는 일을 하실 수 있으며(눅 18:27; 엡 3:20) 또한 실제로 행해 주심(시 126:1)으로써 주의 백성들이 당신의 약속을 더욱 견고히 붙들 수 있도록 역사하는 분임을 확신하는, 그런 믿음의 사람들이 누리게 될 은혜 말입니다.

9장

결심을 돌이키시는 하나님(1)

"그들이 대적에게 압박과 괴롭게 함을 받아 슬피 부르짖으므로 여호와께서 뜻을 돌이키셨음이거늘"(삿 2:18).

"회개"라는 용어를 주로 쓰는 기독교인들이 잘 사용하지 않는 표현이긴 하지만 누구나 인생을 살다 보면 '후회'되고 안타깝게 여겨지는 일들을 경험하게 됩니다. "내 발등을 찍고 싶다"는 한탄 섞인 말까지 있는 것을 보면 과거로 돌아가 지난 일을 되돌리고 싶을 만큼 속상하고 한스러운 기억이 한두 가지쯤 있다는 데에는 그 누구도 예외가 아닐 것이라 짐작하게도 됩니다. 하지만 늘 실수를 반복하는 어리석은 인간이야 그렇다 하더라도 완벽하고 실수가 없으신 하나님이라면 이런 사실과 전혀 무관하셔야 마땅할 일인데, 약속을 지키시는 하나님, 기필코 예언을 성취하시는 하나님께서 성경을 통해 종종 보여 주시는 모습, 즉 스스로 건넨 경고를 자진 철회하시거나 작정했다고 말씀하던 계획을 변경해 실행치 않으시는 상황을 목격할 때 과연 우리가 어떻게 이해해야 할까요?

"땅 위에 사람 지으셨음을 후회하시며 마음 아파 하셨다. 주께서는 '내가 창조한 것이지만, 사람을 이 땅 위에서 쓸어버리겠다. 사람뿐 아니라, 짐승과 땅 위를 기어다니는 것과 공중의 새까지 그렇게 하겠다. 그것들을 만든 것이 후회되는구나' 하고 탄식하셨다"(표준새번역)라는 창세기 6장 6-7절을 시작으로, "내가 사울을 왕으로 삼은 것을 후회한다", "여호와께서는 사울을 이스라엘 왕으로 삼으신 것을 후회하셨습니다"라고 기록된 사무엘상 15장 11절, 35절처럼 하나님께서 인류를 창조하신 일과 사울을 왕으로 세우신 결정에 대해 "후회하신다"고 전하는 성경의 구절들을 접하면서 대다수 기독교인들은 어리둥절하고 당혹스러운 마음을 감추기 어려울 것입니다.

"약속을 지키시는 하나님" 편(7장)에서도 소개되었던 "하나님은 사람이 아니시니 변덕스럽지 않으시고 사람의 아들이 아니시니 마음을 바꾸지 않으시니라"(민 23:19)는 잘 알려진 구절은 물론이거니와, "내가 이미 말하였으며 작정하였고 후회하지 아니하였은즉"(렘 4:28; 개역개정), "내가 돌이키지도 아니하고 아끼지도 아니하며 뉘우치지도 아니하고 행하리니"(겔 24:14; 개역개정)라며 주신 선지서의 말씀들이나 "여호와는 맹세하고 변하지 아니하시리라"(시 110:4), "주께서 맹세하셨으니, 주께서는 뉘우치지 않으실 것이다"(히 7:21; 표준새번역)라는 확고한 선포들과도 상충하는 듯 보이는 위의 내용은 우리에게 적지 않은 혼란을 불러일으킵니다.

게다가 "아합은 이 말을 듣고 자기 옷을 찢으며 굵은 베옷을 몸에 걸치고 금식했습니다… '… 그가 내 앞에서 겸손해졌으니 내가 그의 시대에는 재앙을 내리지 않고"(왕상 21:27-29)라는 열왕기의 기록과 "여호와께서 그들이 겸손해진 것을 보셨습니다… '저들이 겸손해졌으니 내가 저들을 멸망시키지 않고 구해 줄 것이다"(대하 12:7), "르호보암이 스스로 겸손했기에 여호와께서 진노를 그에게서 거두시고 그를 완전히 멸망시키지는 않으셨습니다"(대하 12:12)라는 역대기의 서술처럼 불순종의 전형이라 할 이들의 회개에도 즉각 반응하시어 이미 예고되었던 징벌을 철회하고 곧바로 '계획을 변경'하시는 듯한 하나님이 증거된 말씀들은 이런 혼란을 더욱 가중시킬 수밖에 없습니다.

이 사안의 본질을 파악하기 위해서는 히브리어나 헬라어로 된 성경을 우리 말로 번역할 때 발생하는 문제점이 우선 지적되어야 할 듯한데, 한 나라의 말을 다른 나라 말로 번역하다 보면 역사적, 문화적 배경의 차이로 인한 여러 가지 부작용이 뒤따를 수밖에 없기 때문입니다. 한국어 성경에 "후회하다" 혹은 "뉘우치다"로 번역되어 있는 동사는 히브리 원어로 "니함"(נָחַם: nāḥam)이라는 어휘로서, "후회한다"라는 한정적 표현이 주류인 한국어 성경의 번역과 달리 본시 이 단어는 "슬퍼하다", "한탄하다", "동정하다", "뜻을 돌이키다" 등의 다양한 의미를 갖고 있는 개념입니다. 영어 성경을 살펴보더라도 "regret"이라는 동사("애석해하다", "유감스럽게 생각하다"라는 어감이 강한)로 번역된 몇 가지 구절(창 6:6, 7;

삼상 15:11, 35)을 제외하고는 "뜻을 돌이키다", "노여움을 풀다"라는 뜻의 "relent"로 옮겨진 경우가 대부분임을 알 수 있습니다.

위에서 언급된 다른 구절들(민 23:19; 렘 4:28; 시 110:4; 겔 24:14; 히 7:21)도 영어 성경으로 찾아보면 한국어 성경에 "후회하다"(민 23:19; 렘 4:28), "변하다"(시 110:4), 혹은 "뉘우치다"(겔 24:14; 히 7:21) 등으로 번역된 부분이 주로 "change mind", 즉 "생각을 바꾸다", "결정을 되돌리다"라는 동사로 기록되어 있음을 발견하는데, 이런 사실로 보면, 다른 언어로 번역되어 있는 글을 읽을 때는 문맥을 잘 살피면서 각 단어가 그 문맥 안에서 어떤 의미로 사용되고 있는지의 분별이 필요하다는 것이 성경 읽기에도 예외 없이 적용되어야 할 원칙임을 확인할 수 있습니다. "후회한다"는 표현을 있는 그대로 받아들여 마치 우리 인간이 자신의 실책에 대해 한탄하고 속상해하듯 하나님께서 당신이 행하신 일과 이루신 업적을 실수와 실책으로 여기며 되돌리고 싶어 하시는 양 이해한다면 성경 전반의 해석에서 큰 오류를 야기할 수 있을 테니까요.

더욱이 성경에 기록된 대다수 표현들은 인간의 이해 수준을 고려해(우리의 눈높이에 맞게) 주어진 것인 만큼, 하나님께서 본연의 실체가 아닌 우리 눈에 비춰지는 모습으로 스스로를 묘사하신다 하여 - 그리고 인간과 상호작용하시는 인격체 하나님이라고 하여 - 실제로도 우리와 똑같은 형태와 방식으로 감정을 느끼시는 것은 아님을 기억할 필요가 있습니다. 그렇기에 성경에서의 '후

회'라는 표현은 지난 일을 되돌리고 싶다는 하나님의 '감정'으로
서가 아니라 앞으로 행하실 '행동'의 변화, 즉 인간을 향한 하나님
의 대응 방식에 변화가 일어날 것을 의미한다고 이해함이 합당합
니다. 위의 열왕기와 역대기의 기록(왕상 21:27-29; 대하 12:7,
12)을 포함하여 "주께서는 뜻을 돌이키시고, 주의 백성에게 내리
시겠다던 재앙을 거두셨다"(출 32:14; 표준새번역), "천사가 그의
손을 예루살렘으로 뻗어 그 성을 멸망시키려 할 때 여호와께서는
그 재앙을 보고 돌이키시며 사람들을 치고 있던 그 천사에게 말씀
하셨습니다. '그만하면 됐다. 손을 거두어라'"(삼하 24:16)는 말씀
들에 방증되어 있는 것이 바로 그러한 사실입니다.

　"하나님께서 그들이 뉘우치는 것, 곧 그들이 저마다 자기가 가
던 나쁜 길에서 돌이키는 것을 보시고, 뜻을 돌이켜 그들에게 내
리시겠다고 말씀하신 재앙을 내리지 않으셨다"(욘 3:10; 표준새번
역, 새번역)라는, 역시 잘 알려진 요나서의 내용도 그렇기는 하지
만, "'주 여호와여, 부디 용서해 주십시오. 야곱이 아직 어리고 약
하니 어떻게 이 일을 견딜 수 있겠습니까?' 그러자 여호와께서 이
에 대해서 마음을 돌이키셨다. '이 일이 일어나지 않을 것이
다'"(암 7:2-3), "'주 여호와여, 멈춰 주십시오. 야곱이 아직 어리고
약하니…' 그러자 여호와께서 이에 대해서 마음을 돌이키셨다. '이
일도 일어나지 않을 것이다'"(암 7:5-6)라고 아모스서에 기록된
구절들에서는 하나님의 그러한 "돌이키심"이 한 번도 아닌 계속
적 용서의 수단으로 반복된 사례까지 목격할 수 있습니다.

하나님께서 예고된 징벌을 거두며 혹독한 심판을 피하게 해 주신 배경으로는, 주의 종인 지도자와 선지자가 백성들을 대표해 중보 기도를 올렸을 때 그 충정을 보고 그렇게 하신 경우와, 백성들 개개인이 자신의 죄를 회개하거나 고통 중에 호소하며 부르짖는 것을 보시고 긍휼의 마음으로 그리 하셨다는 공통적 요소를 발견할 수 있습니다.

위의 출애굽기 32장 14절이 백성들을 모두 멸하고 그를 통해서 큰 민족을 이루시겠다는 하나님의 진노에 직면한 모세가 "어찌하여 이집트 사람이 '그들의 주가 자기 백성에게 재앙을 내리려고, 그들을 이끌어 내어, 산에서 죽게 하고, 땅 위에서 완전히 없애 버렸구나' 하고 말하게 하려 하십니까? 제발, 진노를 거두시고, 뜻을 돌이키시어, 주님의 백성에게서 이 재앙을 거두어 주십시오"(출 32:12; 새번역)라며 올려 드린 중보에 따른 돌이키심이었다면, 그에 이어 소개된 아모스 7장에서의 돌이키심은 이스라엘의 심판을 환상으로 보여 주신 하나님께 그들의 연약함을 거듭 호소했던 아모스 선지자의 간구가 상달되고 수용된 결과라고 볼 수 있다는 것이지요.

고라와 그 추종자들의 반발로 무고한 이들까지 벌을 당하지 않도록 모세와 아론이 중보했던 때(민 16:22-26)와 고라, 다단, 아비람 일당의 죽음을 원망하는 백성들의 징벌을 두고 모세와 아론이 다시 중보한 같은 장의 상황(민 16:45-48)에서도 격노하셨던 하나님께서 뜻을 돌이켜 주시는 모습은 분명하게 증거되고 있습니다.

그와 더불어, "이집트를 떠날 때부터 이제까지 주께서 이 백성을 용서하신 것처럼, 이제 주님의 그 크신 사랑으로 이 백성의 죄를 용서하여 주시기 바랍니다"(민 14:19; 표준새번역)라는 모세의 읍소에 "너의 말대로 용서하겠다"(민 14:20; 표준새번역)라고 답하셨던 일 역시, 다른 열 명의 정탐꾼 말만 믿고 여호수아와 갈렙을 돌로 치려는 백성들을 향해 역병으로 멸망시키겠다고 진노하시던 하나님께서, 모세의 간곡한 중보를 받아들여 그들의 허물을 덮고 용서하기로 뜻을 돌리셨음을 입증하고 있는 말씀입니다.

백성들이 직접 자신들의 죄를 회개하거나 고통 중에 호소하며 부르짖음으로 하나님께서 뜻을 돌이키신 경우로는 "그들이 대적에게 압박과 괴롭게 함을 받아 슬피 부르짖으므로 여호와께서 뜻을 돌이키셨음이거늘"(삿 2:18; 개역개정), "하나님께서는 그들의 부르짖음을 들으시고 그 고통을 봐 주셨고 그들을 위해 그분의 언약을 기억하시고 그 엄청난 인자하심에 따라 마음을 돌이켜"(시 106:44-45)라는 기록들을 포함하여, 교만해진 다윗이 인구조사에 따른 하나님의 진노로 7만 명이 죽자 자신의 죄를 뉘우치면서 부르짖어 기도한 일(삼하 24:17; 대상 21:17)과, 니느웨 백성들이 요나의 선포를 듣고 금식하며 회개하자(욘 3:10) 진노와 징벌을 내리지 않으셨던 사례 등을 꼽을 수 있습니다.

특히 하나님의 "돌이키심"을 반복해 경험했던 유다 왕 히스기야의 경우, "시온은 밭처럼 갈아엎음을 당할 것이며 예루살렘은 폐허가 되고 성전이 있는 산은 수풀에 뒤덮일 것이다"(미 3:12)라는 예언을 돌이켜 주신 은혜 덕분에 "히스기야가 여호와를 두려워하여 여호와께 간구하매 여호와께서 그들에게 선언한 재앙에 대하여 뜻을 돌이키지 아니하셨느냐"(렘 26:19; 개역개정)라는 놀라운 간증이 생겨날 수 있었고, "네 집을 정리하여라. 네가 죽고 살지 못할 것이다"(왕하 20:1; 사 38:1)라던 이사야의 '사망 선고'가 "네 수명을 15년 연장해 줄 것이다"(왕하 20:6; 대하 32:24; 사 38:5)라는 자비의 약속으로 바뀐 일도 있을 만큼, 백성들을 위한 중보와 자신의 생명 연장을 위한 호소가 모두 받아들여지는 특별한 축복을 누린 인물이라고 말할 수 있습니다.

성경의 여러 책들 가운데에도 사사기는 '죄'에 대한 '심판'에 어김없이 이어지는 하나님의 '은혜', 즉 "죄-심판-은혜"의 삼각 구도가 유독 선명히 드러나 있는 책으로, "이스라엘 자손이 바알 신들을 섬기어, 주께서 보시기에 악한 행동을 일삼았으며"(표준새번역), "그러므로 주께서 이스라엘 백성에게 크게 분노하셔서, 그들을 약탈자의 손에 넘겨주셨으므로… 그들이 다시는 원수들을 당해 낼 수 없었다"(표준새번역), "그때 여호와께서 사사들을 세우셨습니다. 사사들은 그들을 침략자들의 손에서 구해냈습니다"라는 2장 11, 14, 16절(참조. 삼상 12:9-11; 느 9:26-31)을 자세히 살펴보면, 이후에도 같은 패턴이 순환되는 3, 4, 6, 10장의 내용(3:7-9, 12-15; 4:1-3; 6:1-8; 10:6-16)이 함축되고 집약된 구절들임을 깨달을 수 있습니다.

사사기를 읽을 때마다 이스라엘 백성들이 보였던 '지겹도록'

반복적인 불순종과 어리석음에 답답함과 애탄함을 느끼게 되지만, 어쩌면 이것은 그들의 당시 모습이 우리의 현재 모습임을 시사하기 위한 간접적 메시지가 아닐까 하는 생각도 동시에 갖게 됩니다. 이 같은 인간의 속성을 꿰뚫고 계신 주님이기에 형제의 죄를 몇 번이나 용서해 주어야 하느냐는 베드로의 질문에 "일곱 번뿐 아니라 일곱 번을 일흔 번까지라도"(마 18:22; 개역개정)라고 대답하시고, 죄와 용서라는 주제로 제자들을 가르치실 때 "그가 네게 하루에 일곱 번 죄를 짓고, 일곱 번 네게 돌아와서 '회개한다'고 하면, 너는 용서해 주어야 한다"(눅 17:4; 표준새번역)라고 교훈하셨을 것이리라 생각하게도 되고 말이지요.

10장 결심을 돌이키시는 하나님(2)

> "혹시 그들이 귀 기울여 듣고 각자 그의 악한 행동으로부터 돌이킬지도 모른다. 그러면 그들 행위의 악함으로 인해 내가 그들에게 행하려고 했던 재앙을 돌이킬 것이다"(렘 18:8).

창세기 20장에는 그랄에 머물던 아브라함이 아내 사라를 여동생이라고 소개한 뒤 그랄의 왕 아비멜렉이 그녀를 취하려 한 일에 대해 "네가 이 여자를 데려왔으니 너는 곧 죽는다"(창 20:3; 표준새번역, 새번역)라는 무시무시한 경고가 하나님으로부터 내려지는 장면이 등장합니다. 하지만 아비멜렉이 "그들 스스로 남매 사이라고 말했기 때문"이라는 이유를 들며 자신의 무죄를 항변하자 "네가 내게 죄짓지 않게 내가 너를 막은 것이다… 그는 예언자니 그가 너를 위해 기도해 주면 네가 살 것이다"(창 20:6-7)라면서 방금 하신 말씀을 '번복'하십니다. 그렇다면 처음 주셨던 예고를 철회하신 이 경우를 두고 하나님께서 본래의 결정을 폐기하셨다고 여기면서 애초에 품으신 목적과 계획도 함께 폐기된 것이라고 결론지을 수 있을까요?

앞 장에서 소개되었듯 사무엘상 15장은 두 절(11, 35절)에 걸쳐 "내가 사울을 왕으로 삼은 것을 후회한다", "여호와께서는 사울을 이스라엘 왕으로 삼으신 것을 후회하셨습니다"라는 표현으로 하나님의 '후회하심'을 거듭해 언급하고 있으면서, 같은 장에 - 게다가 그 두 절 사이(29절)에 - "이스라엘의 영광이신 여호와는 거짓을 말하거나 마음을 바꾸지 않으시오. 그분은 사람처럼 마음을 바꾸는 분이 아니오"라는 말씀도 함께 기록하고 있습니다. 그러나 성경의 '완벽성'과 '무오성'(無誤性)을 고려할 때 그들 사이에 상호 모순이 존재할 수 없다는 전제가 충분히 가능할 뿐 아니라, 역시 앞 장에서 설명했던 히브리어 "니함"(נחם: nāḥam)의 "슬퍼하다", "한탄하다", "동정하다", "뜻을 돌이키다" 등의 의미 가운데 이 두 구절은 "슬퍼하다/안타까워하다"(sorry)의 뜻을 특히 강하게 내포하는 것으로 볼 수 있기도 합니다.

"아이가 살았을 때에 내가 금식하고 운 것은 혹시 여호와께서 나를 불쌍히 여기사 아이를 살려 주실는지 누가 알까 생각함이거니와"(삼하 12:22; 개역개정)라던 다윗의 함축적 답변은, "그분께서 마음을 돌이켜 불쌍히 여기시고 복을 주셔서 너희가 하나님 여호와께 바칠 곡식제물과 전제물을 바칠 수 있게 하실는지 누가 알겠느냐?"(욜 2:14; 표준새번역)라는 선지자의 반문에도 담긴, '동정하는' 마음으로 뜻을 돌이키곤 하시는 하나님에의 깊은 이해가 바탕이 된 구절이라 할 수 있을 것입니다.

분만 아니라 "하나님께서 마음을 돌리고 노여움을 푸실지 누가 아느냐? 그러면 우리가 멸망하지 않을 수도 있다"(욘 3:9; 표준새번역, 새번역)라며 백성들을 향해 회개와 금식을 선포한 니느웨 왕의 결단 또한, 인간의 뉘우침에 곧바로 "노여움을 푸시는 하나님"이라는 성경적 원리에 기초한 - 물론 그는 이 사실을 모르고 한 일이겠지만 - 지혜라고 볼 수 있겠습니다.

"너희가 고난 가운데 있고 이 모든 일들이 너희에게 일어날 때 너희가 만일 너희 하나님 여호와께 돌아와 순종하게 되면 너희 하나님 여호와께서는 긍휼이 많으신 하나님이시니 너희를 포기하거나 멸망시키거나 맹세로 확정해 주신 너희 조상들과의 언약을 잊는 일이 없으실 것이다"(신 4:30-31)라는 모세의 권면 역시 회개하고 돌아오면 긍휼의 마음으로 뜻을 돌이키실 주님의 성품에 대한 신뢰로 인해 가능했던 교훈으로, 하나님께서 가장 싫어하시는 우상 숭배의 죄를 범한 경우(신 4:28)조차 불쌍히 여기며 용서하시겠다는 당신의 자비가 "그들의 마음이 그들의 우상을 쫓아갔던 것이다. 그러나 내 눈이 그들을 불쌍히 여겨서 그들을 멸망시키지 않았고 광야에서 그들을 전멸시키지 않았다"(겔 20:16-17)라는 선지서의 내용으로 이어지고 있음을 목격합니다.

본서의 "약속을 지키시는 하나님" 편(8장)에서 지적된 것처럼, 언약 성취의 확실성을 보증하고자 목숨이 담보되는 서약 방식을 사용하며 쪼갠 고기 사이를 자청해 지나가셨던 하나님(창 15:17)께서 이처럼 스스로 주신 말씀과 건네신 경고를 되돌이키시는 것은 당신의 한없는 자비와 사랑이라는 단 하나의 이유 때문임이 지금까지 소개한 구절들에 증명되어 있는 사실입니다. 더불어 "참으로 여호와께서 자기 백성을 판단하시고 그 종들을 불쌍히 여기시리니 곧 그들의 무력함과 갇힌 자나 놓인 자가 없음을 보시는 때에로다"(신 32:36; 개역개정)라는 공언과 "그들을 사로잡아 간 모든 사람들이 그들을 불쌍히 여기게 하셨습니다"(시 106:46)라는 간증에 의하여는 - 지난 장에서 다루었던 "하나님께서는 그들의 부르짖음을 들으시고 그 고통을 봐 주셨고 그들을 위해 그분의 언약을 기억하시고 그 엄청난 인자하심에 따라 마음을 돌이켜"(시 106:45)라는 앞 절에 이어지는 - 스스로 마음을 돌이키실 뿐 아니라 당신의 백성을 괴롭히던 적들의 마음까지 되돌리신 주님의 자비와 능력을 실감하게 됩니다.

"내 마음이 바뀌어 내 긍휼이 뜨겁게 솟아오른다. 내가 내 진노를 쏟지 않고 다시는 에브라임을 멸망시키지 않을 것이다", "내가 그들의 반역하는 병을 고쳐 주고, 기꺼이 그들을 사랑하겠다. 그들에게 품었던 나의 분노가 이제는 다 풀렸다"(호 11:8-9; 14:4; 표준새번역, 새번역)라는 주님의 말씀들을 묵상하다 보면, 선지자 요나가 자신의 불손종의 이유를 "하나님은 은혜로우시며 자비로우시며 좀처럼 노하지 않으시며 사랑이 한없는 분이셔서, 내리시려던 재앙마저 거두실 것임을 내가 알고 있었기 때문입니다"(욘 4:2; 표준새번역, 새번역)라고 강변했던 것도 핑계로만 치부하기 어렵다는 생각까지 하게 됩니다.

대제사장 집 마당에서 예수님을 세 번 부인한 베드로의 '배신'을 다루고 있는 누가복음 22장에는 세 번째 부인 직후 "돌아서서 똑바로 자신을 바라보신"(눅 22:61) 예수님으로 인해 "밖에 나가서 심히 통곡"했던 그의 모습이 기록되어 있습니다. 주님께서 어떤 눈길로 베드로를 바라보셨는지를 두고 여러 의견이 존재할 수 있겠지만 그것이 결코 비난의 눈빛은 아니었으리라고 저는 감히 단언합니다. 만약 주님의 시선 속에 그런 조짐이 조금이라도 있었다면 베드로가 예수님을 위해 두려움 없이 목숨을 바치는 사람으로 '급변'하는 일은 불가능했을 것이기 때문입니다. 세 차례의 부인이 있기 바로 전 "모두가 주님을 버릴지라도, 나는 절대로 버리지 않겠습니다"(표준새번역), "주와 함께 죽을지언정 결코 주를 모른다고 하지 않을 것입니다"(마 26:33; 막 14:31; 참조. 눅 22:33; 요 13:37)라는 호언장담을 거듭했던 베드로의 성향으로 볼 때, 예수님께서 혹여 비난 섞인 눈빛을 보내셨다면 그것을 자책감 모면의 면죄부처럼 삼았을 수도 있었으리라는 '합리적' 의심을 떨쳐버릴 수 없으니 말이지요.

베드로의 배신조차 새로운 출발의 기회로 선용하시는, 그래서 종종 "두 번째 기회(새로운 기회)를 주시는 하나님"(God of Second Chances)으로 불리곤 하는 주님께서는, 이스라엘이 회개만 하면 다시 축복하겠다고 이미 약속(신 30:1-6)하셨을 뿐 아니라 "내 언약"이라고 불리는 "새로운" 언약(8장 참조)을 수차례에 걸쳐 확증해(렘 31:31; 겔 16:60, 62; 36:27) 주기도 하셨습니다.

"Second Chances"라는 말에서의 "기회"가 단수 아닌 복수 (chances)인 것으로도 알 수 있는 일이지만, 하나님의 이 같은 성품을 예레미야는 "내가 경고한 그 민족이 그들의 죄악에서 돌아서면 내가 그들에게 행하려고 생각했던 재앙을 돌이킬 것이다", "혹시 그들이 귀 기울여 듣고 각자 그의 악한 행동으로부터 돌이킬지도 모른다. 그러면 그들 행위의 악함으로 인해 내가 그들에게 행하려고 했던 재앙을 돌이킬 것이다", "그런즉 너희는 너희 길과 행위를 고치고 너희 하나님 여호와의 목소리를 청종하라 그리하면 여호와께서 너희에게 선언하신 재앙에 대하여 뜻을 돌이키시리라"(렘 18:8; 26:3, 13; 개역개정)는 반복적 메시지로 힘주어 강조하고 있습니다.

"의인이 자신의 의를 버리고 돌아서서, 죄를 짓다가, 그것 때문에 죽는다면, 그는 자신이 지은 죄 때문에 죽는 것이다. 그러나 악인이라도, 자신이 저지른 죄에서 떠나 돌이켜서, 법대로 살며, 의를 행하면, 자기의 목숨을 보전할 것이다"(겔 18:26-27; 표준새번역, 새번역)라고 약속하시고, "내가 의인에게 말하기를 '그는 반드시 살 것이다' 하였어도, 그가 자신의 의를 믿고 악한 일을 하면, 그가 행한 모든 의로운 행위를 내가 전혀 기억하지 않을 것이다… 그러나 내가 악인에게 말하기를 '너는 반드시 죽을 것이다' 하였어도, 그가 자기의 죄에서 떠나 돌이켜서… 악한 일을 하지 않으면… 그가 저지른 모든 죄악을 내가 기억하지 않을 것이다"(겔 33:13-15; 표준새번역, 새번역)라며 같은 책에서 다시 확인해 주신 하나님은, 한번 내린 결정을 무조건 밀어붙이는 막무가내식의

'신'이 아니라 당신의 말씀에 반응하는 인간의 자세에 다시 반응하시는 자상한 '아버지'이심이 분명합니다.

내리실 형벌을 그처럼 미리 예고하시는 것은 상대방을 회개시켜 용서하기 위한 하나님의 일관된 방침으로, 이는 주님의 뜻이나 말씀을 변경하는 일이 아니며 오히려 그분의 영원하신 법을 가능케 하는 원칙이 됩니다. 시작 부분에 인용된 구절(창 20:3)에서 아비멜렉에게 죽음을 선고하신 것은 사라를 돌려보냄으로 그가 무죄하고 무사하기를 바라셨기 때문이고, 요나에게 니느웨의 멸망에 대한 경고를 두 번이나 명하신 일 역시 하나님을 알지 못해 사리분별을 하지 못하는 그들에게 멸망이 닥치지 않도록(욘 4:11) 막으시기 위함이었습니다.

이처럼 표면상으론 약속을 반드시 지키고 결정을 절대로 번복하지 않는 당신의 면모와 상충하는 듯 보이는 하나님의 돌이키심은, "악인이 죽는 것을, 내가 조금이라도 기뻐하겠느냐? 오히려 악인이 자신의 모든 길에서 돌이켜서 사는 것을, 내가 참으로 기뻐하지 않겠느냐?"(겔 18:23; 표준새번역, 새번역; 참조. 겔 18:32; 33:11; 딤전 2:4; 벧후 3:9, 15)라는 은혜로운 반문이 증명하는 바와 같이 주님의 궁극적 법을 바로 세우기 위한, 그리고 성경 속의 다른 모든 말씀들과 서로 융화되는 하나님의 품성 중 일부인 것입니다.

신명기 9장과 10장에 기록된 세 구절, 즉 "주께서는 너희를 두고 크게 분노하셔서, 너희를 죽이려고 하시므로, 나는 두려웠다.

그러나 주께서는 다시 한 번 나의 애원을 들어주셨다"(신 9:19; 표준새번역)라는 말씀과, "그 때에 여호와께서 너희를 멸하겠다 하셨으므로 내가 여전히 사십 주 사십 야를 여호와 앞에 엎드리고"(신 9:25; 개역개정)에 이어지는 "내가 먼젓번과 같이 밤낮 사십 일을 산에 머물러 있었더니, 주님께서 이번에도 나의 호소를 들어주셔서"(신 10:10; 새번역)라는 증언은, 이스라엘을 진멸하고 모세로부터 다시 새로운 민족을 만드시겠다던 분노의 경고(출 32:12-14) 이후에도 "다시 한 번", "이번에도" 그의 호소를 수용하셨던(출 34:9-10) "새로운 기회의 하나님"이 보여 주신 사랑과 자비에 대한 모세 스스로의 간증입니다.

위 신명기 10장 10절의 끝부분에 기록된 "너희를 멸망시키는 것은 그분의 뜻이 아니었다"라는 모세의 일갈을 지금까지 다룬 내용들의 요약이라고 정리할 수 있는바, 하나님의 명령을 거역하고 니느웨의 반대편인 다시스로 향하는 배 밑으로 숨었던 요나에게 니느웨의 악인들이 얻을 새로운 기회를 박탈하고 싶은 "자기 뜻"에의 '구실'이 필요했다면, 하나님에게는 반복적인 죄와 무지로 죽어 마땅한 인간들을 어떻게든 살릴 기회를 부여하려는 "당신 뜻"에의 '명분'이 필요하셨던 것 아닌가 싶기도 합니다.

"너희가 이 땅에 그대로 머물러 살면, 내가 너희를 허물지 않고 세울 것이며, 내가 너희를 뽑지 않고 심겠다. 내가 너희에게 재앙을 내렸으나, 이제 내가 뜻을 돌이켰다"(렘 42:10; 표준새번역, 새번역)라는 구약시대 하나님의 말씀이, "언제나 내 안에 머물러

있어라··· 너희는 나를 떠나서는 아무것도 할 수 없다"(요 15:4-5;
표준새번역)라는 신약시대 예수님 말씀의 예고편이자 영적 생명의
구명줄로 여겨짐은 단지 저 혼자만의 생각일지요.

11장 회복하시는 하나님(1)

> "사로잡혔어도 희망을 잃지 않은 사람들아, 이제 요새로 돌아오너라. 오늘도 또 말한다. 내가 네게 두 배로 갚아 주겠다"(슥 9:12).

하나님께서 우리 안에서 행하시는 일 가운데에는 "re"라는 접두어가 붙은 영어 단어로 표현해야 적절할 역사들이 무척 많습니다. "개조하다"(renovate), "개선하다"(reform), "재개하다"(renew), "재건하다"(rebuild), "재정립하다"(reestablish), "재결합시키다"(reunite), "재충전하다"(refill), "복구하다"(recover), "되돌리다"(return), "되살리다"(recreate), "소생시키다"(revive)와 같은 동사들을 사용해서 말이지요.

"다시" 혹은 "새로이"라는 의미를 갖고 있기에 한자로는 "다시 재"(再)나 "고칠 개"(改)에 해당할 이 "re"가 포함된 여러 어휘들 중에도 제가 개인적으로 가장 좋아하는 단어는 "회복하다"(restore)인데, 위의 다른 동사들보다 왠지 더 따뜻한 느낌을 주는 말이어서가 아닐까 가끔 생각하게 됩니다.

한국어 사전에 "회복(回復/恢復)하다"라는 말의 뜻이 "원래의 상태로 돌이키거나 원래의 상태를 되찾다"라고 간단히 풀이되어 있는 것에 비해 영어 단어 "restore"의 의미를 검색해 보면 "존재, 형태, 역할을 본래대로 되돌리다", "변형되거나 훼손된 건물, 예술 작품 등을 예전의 정상적 상태로 복원하다", "상실한 건전성, 건강, 활력 등을 되찾게 하다" 등의 다양한 설명을 발견할 수 있습니다. 아마도 "회복하다"라는 동사가 이처럼 여러 '따뜻한' 의미를 갖고 있는 말인 만큼, 실패와 타락 등에 의해 원래의 존재적 가치를 잃은 개개인의 스토리가 다수 소개되고 전쟁과 침략 등으로 훼손, 훼파된 땅과 건물의 모습을 수없이 기록하고 있는 성경에서 "회복"이라는 단어와 그에 관한 기사가 자주 등장하는 것이 아닐까 추측되기도 합니다.

앞 장에서 다루었듯, 우리를 향한 크신 사랑과 자비로 인해 "결심을 돌이키시는" 하나님께서는 죄와 우매함으로 점철된 인간의 삶에 반복적으로 "새로운 기회"를 허락하는 분이시기에, 세 번이나 당신을 부인했던 베드로에게 용서의 눈길을 건네시고도(눅 22:54-62) 그것만으로 부족하셨는지 다시 세 번에 걸쳐 "예 주여, 제가 주를 사랑하는 것을 주께서 아십니다"(요 21:15-17)라는 고백의 기회를 허락하시며 남은 죄책감마저 상쇄해 주셨습니다. 하지만 이것은 당시의 베드로에게만 주어졌던 '특별 대우'가 아니며, 지금의 우리, 과거의 실수와 패착을 되돌려 지워 버리고 싶을 만큼 각자의 삶에서 후회되고 한스러운 일들을 한두 가지씩 안고 살 우리 모두에게도 지난날을 보수하고 개선할 수 있는 회복과 복원의 기회가 동일하게 허락되어 있는 것입니다.

"회복"이라는 단어를 접할 때 가장 먼저 떠오르는 시편 126편은 바벨론에서 예루살렘으로 돌아온 기자가 그곳에 남아 있던 동포들의 신속한 귀환을 하나님께 요청하는 간구로, "여호와께서 시온의 포로를 돌려보내실 때에 우리는 꿈꾸는 것 같았도다"(개역개정)라는 1절의 내용이 마치 "하나님께서 당신의 백성을 그들의 땅으로 되돌려보내실 때에, 야곱은 기뻐하고, 이스라엘은 즐거워할 것이다"(시 53:6; 표준새번역, 새번역)라고 다윗이 읊었던 '예언적' 찬송의 완벽한 실현처럼 들리기도 합니다.

"오 여호와여, 포로 된 우리를 남쪽의 시내처럼 회복시키소서"라는 같은 시편 4절에서의 "남쪽 시내", 즉 네게브(Negev)는 팔레스타인 남부 광야를 가리키는 고유명사로, 건기에는 마른 골짜기 상태의 통행로였다가 우기 때 강으로 변하는 "와디"(wadi: 건천)를 머리에 그리며 시를 썼을 법한 기자의 입을 통해, 건기의 마른 땅 같은 그들의 현실과 우기에 힘차게 넘쳐흐를 강처럼 회복된 미래가 비유적 대조를 이루고 있습니다.

"내가 그들을 그들의 조상에게 준 그들의 땅으로 되돌아가게 할 것이다", "내 노여움과 분노와 큰 격분으로 내가 그들을 쫓아냈던 모든 땅에서 내가 그들을 모을 것이다. 내가 그들을 이곳으로 돌아오게 하고 그들을 안전하게 살게 할 것이다"(렘 16:15; 32:37; 참조. 렘 49:39)라는 예언서의 구절들은, 앞에서 다루어진 "결심을 돌이키시는" 하나님의 면모를 제시하는 동시에 이번 글의 주제인 "회복을 선사하시는" 하나님의 자비를 소개하고 있기도 합니다.

더불어 "너희 하나님 여호와께서 너희를 사로잡힘에서 회복시키시고 너희를 긍휼히 여기셔서 그분이 너희를 쫓아내신 모든 민족들로부터 너희를 다시 모으실 것이다", "이제는 참으로 내가 이 백성을 불쌍히 여겨서, 그들 가운데서 포로가 된 사람들을 돌아오게 하겠다"(신 30:3; 렘 33:26; 표준새번역, 새번역)라고 기록된 말씀들에서는 긍휼의 마음으로 뜻을 돌이켜 새로운 회복을 허락하시는 하나님의 품성이 생생히 증거되기도 하지요.

단지 포로의 입장에서 자유인으로 바뀌는 신분의 회복뿐 아니라 수치스러운 일을 겪었던 그들의 명예 회복으로까지 이어지는 하나님의 은혜를 "사로잡혀 갔던 이들을 너희가 보는 앞에서 데려오고, 이 땅의 모든 민족 가운데서, 너희가 영예와 칭송을 받게 하겠다"(습 3:20; 표준새번역, 새번역)라는 직접적 약속에서 발견할 수 있다면, "시온에서 슬퍼하는 사람에게 재 대신 화관을 씌워 주고 슬픔 대신 기쁨의 기름을 발라 주며 통곡 대신 찬양을 옷 입게 하셨다"(사 61:3)라고 한 간증에서는 상처 받은 이들의 감정적, 정서적 회복까지 배려하시는 하나님의 사랑이 "화관", "기쁨의 기름", "찬양의 옷"이라는 시적 언어로 아름답게 형상화되어 있음을 목격할 수 있습니다.

역대하 25장에는, 북이스라엘로부터 십만의 군사를 산 남유다 왕 아마샤에게 그들을 돌려보내라고 조언했던 하나님의 사람이,

지불한 은 백 달란트 때문에 주저하는 아마샤를 향해 "여호와께서 능히 이보다 많은 것을 왕에게 주실 수 있나이다"(대하 25:9; 개역개정)라고 말하는 장면이 등장합니다. 하나님께 순종하는 이들이 얻게 될 '배가'(倍加)의 회복을 약속하는 이 구절은, "사로잡혔어도 희망을 잃지 않은 사람들아, 이제 요새로 돌아오너라. 오늘도 또 말한다. 내가 네게 두 배로 갚아 주겠다(슥 9:12; 표준새번역, 새번역), "주께서 욥의 재산을 회복시켜 주셨는데, 욥이 이전에 가졌던 모든 것보다 배나 더 돌려주셨다"(욥 42:10; 표준새번역)라고 하여 '두 배'의 회복을 주시는 하나님을 증거한 말씀들을 기억나게 하는 동시에, 갑절의 풍요와 갑절의 축복, 그리고 갑절의 영광까지 되돌려 주시는 주님의 능력도 함께 선포하고 있습니다.

고난 이후 주어지는 넘치도록 풍족한 회복에의 약속과 간증이 "내가 이 모든 큰 재앙을 이 백성에게 내린 것같이 내가 그들에게 약속한 모든 복도 그렇게 그들에게 내릴 것이다"(렘 32:42), "여호와여, 주께서 주의 땅에 은혜를 베푸셨습니다. 포로 된 야곱을 회복시키셨습니다"(시 85:1)라는 구절들에도 시사되어 있지만, 성경이 말하는 풍요와 축복이 물질적 측면만을 의미하는 것이 아님은 위에 언급된 시편 126편을 통해 확인되는 사실이기도 합니다. 그 4절의 "포로를 돌려보내다"라는 부분이 영어 성경에 "restore fortunes"로 번역되어 있는 것에서 알 수 있듯 - 또한 "야곱의 회복"이라는 개념을 "restored the fortunes"로 묘사한 여러 경우들(시 85:1; 신 30:3; 습 3:20)에서 보게 되듯 - "잃었던 '자산'(fortunes)의 회복"이란 사실 물질적 복구가 아닌, "동족의 귀환"이라는 축복이었기 때문이니까요.

그러나 하나님의 무한한 능력을 자신의 좁은 시야로 한정하는 우를 범하곤 하는 우리는 주님의 회복의 역사도 인간의 수준으로 제한하는 경우가 많습니다. 늦은 나이에 아들을 주시겠다는 하나님의 약속을 의심했던 아브라함과 사라(창 17:17; 18:12), 그리고 수넴 여인(왕하 4:16)과 제사장 사가랴(눅 1:18)를 비롯하여, 요단강에서 몸을 씻으면 나병이 나으리라는 하나님의 지시(엘리사를 통한)를 신뢰하지 못했던 아람의 군사령관 나아만(왕하 5:10-12)이나, 실로암에서 눈을 씻고 앞을 보게 된 맹인의 말을 불신하여 부모까지 불러와 '대질심문'을 하고도 결국 의심을 풀지 않았던 바리새인들(요 9:15-34)에 이르기까지 여러 사례들에서 목격되는 것처럼 말입니다.

"하나님께서 천지를 창조하셨던(create) 일보다 우리 안의 죽어 가는 것들을 되살리시는(recreate) 일이 훨씬 더 어려운 작업일지 모른다"라는 아픈 일침처럼, 어쩌면 자신의 실족과 실패의 깊이를 무의식적으로나마 직감하는 우리이기에 그 회복의 가능성을 더욱 의심하는 것인지 모르겠습니다.

하나님께서 시온의 포로를 돌려보내신 일을 두고 마치 "꿈꾸는 것 같았다"(시 126:1)라고 한 고백을 읽을 때마다 - 물론 벅찬 감격을 나타내기 위한 말이었겠지만 - "믿어지지 않는다"는 의미도 갖고 있는 이 표현이 70년 후 틀림없이 주어질 회복을 거듭 예고하신, 즉 "칠십 년이란 기한이 다 차면, 내가⋯ 그 곳을 영원한 황무지로 만들어 버리겠다"(렘 25:12; 표준새번역, 새번역), "너희가 바빌로니아에서 칠십 년을 다 채우고 나면, 내가 너희를 돌아보아, 너희를 이 곳으로 다시 데리고 오기로 한 나의 은혜로운 약속을 너희에게 그대로 이루어 주겠다"(렘 29:10; 표준새번역, 새번역)라는 하나님의 반복적 약속을 완벽히 신뢰하지 못한 그들 내면의 발현일지 모른다는 씁쓸한 생각이 드는 것도, 바로 그런 이유 때문입니다.

사도행전 3장에는 태어나면서부터 걷지 못하던 걸인을 일으켜 세운 후 하나님의 능력으로 이루어진 이 '당연한' 일을 왜 놀랍게 여기는지 반문(행 3:12)하는 베드로가 "예수의 이름을 믿는 믿음으로 인해 그분의 이름이 여러분이 보고 아는 이 사람을 온전케 했으니, 예수로 인해 난 믿음이 여러분 앞에서 이같이 그를 완전히 낫게 했습니다"(행 3:16)라고 말하면서 믿음이 전제되면 우리 눈에 불가능해 보이는 상실까지 회복(슥 8:6; 눅 18:27)시켜 주시는 하나님의 권능을 간증하는 모습이 기술되어 있습니다. 이미 손상을 겪고 제 기능을 못하던 미문 앞 걸인의 "발과 발목의 힘"이 회복(행 3:7)될 수 있었듯, 실망과 좌절로 고통 받는 모든 이들이 주님께서 베풀어 주신 회복을 기뻐하면서 "걷기도 하고 뛰기도 하며, 하나님을 찬양"(행 3:8; 표준새번역, 새번역)하는 날도 곧 다가올 것임을 예기하듯 말이지요.

이처럼 "놀라우신" 하나님의 회복을 "당연한" 것으로 이해하는 베드로도 처음부터 그처럼 굳건한 믿음을 소유한 사람은 아니었습니다. 세 차례에 걸친 '사랑 고백'을 이끌어 내시며 세 번이나 "내 양떼를 먹여라"는 회복의 메시지를 주시기 훨씬 이전에도, 즉 흥적이고 다혈질적인 "시몬"을 "돌", "바위"라는 – 히브리어로 "페트로스"(פֶּטְרוֹס: Pétros), 헬라어로는 "게바"(Κηφᾶς: Kēphâs)인 – 이름으로 바꿔 주시며(막 3:16; 눅 6:14; 요 1:42) "너는 베드로 다. 나는 이 반석 위에다가 내 교회를 세우겠다"(마 16:18; 표준새 번역, 새번역)라는 말씀으로 회복을 예비했던 주님께서 빚어내신 또 하나의 '작품'일 뿐이니까요. 구약 예언서에서의 "사람들이 너 를 부를 때에, 주께서 네게 지어 주신 새 이름으로 부를 것이 다"(표준새번역)라는 약속에 이어 "너는 여호와의 손에서 화려한 면류관이 되고 우리 하나님의 손바닥에 놓여 있는 왕관이 될 것이 다"(사 62:2-3)라는 축복을 베푸셨던 주님이 계시는 한, 각자의 새 로운 이름을 이미 얻은 우리는 분명 그분의 바위, 그분의 면류관 으로 아름답게 회복될 사람들입니다.

12장 회복하시는 하나님(2)

> "누구든지 그리스도 안에 있으면, 그는 새로운 피조물입니다. 옛 것은 지나갔습니다. 보십시오, 새 것이 되었습니다"(고후 5:17).

기독교인들에게 널리 읽히는 릭 워렌의 저서『목적이 이끄는 삶』에도 "아브라함은 노인이었고… 모세는 말더듬이었고… 다윗은 간음했을 뿐 아니라 온갖 가정 문제를 갖고 있었으며… 베드로는 즉흥적이고 성격이 급한 불 같았으며… 바울은 건강의 문제가 있었고, 디모데는 마음이 연약했다"는 내용이 있지만, 구약시대의 모세와 신약시대의 바울은 성경의 양대 시기를 대표할 만큼 중요한 인물들이었던 동시에 유사한 열등감을 공유했다는 공통점도 지닌 사람들이었습니다.

이스라엘 자손을 애굽에서 이끌어 내라는 하나님의 명을 받았을 때 달변이 아닌 자신의 어눌함과 이집트에 대한 '트라우마' 때문에 고사를 거듭했던 모세(출 4:10-17)와 더불어, "육체의 가시"(고후 12:7)라는 질병을 포함한 신체적 연약함(갈 4:14)에 더해 능하지 못한 언변에의 비판(고후 10:10)까지 스스로 인정해야 했던(고후 11:6) 바울은, 그럼에도 수많은 성경 속 인물들 중 어느 누구 못지 않은 놀라운 사역의 주인공이 되었습니다. 이처럼 약하고 부족한 이들 안에서 역사하시는(고전 1:27-28; 고후 13:4) 하나님은 그 약함을 강함으로 선용(고후 11:30; 12:9)하시는 분일 뿐더러, 우리 안의 '손상'되고 '손실'된 부분까지 원래대로 되돌려 주시는 회복의 전문가이기도 하십니다.

하나님께서 이같이 우리에게 회복을 주시는 것은 먼저 회복된 우리가 주위 사람들의 회복 과정에 동참하도록 도우시기 위함으로, 수년간의 가뭄을 선포했던 엘리야가 이스라엘 왕 아합의 눈을 피해 그릿 시내가에 숨어 있는 동안 까마귀를 통해 물과 음식으로 회복을 주신 하나님께서 식량이 떨어진 사르밧의 과부와 아들에게로 가서 기근 동안의 먹을 것을 채워 주도록, 그리고 그 아들을 죽음에서 되살릴 수 있도록 모든 상황을 예비하셨음(왕상 17)과 함께, 조국은 물론 부모도 잃은 에스더를 페르시아(선조들이 포로로 잡혀 갔던 바벨론을 다시 찬탈한 국가인)의 왕비로 높여 주신 후 그녀가 동족들의 생명과 권리를 되찾는 일에 나설 수 있게끔 은혜를 주신(에 2, 4, 9장) 성경의 내용들이 이를 증명합니다.

하지만 때로는 타인들에게 먼저 회복을 전하도록 명하시고 이후 그 당사자의 회복을 허락하기도 하시는데, 이는 약속 받은 아들(이삭)을 아직 얻지 못한 아브라함이 도리어 갈등 관계에 있던 그랄 왕 아비멜렉의 아내와 여종들을 위해 기도하게 하여 그들의 닫혔던 태를 '치료'하신 이후(창 20:7, 17) 사라에게 아들을 주신 (창 21:1-2) 일과, 여전히 고난 중에 있던 욥이 자신을 비난한 친구들의 '용서'를 대신 구하게 하신 다음 그의 상실된 부분을 두 배로 회복시키신(욥 42:8-10) 사례를 통해 확인할 수 있는 사실입니다.

에스겔 37장에 등장하는 "골짜기의 마른 뼈" 기사는 성경의 여러 내용 중에도 소생(revival)과 회복(restoration)의 '결정판'으로 불리어 부족함이 없을 것입니다. 하지만 그런 의미 깊은 구절을 읽으면서도 하나님께서 에스겔의 입을 빌어 "그들이 말하기를 '우리의 뼈가 말랐고, 우리의 희망도 사라졌으니, 우리는 망했다' 한다"(겔 37:11; 표준새번역, 새번역)라고 전하며 그들의 낙망을 대변하신 말씀이나, 그에 뒤이어 "내가 너희 안에 내 영을 줄 것이니 너희가 살아날 것이다. 너희를 너희의 땅에서 살게 할 것이다"(겔 37:14)라며 주신 희망의 약속 간의 극적 대비는 무심코 간과되기 쉬울 것입니다. 회복에 대한 이 같은 약속을 확증하기 위해 "내가 말했으니 내가 실천할 것이다. 여호와의 말씀이다"라는 반복된 선언까지 덧붙이고 계신데도 말이지요.

"약속을 지키시는 하나님" 편에서 수차례 언급되었던 "나 여호와가 말했으니 내가 그렇게 할 것이다"(겔 36:36)라는 다짐의 경우에도 "나 여호와가 무너뜨려진 것을 재건하고 황무지에 다시 나무를 심었음을 너희 주변에 남아 있는 민족들이 알게 될 것이다"라는 공포가 상반절에 등장하지만, "때가 되어 그 날이 오면,

내가 유다와 예루살렘을 회복시켜서 번영하게 하겠다"(표준새번역, 새번역), "그날에 내가 다윗의 무너진 초막을 일으키고 허물어진 곳을 메울 것이다. 무너진 것을 일으켜서 다시 옛날처럼 세울 것이다"(욜 3:1; 암 9:11)라는 주님의 약속들에서도 역시, 손상되고 손실된 부분을 회복하시는 당신의 면모가 직접 화법으로 증거되어 있습니다.

"내가 이제 새 일을 하려고 한다… 내가 광야에 길을 내겠으며, 사막에 강을 내겠다"(표준새번역, 새번역)라는 이사야 43장 19절을 통해 '총체적' 회복을 약속하신 하나님께서 "새 일"의 구체적 예로 제시하신 요소는 "새 하늘"과 "새 땅"으로, 같은 책 65장 17절과 66장 22절에 기록된 "보라, 내가 새 하늘과 새 땅을 창조할 것이니 이전 일은 기억나지 않을 것이고 마음에 떠오르지도 않을 것이다", "내가 만드는 새 하늘과 새 땅이 내 앞에 있는 것처럼 너희의 자손과 너희의 이름도 그렇게 이어질 것이다" 등의 말씀에서 동일한 예를 찾을 수 있습니다.

여러 가지 해석이 분분한 "여호와가 땅 위에 새로운 것을 창조하셨으니 여자가 남자를 에워쌀 것이다"(렘 31:22)라는 예언서의 구절 또한, 성경에서 "패역한 딸"(렘 4:4)로 일컬어지곤 하는 "처녀 이스라엘"(렘 18:13; 31:4, 21; 암 5:2)이 스스로 저버렸던 여호와(남편이자 용사이신)께로 돌아올 "새로운" 미래를 의미하는 내용으로 이해할 수 있는데, 이 같은 구약의 약속은 신약으로 이어져 "우리는 주님의 약속을 따라 정의가 깃들여 있는 새 하늘과 새 땅을 기다리고 있습니다"(벧후 3:13; 새번역), "나는 새 하늘과 새 땅을 보았습니다. 이전의 하늘과 이전의 땅이 사라지고, 바다도 없어졌습니다"(계 21:1; 표준새번역, 새번역)라는 구절들로까지 그 맥이 연결됩니다.

한편 회복 중에서도 가장 큰 회복은 죽은 생명을 되살리는 일일 것으로, "아브라함은, 하나님께서 이삭을 죽은 사람들 가운데서도 되살리실 수 있다고 생각하였습니다. 그러므로 비유하건대, 아브라함이 이삭을 죽은 사람들 가운데서 되받은 것입니다"(표준새번역)라고 기록된 히브리서 11장 19절은, 아브라함의 확고한 믿음 – 하나님의 명령에 순종해 늦은 나이에 얻은 귀한 아들을 선뜻 바치려 했던 – 이 이미 죽은 자도 되살리실 수 있는 하나님의 능력에 대한 신뢰에 기인하는 것이며 실제로도 "죽은 사람을 되받은 것"과 동일한 결과를 낳게 한 요소라고 설명하고 있습니다. 로마서 4장 17절의 "죽은 사람들을 살리시며 없는 것들을 불러내어 있는 것이 되게 하시는 하나님"(새번역)이라는, "아브라함이 믿은 하나님"에 대한 정의에서 확인되는 바이지요.

앞 장에 소개되었던 다양한 구절들(신 30:3; 시 126:1; 렘 33:26; 습 3:20)이 선포하는 "포로된 자들의 풀려남"은 외세의 강압에 눌려 살던 포로들에게 허락된 신체적, 물리적 자유만을 의미하는 것이 아니라, 세상 권세의 속박 아래 묶여 살고 있는 모든 사람이 누려야 할 내적, 영적 해방을 뜻하는 말이기도 할 것입니다. 그 첫 절을 "여러분도 전에는 허물과 죄로 죽었던 사람들입니다"(새번역)로 시작하는 에베소서 2장은 "그러나 자비가 풍성하신 하나님이… 허물로 죽은 우리를 그리스도와 함께 살리셨습니다"라는 5절의 선언이 이어 가는바, "허물과 죄로 죽었던"이라는 부분에서의 "죽었던"(were dead)이라는 과거형은 예수님을 통한 회복이 있기 전의 우리가 이미 영적으로 포로된 상태, 더 나아가 죽은 상태에 있던 자들임을 깨닫게 해 줍니다.

"이틀 뒤에 우리를 다시 살려 주시고, 사흘 만에 우리를 다시 일으켜 세우실 것이니, 우리가 주 앞에서 살 것이다"(호 6:2; 표준새번역)라는 구절에서의 "이틀 뒤", "사흘 만"은 짧은 기간을 뜻하는 상징적 비유(욥 5:19; 잠 6:16; 30:15, 18; 암 1:3, 6, 9)로서, 주님께서 진정한 삶으로의 회복("다시 살려 주시고", "다시 일으켜 세우실 것")을 허락하시는 목적이 우리와의 친밀한 관계 회복("주 앞에서 살 것")에 있음을 방증하고 있습니다.

"이제 내가 네 목에서 그 멍에를 부수고 너를 묶고 있는 것을 끊어 버리겠다"(나 1:13), "내가 그의 목에서 멍에를 꺾고, 그의 사슬을 끊어서, 이방 사람들이 더 이상 그를 종으로 부리지 못하게 하겠다"(렘 30:8; 표준새번역, 새번역; 참조. 겔 34:27)라고 하나님께서 약속하신 이유인 "그러면 그들이 나 주를 자기들의 하나님으로 섬기며, 내가 그들에게 일으켜 줄 다윗의 자손을 자기들의 왕으로 섬길 것이다"(렘 30:9; 표준새번역, 새번역)라는 선포에도 이 사실은 잘 드러나고 있으니까요.

특별히 죽은 사람(영혼)을 살리시는 하나님의 능력을 예수님의 부활의 역사와 연결하고 있는 로마서의 경우 "그리스도께서 죽은 사람들 가운데서 아버지의 영광으로 살리심을 받은 것과 같이, 우리도 새로운 생명 가운데서 살아가게 하려는 것"(표준새번역), "그리스도 예수를 죽은 사람 가운데서 살리신 분께서 여러분 안에 거하시는 자기 영으로 인해 여러분의 죽을 몸도 살리실 것"(롬 6:4; 8:11)이라는 공언들이 계속되고 있는데, "이틀 뒤에 우리를 다시 살려 주시고, 사흘 만에 우리를 다시 일으켜 세우실 것"(개역개정)이라 하여 이틀 간 무덤에 머무시다 사흘 만에 다시 살아나신 예수님의 부활을 연상시키는 위의 호세아 6장 2절이 이 말씀들과 관련되어 떠오르기도 합니다.

"누구든지 그리스도 안에 있으면, 그는 새로운 피조물입니다. 옛 것은 지나갔습니다. 보십시오, 새 것이 되었습니다"(고후 5:17; 표준새번역, 새번역)라고 하는, 그리스도인이라면 누구나 잘 알고 있을 희망의 메시지는, 육체적 사망의 심각성을 초월하는 영적 사망에서 '소생된' 새로운 창조물인 우리의 정체성을 천명하는 말씀입니다. 그런 우리에게 합당한 자세를 구약성경이 "지나간 일들을 기억하지 말라. 과거에 연연하지 말라"(사 43:18, 참조. 사 43:6; 렘 29:11)고 교훈하고 있다면, 신약성경에서는 "뒤에 있는 것을 잊어버리고, 앞에 있는 것만을 바라보고"(빌 3:13; 표준새번역), "우리는 뒤로 물러나 멸망에 이르는 사람들이 아니라 믿음을 갖고 생명을 얻을 사람들입니다"(히 10:39)라는 말로 격려하고 있습니다.

시작 부분에 언급된 각 인물들의 허물과 연약함이 누구도 부인할 수 없는 취약점임은 분명하지만, 지금 우리에게 기억되는 그들의 면모는 그런 손상되고 부서진 모습과 전혀 다릅니다. 99세의 나이까지 자녀가 없던 아브라함은 단순히 기적을 경험한 노인이 아니라 모든 사람들(율법을 따라 사는 사람과 믿음으로 사는 사람들)의 조상(롬 4:16)이자 열국의 "아버지"(창 17:5)로, 그리고 말을 더듬어 아론의 입을 빌어야 했던 모세는 신명기라는 불후의 설교집을 남긴 훌륭한 "설교자"로 기억되고 있습니다. 또한 지난한 가정사에 시달리던 다윗은 예수 그리스도를 자손으로 둔(마 1:1; 딤후 2:8; 계 22:16) 위대한 "가문"의 선조로서, 급하고 즉흥적인 성격의 소유자였던 베드로는 흔들리지 않는 "반석"으로 이름을 남기게 되었습니다. 더욱이, 글로 쓴 편지는 힘이 있을지 몰라도 직접 대면하면 말주변이 시원치 않다는 평을 듣던 바울은 그 편지들이 신약성경 27권 중 절반에 해당하는 13권의 "서신서"로 정경에 이름을 남긴 영광스러운 사역의 주인공이 되었고 말이지요.

우리 보통 사람들과 별다를 바 없이 많은 약점을 가졌던 그들이 이처럼 놀라운 변모를 보일 수 있었던 것은 오직 회복하시고 격려하시며 그들을 사용하신 하나님의 은혜에 기인합니다. 기회 있을 때마다 소리 높여 강조해 온 저의 주장처럼, 깨어지고 상실된 우리 인간의 철저한 무력함(helplessness)은 회복하시는 하나님의 도우심(helpfulness)을 만나 놀랍게 복구될 '강점'일 뿐, 결코 영원히 문제로 남을 '약점'이 아니기 때문입니다.

13장 의로우신 하나님

> "내가 공평으로 줄자를 삼고, 공의로 저울을 삼을 것
> 이니"(사 28:17).

"righteous"(옳은, 의로운)라는 형용사가 "right"(옳은, 정확한)이
라는 말에서 왔으리라는 것은 두 단어의 생김새만으로도 충분히
짐작이 가능하지만, 실제로 그들의 어원을 따져 볼 때 "righteous"
의 고어(rigtwis)가 "right"의 고어(riht)에서 왔다는 사실에 의해
두 단어의 연관성을 확인할 수 있습니다. 영어의 "right"이라는
형용사가 "옳은" 그리고 "오른(쪽)"이라는 두 가지 뜻을 갖는다는
데에 대해 처음에는 이 둘이 발음상 똑같이 들리는 말이라는 공통
점만을 떠올릴 수 있겠으나, 실상 이 두 어휘가 "바른"이라는 형
용사를 동의어로 공유할 만큼(옳은 일 = 바른 일; 오른손 = 바른손)
유의미한 연관성을 갖는다는 것을 깨닫게 되면 "옳은"(righteous)
과 "오른"(right)이 보여 주는 영어와 한국어 모두에서의 직결성
이 참으로 신기하다는 느낌을 갖지 않을 수 없지요.

더욱 신기한 것은 한국어로 두 단어의 어원을 비교해 보더라

도 "오른쪽"의 고어형인 "올ᄒᆞ녁"이라는 명사에서 어근인 "올"을 사용해 만들어진 형용사 "올ᄒᆞ다"("온전하다", "바르다"는 뜻의)가 변하면서 지금의 "옳다"가 되었다는 점인데, 동서양의 전혀 다른 문화권에서 생성되고 변천된 단어들이 이처럼 여러 면의 공통 요소를 갖고 있다는 사실을 우연의 일치라고만 치부하기는 어렵지 않을까 하는 것이 이 사안에 대한 저의 생각입니다.

막연히 신기하다고만 여기면서 지나치던 이 말들의 연관성에 제가 보다 적극적으로 관심을 갖기 시작한 것은 성경에서 하나님의 '손'을 "의로운 오른손"(righteous right hand)으로 칭한다는 사실에 주목하게 되고부터입니다. 실제로 "내가 너를 강하게 하고 너를 도와주겠다. 내 의로운 오른손으로 너를 붙들어 주겠다"라는 이사야 41장 10절과 "오 하나님이여, 주의 이름과 같이 주를 찬양하는 소리가 땅 끝까지 이르렀고 주의 오른손에는 의가 가득합니다"라는 시편 48편 10절을 비롯해, '의로운' 대상으로서의 하나님의 "오른손"이 성경에 언급된 구절만도 거의 40개 가량에 이름을 확인할 수 있습니다.

구약성경 시작 부분인 모세오경에서 말하는 하나님의 "의로운(righteous) 뜻"과 "정의로운(just) 길"의 개념(신 33:21; 32:4)은, 신약성경 마지막 책이 요약한 "주의 길들은 공의롭고 참됩니다"(계 15:3)라는 선언으로 그 의미가 통합되기까지 성경의 여러 곳에 반복적으로 출현합니다. 시편의 경우 "그 손으로 하시는 일들은 참되고 공의롭고 그 법도는 다 믿을 수 있다"(시 111:7)라는 대표적 구절 외에도, "위대한 일들을 행하신 주여, 주의 의가 너무도 높습니다", "주님의 의로우심은 우람한 산줄기와 같고, 주님의 공평하심은 깊고 깊은 심연과도 같습니다"(새번역)라고 한 71편 19절(참조. 시 7:17)과 36편 6절 등처럼 주님의 의로우심에 대해 올린 찬송을 셀 수 없을 만큼 빈번히 발견하게 되지요.

하나님의 의로우심을 성경이 "의로운 손"으로 묘사한 것은 "의인화"(anthropomorphism)라는 비유 방식을 채택한 것으로, 신학 분야에서는 "신인동형설"(神人同形說) 혹은 "신인동형동성론"(神人同形同性論) 등의 개념으로 설명되기도 합니다. 앞에서 이미 언급한 바 있듯 성경에 기록된 대다수 표현들은 인간의 이해 수준을 고려하여 그 눈높이에 맞게 주어진 것인 만큼, 말이나 글로 기술될 수 없는 하나님을 묘사하기 위해 이러한 비유법의 사용이 불가피했으리라 짐작할 수 있습니다. "주께는 강한 팔이 있고 주의 손은 강하며 주의 오른손은 높습니다"(시 89:13)라는 말씀에서의 하나님의 "오른손"(right hand)이 "옳음"과 "의로움"을 상징하는 개념임은, "내가 네 원수를 네 발판이 되게 하기까지, 너는 내 오른쪽에 앉아 있어라"(표준새번역), "주 예수께서 그들에게 말씀하신 후에 하늘로 들려 올라가셔서 하나님의 오른편에 앉으셨습니다"(시 110:1; 막 16:19; 참조. 마 26:64; 눅 22:69; 행 7:55; 벧전 3:22)라는 구절들에 명백히 증거되어 있는 사실이기도 합니다.

사람 사는 사회에서 정의와 공정을 가장 잘 대변한다고 인식되는 직업이 "판사"이기 때문인지 하나님을 "재판장"이나 "재판관"으로 지칭하는 구절도 성경에서 드물지 않게 발견됩니다. 공적 체제의 상당 부분이 성경과 기독교 이념에 근간을 두고 있는 서구 사회의 경우 재판이라는 제도와 그 절차의 결정권자가 "judge"(판사)라고 불리게 된 기원을 유추해 보건대, "백성들의 송사를 다룬"(출 18:13) 모세의 사역에서 출발하여, 왕이 없던 시절의 이스라엘을 이끌던 지도자가 "사사"(judge)로 불렸음과, 하나님 당신이 "세상을 심판하는 분"(Judge of all the earth), "심판자인 여호와"(the Lord, the Judge)로 일컬어졌음(창 18:25; 삿 11:27)이 그 유래일 것이라 상정할 수 있습니다. 그런 측면에서 하나님을 "공정한 재판장", "의로운 재판관", "만민의 심판자" 등으로 호칭한 구약(시 7:8, 11; 시 9:4; 렘 11:20)과 신약(히 12:23)의 여러 구절들은 하나님의 의로우심에 대한 적절한 비유를 제공하고 있다 해야겠지요.

의롭고 공정한 심판자로서의 하나님을 자주 '소환'하는 시편에서는, "주님이 만민을 공정하게 판결하신다"(시 96:10; 표준새번역, 새번역), "주님의 판결은 옳으시며 주님의 심판은 정당합니다"(시 51:4; 새번역) 등의 공언들이나 "의와 공의가 주의 보좌의 기초라"(시 89:14; 개역개정), "구름과 흑암이 그를 둘렀고 의와 공평이 그의 보좌의 기초로다"(시 97:2; 개역개정)라는 경탄을 포함한 여러 구절들에 의해, "의로움"의 보좌에 앉아 계신 주님을 시각화한 묘사를 쉽게 찾아 볼 수 있습니다.

그런 하나님께서 지금 이 순간 우리를 공의로 판단하실 뿐 아니라 앞으로도 영원히 의로운 판단자로 존재하시리라는 사실 역시 "주님은 정의로 세상을 심판하시며, 진리로 뭇 백성을 판결하실 것이다"(시 96:13; 표준새번역), "그가 의로 세계를 판단하시며 공평으로 그의 백성을 심판하시리로다"(시 98:9; 개역개정)라는 말씀들이 확인해 주고 있지요.

"내가 공평으로 줄자를 삼고, 공의로 저울을 삼을 것이니"(사 28:17; 표준새번역, 새번역)라는 표현으로 '공정'과 '정의'에 대한 신념과 지향을 한마디로 공표하신 하나님께서는, "의로운 재판관"이라는 당신의 권위를 대행하는 이들을 향해서도 "입을 열어 공정하게 재판하고 가난하고 궁핍한 사람들의 편이 돼 주어라", "정의를 왜곡하거나 편견을 가지지 말라. 뇌물을 받지 말라"(잠 31:9; 신 16:19; 참조. 약 2:5-6; 출 23:8; 신 27:25; 욥 15:34)는 지침을 명확히 전달하셨습니다.

특히 "편파적으로 하지 말고 낮은 사람이든 높은 사람이든 똑같이 대하며", "너희는 재판할 때 의롭지 못한 일을 하지 말라. 곧 너희는 가난한 사람이라고 두둔해서는 안 되고 힘 있는 사람이라고 옹호하지도 말라"(신 1:17; 레 19:15; 참조. 대하 19:7)는 지시와 교훈은, 가난하고 힘없는 이들을 각별히 살피고 배려하시는 주님임에도 정의와 공정이 필수인 '판단자'의 위치에 선 사람들을 향하여는 그 어떤 사사로운 감정으로도 차별이나 역차별의 여지를 허락해선 안 된다는 엄격한 규칙을 제시하신 대목입니다.

"자식이 지은 죄 때문에 부모를 죽일 수 없고, 부모의 죄 때문에 자식을 죽일 수 없다. 사람은 저마다 자기가 지은 죄 때문에만 죽임을 당할 것이다"(신 24:16; 표준새번역)라고 모세가 이미 전했던, 그리고 "그때에는 사람들이 더 이상 '아버지가 신 포도를 먹었으니 그 자식들의 이가 시다'라고 말하지 않을 것이다"(렘 31:29; 참조. 겔 18:2)라는 말로 예레미야에 의해 거듭 강조된 원칙은 공정과 정의의 대명사인 하나님의 품성을 극명하게 드러낸 규정일 것입니다. 부모와 자식의 죄를 연결시키던 당시의 불의한 풍조를 비판한 이 가르침에 따라 유다 왕 아마샤는 자신의 아버지(요아스)를 살해한 자들의 처형 당시 그 자녀들은 죽이지 않았으며(왕하 14:5-6; 대하 25:3-4) 예수님께서도 날 때부터 눈먼 이에 대한 질문에 답하시면서 부모나 본인의 죄 때문이 아님(요 9:1-3)을 분명히 알려 주셨습니다.

물론 성경을 꼼꼼히 읽는 기독교인이라면 "나를 미워하는 사람에게는, 그 죄값으로, 본인뿐만 아니라 삼사 대 자손에게까지 벌을 내린다"(출 20:5; 신 5:9; 표준새번역, 새번역)는 말씀처럼 위의 구절들과 상충하는 듯한 내용을 접하며 당황스러움을 느낀 적이 있을 것입니다. 하지만 이 말씀에서 방점이 주어져 있는 부분은 "죄값"이 아니라 "나를 미워하는"에 맞춰져 있다는 사실과, 이 구절의 본의가 아무 잘못 없는 자녀에게 부모의 죄를 전가하는 데 있는 것이 아니라 하나님을 미워하는 부모 밑에서 나고 자란 자녀가 하나님을 사랑하며 순종할 확률이 거의 없다는 '엄연한' 현실에 바탕을 둔 것임을 이해할 필요가 있습니다.

그리 될 확률이 높은 "삼사 대"까지 벌을 내리겠다고 하신 하나님께서, 바로 뒤이어지는 구절들에서는 "그러나 나를 사랑하고 나의 계명을 지키는 사람에게는, 수천 대 자손에 이르기까지 한결 같은 사랑을 베푼다"(출 20:6; 신 5:10; 표준새번역, 새번역)라며 "당신을 사랑하고 순종하는" 사람들에게 "수천 대"까지 복을 주겠다고 약속하신 것과 비교해 보면, 그 의로우심과 크신 사랑이 서로 분리되지 않는다는 사실도 충분히 확인되는 바입니다.

이와 같이 하나님의 정의와 공정은 그분의 자비와도 따로 떼어 생각할 수 없는 개념으로, 많은 이들이 구약의 율법주의와 직결해 떠올릴 법한 '안식일' 역시 실상은 하나님의 자비와 밀접하게 관련된 장치라고 봄이 옳습니다. 7일째 되는 날은 만나를 거두지 말라는 명령(출 16:23-30)을 시초로 하는 이 규례는, "일곱째 날은 네 하나님 여호와의 안식일이니 너나 네 아들딸이나 네 남녀 종들이나 네 가축들이나 네 문안에 있는 나그네나 할 것 없이 아무 일도 하지 마라"(출 20:10), "너는 6일 동안 네 일을 하고 7일째 날에는 일하지 마라. 그래야 네 소와 나귀도 쉬고 네 여종의 아들과 이방 사람도 새 힘을 얻게 될 것이다"(출 23:12)라는 원칙이 보여 주듯 "소와 나귀, 여종의 아들과 이방 사람"을 위해 – 약하고 소외된 이들을 배려하는 '사랑'에 바탕을 두어 – 내려진 금지임이 분명한 것입니다.

위에서도 다루어진 시편 110편은 부활하시고 승천하신 예수님에게 건네시는 하나님의 말씀을 대언한 다윗의 시로, 2절에서 말하는 "권능의 지팡이"(mighty scepter)와 3절이 예고하는 "권능의 날"(the day of Your power)이 시사하는 것처럼 주님께서 온전히 통치하실 미래를 그리고 있다는 사실로 인해 "시편의 요한계시록"이라 불리기도 합니다. 주님께서 아버지 하나님의 오른편에서 행하실 주요 사역이 세상을 심판하는 일(시 110:6)이며 심판하시는 대상이 세상 모든 사람들(시 9:8; 겔 28:26; 히 12:23; 계 6:15)이라는 점에서 그분의 심판이 의로운 심판이어야 함은 두말할 나위가 없겠지요. 이런 사실들을 요약한다면 주님의 자리인 "오른쪽"(right side), "오른편"(right hand)의 개념을, 시작 부분에서 강조했던 "의로운(righteous) 재판장"(시 7:11; 9:7)이신 하나님의 상징으로 규정할 수 있지 않을까 생각합니다.

"그날에 여호와의 어린 가지는 아름답고 영광스러울 것이며"(사 4:2)라는 예언서의 말씀에서 "어린 가지"로 묘사되셨던 예수님은, "그날이 오리니 그때에 내가 다윗에게 의로운 나뭇가지를 일으킬 것이다. 그가 왕으로서 지혜롭게 통치하고 이 땅에서 정의와 의를 실천할 것이다… '여호와 우리의 의', 이것이 그가 불릴 이름이다"(렘 23:5-6; 참조. 렘 33:15-16)라고 한 또 다른 예언서의 선포에서 "의로운 나뭇가지"로 그 면모가 확장되어 있습니다. 이처럼 그분이 불릴 이름은 "우리의 의"로서, 우리가 주님으로부터 "의롭다"(롬 3:22-26; 4:5; 9:30; 빌 3:9)는 인정을 받게 된 것은 우리 자신의 실제 모습과 관계없이 은혜로써 덧입혀진 "의"(righteousness)의 공로 때문임을, '감사'와 '감격'으로 늘 기억해야 하겠습니다.

14장 자비로우신 하나님(1)

> "내가 바라는 것은 변함없는 사랑이지, 제사가 아니다"(호 6:6).

"정의"와 "공정"의 원칙에 치중하다 보면 사랑과 자비의 마음을 지키기 어렵고, "사랑"과 "자비"에 중점을 두다 보면 정의와 공정을 바로 세우기 어려운 우리 인간과 달리, 하나님께서는 당신의 내부에 그 모든 요소들을 완벽한 형태로 품고 계신 분이십니다.

이러한 하나님의 성품을 찬양하며 공포하는 말씀들이 가장 빈번하게 발견되는 시편에서는, "긍휼과 진리가 같이 만나고 의와 화평이 서로 입맞추었으며"(개역한글), "정의와 공정이 주님의 보좌를 받들고, 사랑과 신실이 주님을 시중들며 앞장서 갑니다"(새번역)라며 "사랑"(자비)과 "정의"(공정)가 완벽한 조화를 이루는 하나님의 품성을 찬탄하는 85편 10절과 89편 14절에 이어, "주님이 하시는 그 모든 일은 의롭다. 주님은 모든 일을 사랑으로 하신다"(표준새번역, 새번역)라 하여 주님께서 행하시는 모든 일에 "의로움"과 "사랑"이 늘 병존함을 증언하는 145편 17절의 말씀도 만나게 됩니다.

출애굽기 20장이나 신명기 5장처럼 '본격적'으로 그리고 각조항을 순서대로 나열하며 십계명을 다루고 있지는 않지만, 주로 "~ 하지 말라"(Do not)로 끝나는 수많은 금지어들 사이에 살짝 끼워 넣기라도 하듯 십계명의 조문을 포함시키고 있는 레위기 19장은, 지나치다고 할 정도의 세세한 부분까지 언급하며 도덕적, 윤리적 가치 기준을 명기하고 있다는 점에서 하나님의 여러 품성 중에도 특별히 "공의"와 공존하는 "자비"의 모습을 예시하는 장으로 꼽을 수 있을 듯합니다.

"가난한 사람들과 나그네 신세인 이방인들을 위해"라는 전제와 함께 밭에서 난 곡식을 거두어들이거나 포도밭의 포도를 딸 때 구석구석 다 훑어 거두지도, 추수 후 떨어진 이삭과 포도를 줍지도 말라고 명하는 9절(참조. 레 23:22)과 10절(참조. 신 24:19-21)을 포함하여, 당일의 벌이로 살아가는 일꾼들의 품삯 지불을 미루지 말도록 금하는 13절(신 24:14-15), 듣지 못하는 사람을 저주하거나 보지 못하는 사람 앞에 장애물을 두는 일을 엄금하는 14절, 이웃을 험담하고 목숨을 위태롭게 하며 이익 보는 행위를 금지하는 16절 등이 모두 상호 연관되는 내용들로 이루어져 있기 때문입니다.

"너희가 밭에서 곡식을 거둘 때에, 곡식 한 묶음을 잊어버리고 왔거든, 그것을 가지러 되돌아가지 말아라. 그것은 외국 사람과 고아와 과부에게 돌아갈 몫이다"(표준새번역)라고 명령된 신명기 24장 19절(위에 언급된 레위기 19장 9절과 유사한 맥락의)은 "가난하고 힘없는 사람"의 대명사 격으로 "이방인"과 함께 "고아와 과부"를 들고 있습니다. 동일한 관점에서 "그분은 고아와 과부의 사정을 변호하시고 이방 사람들에게 먹을 것과 입을 것을 주시며 사랑하시는 분이다", "네 고아들은 내게 남겨 두어라. 내가 그들을 돌보아 주겠다. 네 과부들도 나를 의지하고 살 수가 있을 것이다"(신 10:18; 렘 49:11; 표준새번역, 새번역)라는 선언이 사회적 약자를 돌보며 늘 마음을 쓰시는 하나님의 심성을 소개하고 있는 기술이라면, "고아의 송사를 변호하여 주고 과부의 송사를 변론하여 주어라"(사 1:17; 표준새번역, 새번역), "서로 사랑과 자비를 베풀라. 과부와 고아와 나그네와 가난한 사람을 억누르지 말라"(슥 7:10)고 하신 명령은 우리가 기억해야 할 배려와 긍휼의 자세에 관한 지침들이라고 하겠습니다.

　모세오경과 예언서에 기록된 위의 구절들과 더불어 "이방 사람이나 고아에게 억울한 일이 없게 하고"(신 24:17)라는 권면처럼 이방인들을 학대하거나 부당하게 대우하지 말라고 명하신 이유 역시 성경의 가르침을 통해 구체적으로 제시되는데, "이방 사람을 억압하지 마라. 너희도 이집트 땅에서 이방 사람이었으니 이방 사람의 마음을 잘 알 것이다", "너희와 함께 사는 그 외국인 나그네를 너희의 본토인처럼 여기고, 그를 너희의 몸과 같이 사랑하여라. 너희도 이집트 땅에 살 때에는, 외국인 나그네 신세였다"(출 23:9; 레 19:34; 표준새번역, 새번역; 참조. 출 22:21; 신 10:19)라며 주신 자상한 설명 속에서, 이것이 동병상련(同病相憐)에 근거한 공감과 긍휼에의 요구였음을 깨닫게 됩니다.

하나님을 향한 사랑과 타인을 배려하는 진심 없이 드리는 제사를 거부하시는 하나님의 의도가 "내가 바라는 것은 변함없는 사랑이지, 제사가 아니다"(호 6:6; 마 9:13; 12:7; 표준새번역, 새번역)라는 잘 알려진 말씀에 의해 종종 예시되곤 하지만, "내가 받고 싶은 금식은 이런 것들이 아니냐?··· 너희가 굶주린 사람에게 먹을 것을 나눠 주고 가난한 노숙자를 집에 맞아들이는 것이 아니냐? 헐벗은 사람을 보면 옷을 입혀 주고 네 혈육을 못 본 체하지 않는 것이 아니냐?"(사 58:6-7), "선행과 나눔을 소홀히 하지 마십시오. 하나님께서는 이런 제사를 기뻐하십니다"(히 13:16)라는 내용의 권고로 인해서도 주님의 그와 같은 마음을 충분히 엿볼 수 있습니다.

"너희의 무수한 제물이 내게 무엇이 유익하뇨··· 헛된 제물을 다시 가져오지 말라··· 성회와 아울러 악을 행하는 것을 내가 견디지 못하겠노라"(사 1:11-13; 개역개정)라는 꾸중의 연유를, "옳은 일을 하는 것을 배워라. 정의를 찾아라. 억압받는 사람을 도와주어라"(사 1:17; 새번역)고 이어지는 명령에서 발견할 수 있을 뿐 아니라, "여호와께서 수천 마리의 숫양이나 수만의 강 같은 기름을 기뻐하실까?"(미 6:7)라는 반문의 해답 역시, "여호와께서 네게 원하시는 것은 공의에 맞게 행동하고 긍휼을 사랑하며"(미 6:8)라고 기록된 다음 절에서 쉽게 찾을 수 있습니다. "너희는 박하와 회향과 근채의 십일조는 드리면서, 정의와 자비와 신의와 같은 율법의 더 중요한 요소들은 버렸다"(마 23:23; 눅 11:42; 표준새번역, 새번역)라는 주님의 책망 또한, 정의와 자비, 그리고 신의를 그 어떤 제사보다 중요시하는 당신의 심정을 전하시기 위한 방편의 하나로 보아야겠지요.

유진 피터슨(Eugene H. Peterson)은 자신의 책『한 길 가는 순례자』(A Long Obedience in the Same Direction)에서 시편 123편에 담긴 "긍휼"의 개념을 분석하며, "내 눈이 여호와를 바라봅니다. 주께서 우리에게 그 자비를 베푸실 때까지 말입니다"(시 123:2)라는 구절을 통해 기자가 묘사하고 있는 상황은 단순히 하나님의 보편적 지도와 감독 아래 막연히 있는 상태도, 그렇다고 그분의 채찍 아래 벌벌 떨고 있는 공포의 상태도 아닌, 오로지 주님의 긍휼을 기대하는 상태라고 설명합니다.

"긍휼"이라는 단어가 "구부리다", "기울이다"라는 동사를 어근으로 한다고 보는 그의 추론과, "눈을 들어 하나님을 바란다는 것은 천상에 계신 하나님이 아니라 우리 있는 곳에 내려오시어 우리가 처한 상황 속에 들어오시는 하나님을 기대하는 일"이라는 그의 지적이 방증하는 바와 같이, 우리 삶의 어느 측면이든 하나님의 자비가 와닿지 않는 부분은 존재조차 하지 않는다는 것 또한 두말할 나위 없는 사실이라고 하겠습니다.

안식일 엄수에 관한 명령이 율법적 규례가 아니라 사랑에 근거한 교훈임을 13장의 "의로우신 하나님" 편에서도 언급했었듯,

가축과 종, 이방 사람들을 위해 반드시 지키라고 하신 안식일이 "너희 각 사람은 부모를 경외하고 나의 안식일을 지키라"(레 19:3)는 명령에서 "부모 공경"과 연결되어 있는 한편, "너희는, 나의 안식일을 거룩하게 지켜서, 그것이 나와 너희 사이에 맺은 언약의 표징이 되어, 내가 주 너희의 하나님인 줄 알게 하여라"(겔 20:20; 표준새번역, 새번역)는 지침에서는 주님의 백성에게 주어진 언약의 징표(겔 20:12)이자 그들을 거룩하게 하는(출 31:14; 35:2; 신 5:12) 성화의 도구라고 정의되어 있습니다.

안식일에 베푸신 치유를 트집 잡는 이들을 향해 "사람이 양보다 얼마나 더 귀하냐? 그러니 안식일에 선한 일을 하는 것이 옳다"(마 12:12; 막 3:4; 눅 6:9)라고 꾸지람하신 예수께서, 안식일에 밀 이삭을 자른 제자들을 비난하는 바리새인들에게 율법적으로 금지된 진설병(레 24:9)을 먹은 다윗(삼상 21:3-6)과 성전 업무로 안식일을 어길 수밖에 없던 제사장들(레 23:25; 민 28:9-10; 겔 46:4)의 경우를 예로 드시며 "인자는 안식일의 주인이다"(눅 6:5; 마 12:8; 막 2:28)라고 선언하신 일 역시, 안식일 준수라는 형식보다 사랑과 자비를 더 우위에 두는 주님의 가치 기준이 명징하게 제시된 사례로 볼 수 있겠습니다.

무엇보다, 많은 기독교인들이 듣기 불편해하고 목회자들 역시 설교의 제목으로 삼기 거북해하는 '십일조'가 애초 자비와 긍휼을 우선시하시는 하나님께서 당신의 백성들도 같은 마음을 품도록 주신 명령임은 반드시 유념해야 할 사실입니다. "셋째 해 곧 십일조를 드리는 해에 네 모든 소산의 십일조 내기를 마친 후에 그것을 레위인과 객과 고아와 과부에게 주어 네 성읍 안에서 먹고 배부르게 하라"(신 26:12; 개역개정)는 명령이 본시 십일조의 기본 목적이었으며, 이는 또한 "너희가 사는 성 안에, 유산도 없고 차지할 몫도 없는 레위 사람이나 떠돌이나 고아나 과부들이 와서 배불리 먹게 하여라"(신 14:29; 표준새번역), "주 너희의 하나님이 택하신 곳으로 가지고 가서… 너희와 너희의 자녀와 남종과 여종과 성안에 사는 레위 사람과 함께 먹고, 주 너희의 하나님 앞에서 높이 들어 바친 모든 것을 즐거워하여라"(신 12:18; 표준새번역; 참조. 신 16:11, 14)는 지시처럼 이 목적과 맥을 같이하는 말씀에 바탕을 둔 규정이었던 것입니다.

그와 더불어, "땅의 십분의 일, 곧 땅에서 난 것의 십분의 일은, 밭에서 난 곡식이든지, 나무에 달린 열매이든지, 모두 주에게 속한 것으로서, 주에게 바쳐야 할 거룩한 것이다"(레 27:30), "네 예물과 네 수확물의 첫 열매로 여호와를 공경하여라"(잠 3:9)는 명령에서의 "공경"과 "거룩함"은, "내가 레위 사람들에게는 이스라엘의 모든 십일조를 그들에게 유산으로 주니 회막을 섬기는 것에 대한 보상이다"(민 18:21), "밭에서 나는 소출 가운데서 열의 하나는 레위 사람들의 몫으로 가져 오기로 하였다"(느 10:37; 표준새번역, 새번역)라는 구절들에서 그 근거를 찾을 수 있는 개념입니다. 하나님을 예배하고 찬양함에서 자신들의 대리인 역할을 담당하던 레위인을 섬기는 일이 곧 "공경"과 "거룩함"의 도리를 지키는 행위이기 때문이지요.

위에 언급된 시편 123편 2절의 상반절까지 포함시킨 "종들의 눈이 그 주인의 손을 바라보듯, 여종의 눈이 그 여주인의 손을 바라보듯 내 눈이 우리 하나님 여호와를 바라봅니다"라는 말씀에서는 "눈이 바라본다"는 동일한 표현을 세 번 반복하면서 생략해도 되었을 "눈"이라는 단어를 연이어 포함시키고 있음이 목격됩니다. 어느 누구든 무언가를 바라보는 일은 다른 신체 기관 아닌 눈으로 하는 행위인 만큼, "눈이 바라본다"는 표현으로 굳이 강조되어 있는 이 "눈"은 외부적, 육체적 시각을 가리키는 말이 아닐 것입니다. 히브리어 원문에서 "눈"에 해당하는 단어로 사용된 "아인"(עַיִן: ayin)이 내면적, 영적인 시각을 뜻한다는 사실만 보더라도 여기에서 말하는 "눈"이 마음의 지향하는 바, 혹은 각자가 갖는 관심과 열정에의 다른 표현임을 짐작할 수 있으니까요.

결국 시편 123편에서의 "내 눈이 우리 하나님 여호와를 바라봅니다"라는 말은 자신의 모든 내적, 영적 시각과 열정을 총동원하여 여호와 하나님만을 집중적으로 응시한다는 의미가 됩니다. 그 열렬함의 정도를 가시화하기 위해 "종들의 눈이 그 주인의 손을 바라보듯, 여종의 눈이 그 여주인의 손을 바라보듯"이라고 하는, 당시 사람들에게 그 집중도가 피부로 체감될 수 있는 비유법을 사용한 것이겠지요.

목사이자 작가인 월터 챈트리(Walter J. Chantry)가 『하나님의 의의 나라』(God's Righteous Kingdom)라는 자신의 저서에 "물리적 세계에서 살아가는 기독교인들이 느낄 가장 큰 즐거움은 자신이 가진 모든 것이 자비로운 아버지의 손으로부터 주어진 것들임을 깨닫는 일"이라고 기술했듯, 하나님의 자비는 그분의 품성 가운데 특정 분야 혹은 당신께서 베푸시는 특별한 일만을 따로 떼어 낸 개념이 아니라 그를 통해 우리가 삶에서 필요로 하는 모든 것(힘과 능력, 지혜와 통찰력)을 공급 받는 원천으로 봄이 정확합니다.

그리고 그런 하나님을 바라보는 일은 "주께서 우리에게 그 자비를 베푸실 때까지"(시 123:2) 지침 없이 계속되어야 마땅할 것입니다.

15장 자비로우신 하나님(2)

> "여호와는 노하기를 더디 하시고 자비가 많으시고 죄
> 와 허물을 용서하는 분이시다"(민 14:18).

　"자비"(慈悲)와 "긍휼"(矜恤)이라는 어휘를 국어사전에서 찾아
보면 "깊이 사랑하고 가엾게 여김", "불쌍히 여겨 돌보아 줌"이라
고 그 뜻이 풀이되어 있습니다. "측은지심"(惻隱之心)이라는 말의
어감에서 느껴지는 것처럼 사람 사이에도 가엾고 불쌍하게 여기
는 마음만큼 애틋하고 살가운 사랑의 방식은 없다고 생각되는데,
그래서인지 우리가 하나님께 올리는 기도 가운데에도 가장 '효과
적'인 것으로 "저를 불쌍히 여겨 주소서", "저희에게 자비를 베풀
어 주시옵소서"와 같은 간구가 꼽히고는 하지요.
　잘못을 저지른 자녀에게 회초리를 들고 나서도 그 상처를 보
며 가슴 아파하는 부모들이 그러하듯 "에브라임은 나의 귀한 아
들이다. 내가 가장 사랑하는 자식이다. 그를 책망할 때마다 더욱
생각나서, 측은한 마음이 들어 불쌍히 여기지 않을 수 없었다"(렘
31:20; 표준새번역, 새번역)라고 말씀하시고, 순수하지 못한 마음

으로 기도를 부탁한 백성들에게도 바벨론 왕의 선처를 예고하시며 "내가 너희를 긍휼히 여기리니 그가 너희를 긍휼히 여겨서 너희 땅으로 돌려보낼 것이다"(렘 42:12)라고 맹세하시는 하나님이기에, 잘못된 길로 들어섰던 사람들조차 당신께서 베풀어 주실 자비와 긍휼을 기대하며 기도하고자 하는 마음이 저절로 솟아날 수 있는 것이겠지요.

스스로의 죄악에 의해 아람(시리아)의 억압 아래 놓였던 이스라엘임에도 "주께서 이스라엘에게 은혜를 베푸셔서, 그들을 불쌍히 여기시고, 그들을 굽어살피셨다"(왕하 13:23; 표준새번역)라는 역사서의 기록처럼 그들의 멸망을 막으려 '굽어살펴' 주시고, 당신의 가르침을 무시한 채 이집트만 의지하는 그들을 나무라시는 중에도 "여호와께서는 너희에게 은혜 베풀기를 간절히 바라신다. 너희를 불쌍히 여기셔서 도우러 일어나신다"(사 30:18)라는 격려와 함께 드러내신 안타까움을 보며 하나님의 사랑을 더 크고 따뜻하게 느끼게 되는 것 역시, 그 기저에 자리 잡은 자비와 긍휼을 목도할 수 있기 때문일 것입니다.

출애굽기 33장 19절은 "내가 내 모든 선함을 네 앞에 지나가게 하겠고 내가 네 앞에 내 이름 여호와를 선포하겠다. 나는 내가 불쌍히 여길 자를 불쌍히 여기고 긍휼히 여길 자를 긍휼히 여길 것이다"라는 하나님의 말씀을 증거하고 있는데, 하나님께서 에서보다 야곱을 더 사랑하신 이유를 설명하기 위해 이 구절을 거론하는 바울은 "그러므로 그것은 사람의 의지나 노력에 달려 있는 것이 아니라, 하나님의 자비에 달려 있습니다"(롬 9:16; 표준새번역, 새번역)라는 해설을 여기에 덧붙입니다. 우리가 누리는 모든 은혜가 자신의 뜻이나 노력과 무관하게 오로지 주님의 자비로 인해 주어진 것임을 상기시키는 이 말씀은 "주께서 나를 위한 뜻을 이루실 것입니다"라는 시편 138편 8절을 함께 떠올려 주기도 합니다.

앞 장에서 언급되었던, 타인의 도움을 필요로 하는 어려운 처지의 사람들을 향한 하나님의 특별한 긍휼에 관하여선, "여호와께서는 가난한 사람들의 말을 들으시고 그 사로잡힌 백성들을 모른 척하지 않으신다"(시 69:33), "그분은 가난한 사람들을 그 고난에서 구해 주시고 억압당하는 가운데 귀를 열어 주십니다"(욥 36:15)라고 하는, 그리고 "행악자는 가난한 사람의 계획을 늘 좌절시키지만, 주님은 가난한 사람을 보호하신다"(시 14:6; 표준새번역, 새번역), "가난한 사람이 끝까지 잊혀지는 일은 없으며, 억눌린 자의 꿈도 결코 헛되지 않을 것이다"(시 9:18; 새번역)라는 선포들에서도 일관된 방식으로 기술되고 있습니다.

기독교인이 아닌 사람들도, 게다가 출처도 정확히 모르면서 많은 이들이 입에 올리는 "눈에는 눈, 이에는 이"라는 구절은 사실상 성경에 기록된 부분을 거두절미(去頭截尾)하여 – 말 그대로 '머리'도 떼고 '꼬리'도 떼어 – 함부로 남용하는 표현으로서, 이후 바벨론과 로마의 법, 그리고 이슬람 경전에까지 실리게 되었다는 이 규정은 "가해자에게는, 목숨은 목숨으로, 눈은 눈으로, 이는 이로, 손은 손으로, 발은 발로, 화상은 화상으로, 상처는 상처로, 멍은 멍으로 갚아야 한다"(표준새번역, 새번역)라는 출애굽기 21장 23-25절과 "자기 이웃에게 상처를 입혔으면, 피해자는 가해자가 입힌 만큼 그 가해자에게 상처를 입혀라. 부러뜨린 것은 부러뜨린 것으로, 눈은 눈으로, 이는 이로 갚아라"(표준새번역, 새번역)라는 레위기 24장 19-20절(신 19:21)에 근거를 두고 있는 원칙입니다.

이것이 성경에 적힌 규정임을 아는 사람들 가운데에도 "구약의 하나님"이 워낙 잔인하고 가혹한 여호와, 조금도 손해 보지 말고 받은 그대로 갚을 것을 명하는 '신'이기에 그런 계율을 정한 것이라 어림짐작하는 이들이 적지 않은 듯합니다. 하지만 하나님께서 이 계율을 백성들에게 주신 것은 혹시라도 신분과 빈부의 차이로 인해 억울한 일이 발생하거나 권력을 가진 가해자가 힘없는 피해자에 대해 책임을 회피하는 일이 일어나지 않도록, 그리고 정당한 정도 이상의 감정적 복수나 부당한 위해가 가해지는 경우를 예방할 수 있게끔 '공정'과 '자비'의 토대 위에 주신 지침일 뿐입니다.

흔히 "신약의 예수님"은 자비와 사랑의 하나님인 반면 "구약의 여호와"는 무섭고 잔혹한 신이라는 이분법적 정의가 암묵적으로 통용되곤 하지만, "너는 네 형제에게 복수하거나 원한의 마음을 품지 마라. 다만 너는 네 이웃을 네 자신처럼 사랑하여라"(레 19:18)는 명령이 위의 구절과 같은 책에 기록되어 있을 뿐더러, "네 원수가 쓰러질 때 좋아하지 마라. 그가 걸려 넘어질 때 네 마음에 기뻐하지 마라", "너는 '그가 나에게 한 그대로 나도 그에게 하여, 그가 나에게 한 만큼 갚아 주겠다' 하고 말하지 말아라"(잠

24:17, 29; 표준새번역, 새번역; 참조. 잠 20:22; 25:21-22; 롬 12:20)는 권면처럼 이런 곡해의 부당함을 반증하는 구절들도 구약인 잠언에 여럿 기록되어 있습니다.

기독교 서적의 고전이라 할 C. S. 루이스(C. S. Lewis)의 『순전한 기독교』(Mere Christianity)에는 "하나님을 어떤 분으로 생각하는가"라는 질문을 받은 한 초등학생이 "혹시 누가 재미있게 지내나 감시하다가 결국은 훼방을 놓는 분"이라고 대답했다는 일화가 인용되어 있습니다.

이런 식의 생각이 무섭고 잔인한 여호와라는 관념의 '어린이' 버전, 즉 심술궂은 노인쯤으로 하나님을 격하시킨 사고방식이라면, 반대쪽 극단에는 하나님을 산신령처럼 생긴 마음씨 좋은 할아버지 정도로 단순화시키는 '편리한' 시각도 존재합니다. 이는 "하나님은 은혜로우시며 자비로우시며 좀처럼 노하지 않으시며 사랑이 한없는 분"(욘 4:2; 표준새번역, 새번역), "여호와께서는 자비로우시고 은혜로우시며 화를 더디 내시고 사랑이 넘쳐나는 분이시다"(시 103:8; 참조. 시 86:15; 111:4; 116:5; 145:8)라고 선지자 요나와 시편 기자들이 찬미했던, 또한 "주는 용서하시는 하나님, 은혜로우시며, 너그러우시며, 좀처럼 노여워하지 않으시며, 사랑이 많으셔서, 그들을 버리지 않으셨습니다"(느 9:17; 표준새번역; 참조. 욜 2:13)라는 말로 느헤미야가 송축했던 주님의 품성을 자신의 편의에 따라 해석한 결과라고 할 수 있겠지요.

하지만 "주, 나 주는 자비롭고 은혜로우며, 노하기를 더디 하고, 한결같은 사랑과 진실이 풍성한 하나님이다. 수천 대에 이르기까지, 한결같은 사랑을 베풀며, 악과 허물과 죄를 용서하는 하나님이다"(출 34:6; 표준새번역, 새번역)라는 은혜로운 약속에는 "그러나 나는 죄를 벌하지 않은 채 그냥 넘기지는 아니한다"(출 34:7; 표준새번역, 새번역)라고 하신 두려운 경고가 이어질 뿐더러, "여호와는 노하기를 더디 하시고 자비가 많으시고 죄와 허물을 용서하는 분이시다"(민 14:18)라는 감격스런 찬송에도 "그러나 죄 있는 사람들은 결단코 그냥 용서하는 일이 없으시며"라는 확고한 단언이 뒤따릅니다. "여호와께서는 진노하는 데 더디시고 힘은 강하신 분이시다"(나 1:3)라고 한 선언 역시 "하지만 죄인들을 결코 그냥 내버려 두지 않으신다"라는 포고가 곧바로 뒤에 연결되는 흐름을 보여 주지요.

우리의 하나님께서 '공정'이라는 가치만을 유일한 잣대로 삼으시는 관용 없고 가차 없는 하나님도, 그렇다고 무턱대고 이해하고 용서하며 죄를 있는 그대로 두고 보시는 기준 없는 하나님도 아님은, "여러분이 스스로 원수를 갚지 말고 하나님의 진노하심에 맡기십시오. 기록되기를 '원수를 갚는 것이 내게 있으니 내가 갚아 주겠다'고 주께서 말씀하십니다"(롬 12:19; 참조. 신 32:35; 히 10:30)라는 함축적 내용의 말씀에서 충분히 확인되고 있습니다.

"너희 원수를 사랑하고 너희를 핍박하는 사람을 위해 기도하라", "아무도 악으로 악을 갚지 말고, 도리어 서로에게, 모든 사람에게, 항상 좋은 일을 하려고 애쓰십시오"(마 5:44; 살전 5:15; 표준새번역, 새번역; 참조. 눅 6:28, 35; 롬 12:14, 17; 벧전 3:9)라는 구절들을 통해 하나님께서 전하려고 하시는 바는, 우리에게 어려움을 준 이들을 우리가 사랑으로 관용한다면 - 주기도문의 가르침과 같이 - 남은 문제는 하나님께서 공평하고 정의롭게 처리해 주신다는 확약일 것입니다.

"하나님께서는 악한 사람이나 선한 사람이나 똑같이 햇빛을 비춰 주시고 의로운 사람이나 불의한 사람이나 똑같이 비를 내려 주신다"(마 5:45; 참조. 행 14:16-17)라는 예수님의 말씀과 "그분은 모욕을 당하셨으나 모욕으로 갚지 않으셨고, 고난을 당하셨으나 위협하지 않으셨고"(벧전 2:23)라는 베드로의 간증에서 대변되는 하나님의 인자와 자비는, 악을 보고도 눈감아 주거나 모른 척 덮고 지나치는 우유부단이 아니라, 무한한 인내로 기다리는 긍휼(사 30:18)의 모범이자 전형이라 말할 수 있습니다.

그런 만큼 우리를 '가엾고 불쌍하게' 여겨 주신 주님의 은혜로 구원을 얻은 우리가 부여 받은 임무 역시, 주님을 알지 못함으로 죄악에서 헤어나지 못하는 이들을 '가엾고 불쌍하게' 여기며 그들을 위해 기도하는 사명이라 할 것입니다.

16장 심판하시는 하나님(1)

> "우리는 모두 그리스도의 심판대 앞에 나타나야 합니다. 그래서 각 사람은, 선한 일이든지 악한 일이든지, 몸으로 행한 모든 일에 따라, 마땅한 보응을 받아야 합니다"(고후 5:10).

인간 세상에 죄가 들어오게 된 것은 자신이 하나님처럼 되겠다는, 즉 본인이 어떻게 행동할지와 타인을 어떻게 판단할지의 기준("옳고 그름"의 판별 기준)을 스스로 정하겠다고 마음먹은 일에서 비롯되었습니다. 보통 "선악과"로 짧게 묘사되는 '문제의 열매'를 가진 나무의 이름이 정확히는 "선과 악을 알게 하는 나무"(the tree of knowledge of good and evil)임에서 시사되는 것처럼, 우리 자신이 선악을 판단하는 일은 애초에 하나님께서 허락하신 영역이 아니었음을 "선과 악을 알게 하는 나무의 열매는 먹지 마라. 그것을 먹는 날에는 네가 반드시 죽을 것이다"(창 2:17), "이 사람이 우리 가운데 하나같이 돼 선악을 알게 됐으니 이제 그가 손을 뻗어 생명나무 열매까지 따먹고 영원히 살게 되면 안 될 것이다"(창 3:22)라는 창세기의 말씀들이 분명히 알려 주고 있습니다.

아담의 불순종과 율법의 위반이라는 죄책 간의 상관관계를 다루고 있는 로마서 5장은, 아담의 범죄로 인해 모든 사람이 죄를 범한 결과에 이르렀음(롬 5:12; 참조. 히 7:10)과 본시 그 죄에 대한 심판의 결과는 사망이었다는 사실에 대해 자세한 설명(롬 5:14-17)을 제시합니다. "율법이 없을 때에는 죄가 죄로 여겨지지 않았습니다"(새번역)라는 13절(참조. 롬 4:15)의 말씀을 그런 맥락으로 해석해 보면, 한 가지 열매만 먹지 말라고 하신 하나님의 '단 한 가지' 명령(율법)을 위반함으로써 인간 스스로 선악을 판단하는 상황을 만들지 않았다면 이후 모세를 통해 세부적 율법들이 주어졌을 필요도, 또 우리 각자가 자신의 죄에 대해 심판을 받는 결과도 발생하지 않았으리라는 깨달음에 이르게 됩니다. 다시 말해, 판단자의 위치에 서서 옳고 그름의 기준(도덕 기준)을 자신이 정하고 세우겠다는 무리한 욕심만 부리지 않았다면, 하나님께서 우리 각 사람을 일일이 판단하고 심판하실 요인이 애초부터 생기지 않았으리라는 것이지요.

"역사에는 what if(만약 ~했다면 어땠을까)라는 것이 존재하지 않는다"는 '잔인한' 말처럼, 결국 세상 모든 사람이 저마다의 죄에 따라 하나님께 심판을 받게 된 오늘날의 현실을 성경은 "의인도 악인도 하나님이 심판하실 것이다. 모든 일에는 때가 있고, 모든 행위는 심판받을 때가 있기 때문이다"(전 3:17; 표준새번역, 새번역)라는 간결한 문장으로 요약해 줍니다.

하나님의 심판대 앞에서는 어느 누구도 예외가 될 수 없다는 이같이 엄연한 사실은, 하나님을 "만민의 심판자"(the judge of all)로 일컫는 구절들(창 18:25; 히 12:23)은 물론이고 "우리는 모두 그리스도의 심판대 앞에 나타나야 합니다. 그래서 각 사람은, 선한 일이든지 악한 일이든지, 몸으로 행한 모든 일에 따라, 마땅한 보응을 받아야 합니다"(고후 5:10; 표준새번역; 참조. 시 7:8; 겔 28:26; 욜 3:12; 계 6:15)라는 단언에서도 두려울 만큼 명확하게 경고되어 있음을 목격합니다.

위의 "만민의 심판자"보다 조금 더 구체화되어 "산 사람과 죽은 사람을 심판하실 그리스도 예수", "산 사람과 죽은 사람을 심판하기 위해 예비하시는 분"으로 주님을 정의하고 있는 구절들(딤후 4:1; 벧전 4:5)의 근거는, "이 예수께서 우리에게 명하시기를 하나님께서 자기를 살아 있는 사람들과 죽은 사람들의 심판자로 정하신 것을 사람들에게 선포하고 증언하라고 하셨습니다"(행 10:42; 표준새번역, 새번역)라는 간증으로 보아 주님께서 스스로를 일컬으셨던 지칭, 즉 "심판자"라는 개념에 그 뿌리를 둔 것이리라 추측할 수 있습니다.

인간이 스스로 선과 악, 옳고 그름을 판단하겠다고 나서는 것이 왜 그렇게 큰 죄악인지 이해하지 못하는 사람들이 세상에는 상당수 존재할 뿐더러, 이해하지 못하는 데서 그치지 않고 그와 같은 이념을 가르치는 하나님과 기독교 정신이 독선적이고 배타적이라며 비판하고 혐오하는 풍조가 온 세상에 만연한 것이 작금의 현실입니다. "궁극적이고 절대적인 진리"라는 가치를 구태의연한 관념쯤으로 폄하하면서 "옳고 그름"을 결정하는 객관적 기준마저 개개인의 의견과 생각에 따라 좌우될 수 있는 주관적이고 상대적인 것으로 인식하는 경향이 날로 확산되는 상황에서, 선악의 개념을 스스로 규정하고 판단하는 일이 왜 죄가 되어야 하는지 납득하지 못하는 사람들이 허다히 존재하는 것은 어쩌면 당연한 현상일지 모르겠습니다.

하지만 비근한 예를 한 가지 들어 보더라도, 특정한 운동 경기에 참가하려는 사람은 각 경기의 종목이 나름의 규칙(규율, 원칙)을 보유하고 있으며, 그 규칙을 정확히 아는 심판이 경기를 운영하고 감독하면서 규칙에 근거해 판단하고 처벌할 권위를 갖는다는 전제에 먼저 동의해야 합니다. 만약 모든 선수에게 적용되는 일괄적이고 객관적인 규칙이 존재하지 않거나 그것을 어겼을 때 판정하고 징계하는 심판의 권위가 인정되지 않는다면, 과연 경기가 어떻게 진행되다가 어떤 상태로 마무리될지는 누구나 상상 가능한 일일 테니까요. 경기에 임하는 선수 각자가 자신이 생각해 낸 규칙이 가장 옳고 합리적이라며 그것을 전체의 규칙으로 정하자고 우긴다거나, 모든 선수에게 일률적으로 적용되는 객관적 규칙은 배타적이고 독선적일 수 있으니 각자 자기가 원하는 규칙에 따라 게임을 진행하자고 고집한다면 그 경기가 대체 어떤 지경에 이르게 될 것인지의 결말을 말입니다.

사사기를 읽을 때 가장 눈에 띄는 - 사실상 가장 '눈에 거슬리는' - 부분은 "그 시절 이스라엘에는 왕이 없었기에 모두가 자기 보기에 옳다고 생각하는 대로 행동했습니다"(삿 17:6), "그 당시 이스라엘에는 왕이 없어서 모두가 자기 맘대로 행동했습니다"(삿 21:25)라는 같은 내용이 반복되는 두 구절입니다. "모두가", "저마다", "사람마다" 등의 주어로 표현되고 "자기 보기에 옳다고 생각하는 대로" 혹은 "무엇이든 자기 눈에 옳게 보이는 대로"라는 부사로 수식된 이 두 구절이 고발하는 행태로 인해 사사시대가 이스라엘 역사 중에서도 가장 어둡고 수치스러운 실패와 절망의 시기라는 오명을 남기게 된 것이기에, "왕이 없는" 마음 상태로, 더욱이 "저마다 자기 보기에 옳다고 생각하는 대로" 살고 있는 오늘날의 우리들도, 먼 훗날 이때를 되돌아볼 후대에게 어떤 모습으로 기억될지 두려운 마음으로 성찰해야 옳을 것입니다.

"그들은 자기를 척도로 하여 자기를 재고, 자기를 기준으로 하여 자기를 견주어 보고 있으니, 어리석기 짝이 없습니다"(고후 10:12; 새번역)라는 바울의 지적 또한 위의 사사기 구절들처럼 판단과 결정의 기준을 자신 안에서 찾는 인간의 어리석음을 엄중히 경고하는 말씀입니다. 이런 혼돈과 무질서의 문제를 풀 해법이 "율법을 주신 이와 심판하시는 이는 오직 한 분이십니다"(약 4:12)라는 간결한 문장 안에 담겨 있는바, 이 사실을 우리 모두가 인정하며 순종하기만 한다면 인간 사회의 여러 갈등과 불균형도 대부분 해소될 수 있으리라 믿습니다.

사무엘상 24장과 26장은 야고보서 4장의 선언을 실제 삶으로 살아 냈던 인물(다윗)의 겸손과 순종이 간증되어 있는 장들입니다. 자신이 숨어 있던 엔게디 동굴에 제 발로 걸어 들어온, 게다가 그를 죽이는 것이 하나님의 뜻이라고 부하들이 부추길(삼상 24:4) 정도의 '공식적' 원수임에도, 그런 사울의 겉옷 한 자락만 자른 후 살려 보낸 다윗은 "이제는 주께서, 나와 임금님 사이에서 재판관이 되시고, 나의 억울한 것을 주께서 직접 풀어 주시기 바랍니다"(삼상 24:12; 표준새번역), "여호와께서 우리 재판관이 되셔서 우리 사이를 판단해 주시기 바랍니다"(삼상 24:15)라면서 자신이 심판자의 자리에 서는 일을 거부합니다. 게다가 그런 사건이 있고 나서도 또 다시 자신을 죽이려 찾아 나선 사울이 십 광야의 진영 안에서 잠을 자고 있을 때, 자기 뜻대로 무엇이든 할 수 있는 완벽한 여건이 마련된 데다 복수를 대신 맡겠다고 적극적으로 나서는 아비새의 자청이 있었음에도 그의 창과 물통만 가져온 후 "만약 왕더러 나를 치라고 하신 분이 여호와시라면 기꺼이 그분의 제물이 되겠습니다. 그러나 사람이 그렇게 했다면 그들은 여호와 앞에서 저주를 받을 것입니다"(삼상 26:19)라고 하며 모든 판단을 '또 다시' 하나님의 손에 올려 드립니다.

"여러분이 스스로 원수를 갚지 말고 하나님의 진노하심에 맡기십시오"라는 - 앞 장에 소개되었던 - 로마서 12장 19절과의 연결선상으로 신명기 32장 35절을 인용하며 "원수 갚는 것은 내가 하는 일이니, 내가 갚는다"(표준새번역, 새번역)라고 대언한 히브리서 10장 30절에는, 그 같은 서두에 이어 "주께서 그 백성을 심판하실 것이다"(표준새번역)라는 중반절의 내용이 연결됩니다. 스스로 복수를 하지 말라는 하나님의 금지명령 역시 우리가 각자의 판단으로 타인을 정죄하지 못하도록, 선악이나 옳고 그름의 판단을 하나님께 일임하도록 규정하신 바임이 이 말씀들을 통해 확인되는 것입니다.

이번 글에서 반복적으로 언급되고 있는 야고보서 4장 12절에도 기준을 정하고 결과를 심판하실 수 있는 주체가 오직 주님뿐임을 명시한 상반절에 "도대체 당신이 누구이기에 이웃을 심판합니까?"(표준새번역)라는 후반절의 힐문이 이어지는 데다가, "우리가 누구이기에 남의 종을 비판합니까? 그가 서 있든지 넘어지든지, 그것은 그 주인이 상관할 일입니다"(표준새번역, 새번역)라 권계하는 로마서 14장 4절 또한 어느 누구도 이의 제기를 할 수 없는 확고한 기준에 의해 심판하실 수 있는 분은 오직 하나님뿐이라는 사실을 힘주어 강조하고 있음을 봅니다.

타인의 죄책 여부를 자기 기준으로 판단하고 정죄하는 행위가 심판자인 하나님의 자리를 스스로 자임하는 죄악인 만큼이나, 모든 판단 기준은 주관적이고 상대적이어야 한다는 사고 역시 유일한 진리로 향하는 길을 가로막는 "닫힌" 편견이자 – 자신들이 주장하듯 "개방적"이고 "열린" 사고방식이 아니라 – 스스로에게 도리어 족쇄를 채우는 아집의 한 형태에 불과합니다.

이처럼 선과 악, 옳고 그름을 본인이 판단하려는 인간의 교만과 죄악이 사라지는 때, 즉 "새 세상에서 인자가 자기의 영광스러운 보좌에 앉을 때"(마 19:28; 새번역)가 오면, "숲 속의 나무들이 여호와 앞에서 즐거이 노래하리니 주께서 땅을 심판하러 오실 것"(대상 16:33)이며, "정말 의인들이 상을 받고 정말 세상을 심판하시는 하나님이 계시는구나"(시 58:11)라고 모두가 찬송하는 지경이 실제로 구현된 모습을 목도할 수 있겠지요.

17장 심판하시는 하나님(2)

> "하나님께서는 각 사람에게 그의 행위에 따라 갚아
> 주실 것입니다"(롬 2:6).

교수이자 신학자인 폴 챔벌레인(Paul Chamberlain)이 쓴 기독교철학서 『하나님 없이도 인간이 선한 삶을 살 수 있을까?』 (*Can We Be Good without God?*)는 "옳고 그름"의 기준, 즉 윤리와 도덕의 "객관적 기준"이 우리 인간에 의해 규정될 수 있는가, 만약 그렇다면 그 "기준"은 대체 무엇을 근거로 해야 하는가를 주요 내용으로 다룬 책입니다.

조금 복잡한 철학적 논의가 되기는 하지만, 만약 누군가가 하나의 기준을 정하고 그것이 모든 사람에게 적용될 수 있는 객관적 기준이라고 주장한다면, 그 기준이 정말 객관적인지 그리고 모든 사람에게 적용될 만큼의 신뢰성 있는 준거인지를 검증할 수 있는 한 단계 더 높은 기준(잣대)이 필요해지고, 혹 그런 기준을 찾았다고 가정하더라도 새롭게 발견된 그 기준의 적합성을 다시 판별할 보다 상위의 기준이 역시 필요해지기에, 설령 이런 일을 끝없이 반복한다 해도 어떤 최종적이고 궁극적인 "절대 기준"이 인간에 의해 만들어지나 찾아지는 일은 결국 불가능할 수밖에 없다는 것이 이 책에 제시되어 있는 진리입니다.

위의 사실을 부연 설명해 보면, 세상 모든 이에게 적용시킬 수 있을 "옳고 그름(선악)의 기준"이란 애초 인간에 의해 만들어질 수 없는 것인 만큼, 우리 각자의 차원 - 인간의 '사고'라는 수준 - 을 넘어선 무언가(혹은 누군가)로부터 주어지는 "절대적" 기준이 필요하며, 그처럼 인간의 차원을 넘어선 기준이란 앞 장에서 다루었던 "그들은 자기를 척도로 하여 자기를 재고, 자기를 기준으로 하여 자기를 견주어 보고 있으니, 어리석기 짝이 없습니다"(고후 10:12; 새번역)라는 비판과 "율법을 제정하신 분과 심판하시는 분은 오직 한 분뿐이십니다"(약 4:12; 표준새번역)라는 선언에 실마리가 제공되어 있는 준거라고 말할 수 있을 것입니다.

자신과 관련된 일들을 스스로 판단하고 결정하기 원하는 우리 인간은 그런 욕구가 자주적이며 독립적인 인간 '본연'의 정신인 양 자부하면서 자기 힘으로 통제가 불가능한 상황을 만나면 당황하다 못해 분노를 느끼기까지 합니다. 하지만 그 같은 판단과 결정, 그리고 통제 방식은 "저마다"의 경험과 욕구(삿 17:6; 21:25)에 따라 달라지는 것으로, 스스로를 전혀 편견 없는 유연한 사고 방식의 소유자라 자처하는 많은 이들의 '편견'과는 달리 자신만의 색안경을 통해 세상을 바라보지 않는 사람은 지구상에 존재하지 않습니다. 각자가 태어나고 소속된 시대, 국가, 인종, 성별, 교육 수준, 가족 구조(핵가족 여부, 부모의 성향, 형제자매의 수와 그 안에서의 순서) 등 수많은 요소에 의해 비롯되는 각기 다른 가치관과 세계관이 누구에게나 피할 수 없는 제약으로 작용하기 때문입니다. 자신과 전혀 다른 상황에서의 삶을 경험해 본 일이 없기에 그런 위치에 있는 타인의 입장을 완벽히 이해할 수 없으며, 자연히 그에 뒤따를 '고정관념'과 '선입견'이라는 저마다의 안경 "색"으로부터 어느 누구도 자유로울 수 없다는 것입니다.

목사님의 자제로 알려진 한 신인 가수가 했던 "'틀을 깨는 가수'라는 '틀'에 갇히고 싶지 않다"는 말이 저에게 무척 인상 깊게 남은 기억이 있는데, 아마도 인간이 만들어 낸 관념은 제 아무리 신선하고 파격적으로 느껴지던 것이라도 결국은 또 다른 "틀"을 형성한다는 저의 평소 생각과 일치하는 말이었기 때문인 듯합니다. 원시 상태로 살던 인류가 봉건주의라는 사회 체제를 만들어 시행하다 그 체제의 문제점이 발견되면서 자본주의가 출현했고, 자본주의의 문제점이 다시 대두되자 이번엔 그것을 해결하겠다며 사회주의와 공산주의가 고개를 들었지만, 결국 그 어떤 사회 구조도 완벽한 것일 수 없다는 결론만 얻게 되었음을 생각할 때, 인류의 역사란 인간이 생산해 낸 이념 중 완전한 것이란 존재할 수 없으며 하나의 틀을 깨겠다고 만든 새로운 틀이 또 다른 문제를 도출한다는 사실에의 확인 과정이라고도 정의될 수 있을 것입니다.

이처럼 또 다른 검증의 준거를 요구하거나 또 다른 문제를 양

산하지 않을 완벽한 "선악의 기준"이 인간 스스로에 의해 만들어질 수 없음에도, 세상에는 엄연히 객관적이고 독립적인(진정한) 진리, 개개인의 자의에 의해 규정되거나 통제될 수 없으며 세상 모든 이에게 적용되어 마땅할 도덕적 진리가 기존하고 있음을 위에 소개된 『하나님 없이도 인간이 선한 삶을 살 수 있을까?』라는 책은 천명합니다. 물론 신호등의 색으로 보행과 운전 체계를 약속하는 식의 "사회적 규칙"(social rules), 시간관념이나 식사 예절같이 각 문화마다 다르게 형성되는 "관습"(custom) 등은 사람이 만들어 낸 것이지만, 그러한 개념의 조합들과 전혀 다른 측면에서 인류 전체가 공유하고 있는, 즉 타인으로부터 배우거나 책에서 읽지 않았음에도 이미 알고 있는 윤리 의식이 분명 존재한다는 것이지요.

이와 같이 인간의 정신에 내재(built-in)된 - 그에 대한 지식이 인간 내부에 '장착'되어 있음을 부인할 수 없는 - "객관적 가치 기준"이라는 것의 존재성은 "율법을 가지지 않은 이방 사람이, 사람의 본성을 따라 율법이 명하는 바를 행하면… 율법이 요구하는 일이 자기의 마음에 적혀 있음을 드러내 보입니다"(롬 2:14-15; 새번역)라는 말씀에도 명시되어 있음을 목격합니다.

그러한 "객관적 가치 기준"이 태어날 때부터 내재하던 "양심"(하나님께서 우리 마음 안에 심어 두신 본성)일 수도 있음을 여러 구절들을 통해 입증하고 있는 로마서에는, 위 내용에 이어지며 "그들의 양심도 이 사실을 증언합니다. 그들의 생각들이 서로 고발하기도 하고, 변호하기도 합니다"(롬 2:15; 표준새번역, 새번역)

라고 한 단언을 위시하여, "나는 그리스도 안에서 진실을 말하고 거짓말을 하지 않습니다. 내 양심이 성령 안에서 내게 이것을 증거합니다"(롬 9:1), "그러므로 진노를 두려워해서만이 아니라, 양심을 생각해서라도 복종해야 합니다"(롬 13:5; 표준새번역)와 같이 다양한 표현을 사용한 증언들도 자리 잡고 있습니다.

하나님으로부터 온 것이 아닌, 인간 스스로 정한 기준이 얼마나 주관적이고 자기중심적인지는 사무엘하 12장에 기록된 다윗의 태도만으로도 충분히 확인되는 일입니다. 자신에게 충성을 다하던 우리아의 아내 밧세바를 취한 후 그녀의 임신으로 인한 뒷탈이 염려되자 끝내 우리아를 살해하는 끔찍한 죄를 저지르고도, 가난한 이웃의 암양을 빼앗아 손님을 접대한 부자로 자신을 비유했던 선지자 나단의 예화를 듣고는 "그런 일을 하면서도 불쌍히 여기는 마음이 전혀 없었으니"(삼하 12:6), "그런 일을 한 사람은 죽어야 마땅하다"(삼하 12:5)라며 '비분강개'하는 것을 보면 말이지요.

앞 장에서 다룬 내용처럼 선악의 판단을 하나님께 일임하겠다고 두 번이나 결단했고 "하나님의 마음에 합한 사람"(삼상 13:14; 행 13:22)으로 인정까지 받았던 다윗이 이러하다면 우리 같은 대다수 범인(凡人)들의 경우야 두말할 필요도 없을 것입니다. 사도 바울이 로마서 2장을 시작하면서 "남을 심판하는 사람은, 그가 누구이든지, 죄가 없다고 변명할 수 없습니다. 남을 심판하면서 똑같은 일을 하고 있으니, 결국 남을 심판하는 것은 바로 자기 스스로를 정죄하는 것입니다"(롬 2:1; 표준새번역)라고 역설했던 것도 정확히 이런 상황을 빗댄 교훈이리라 짐작하게 됩니다.

위의 교훈과 연결되는 뒤 구절에서도 바울은 "그런 일을 행하는 사람을 판단하면서 똑같은 일을 행하는 사람이여, 그대가 하나님의 심판을 피할 수 있을 줄로 생각합니까?"(롬 2:3)라는 두려운 경고를 반복하지만, 그런 그에 앞서 "어찌하여 너는 남의 눈 속에 있는 티는 보면서, 네 눈 속에 있는 들보는 깨닫지 못하느냐?… 먼저 네 눈에서 들보를 빼내어라. 그래야 네 눈이 잘 보여서, 남의 눈 속에 있는 티를 빼 줄 수 있을 것이다"(마 7:3-5; 눅 6:41-42; 새번역)라며 폐부를 찌를 만큼 날카로운 교훈을 건네신 분은, 타인에 대한 성급한 판단을 나무라던 예수님이셨습니다.

그에 더하여, "하나님의 심판이 이런 일을 하는 사람들에게 공정하게 내린다는 것을 우리는 압니다"(새번역), "하나님께서는 각 사람에게 그의 행위에 따라 갚아 주실 것입니다"(롬 2:2, 6)라는 말로 같은 장에 이어진 바울의 선포와, "겉모양으로 판단하지 않으시고 각 사람의 행위대로 심판하시는 분을 여러분이 아버지라고 부른다면, 여러분은 나그네로 있을 동안에, 두려운 마음으로 지내십시오"(벧전 1:17; 표준새번역)라고 한 베드로의 권면 역시 동일한 맥락을 가진 말씀으로 받을 수 있을 것입니다.

하지만 위에 적힌 여러 구절들과 더불어 흔히 타인을 비난, 비방하지 말라는 지침의 성격으로 인용되곤 하는 "너희가 심판을 받지 않으려거든, 남을 심판하지 말아라. 너희가 남을 심판하는 그 심판으로 하나님께서 너희를 심판하실 것이요"(마 7:1-2; 눅 6:37; 표준새번역, 새번역)라는 경계도, 서로가 크게 다를 바 없는 우리끼리 '비판'하는 행위만을 금하는 말씀은 아닐 것이라 짐작됩니다. 앞 장의 시작 부분에서 언급한 창세기 2장과 3장의 내용을 근거로 생각할 때, 타인을 비난하지 말라는 명령으로뿐 아니라 각자가 자기 나름의 '기준(잣대)으로 판단'하는 행위에 대한 엄금으로도 이해될 수 있기 때문입니다. "너희가 심판을 받지 않으려거든, 남을 심판하지 말아라"는 부분의 순서를 바꾸어 적으면 "남을 심판하지 않으면, 너희가 심판을 받지 않을 것이다"가 될 터인데, 앞에서 지적했던 바처럼 인간 자신이 선악을 판단하는 현재의 상황을 스스로 만들어 내지 않았다면 – "선악과"를 먹은 행위를 통해 – 각자 자기의 죄에 대해 심판을 받는 일도 생겨나지 않았으리라는 가정이 이 말씀에도 그대로 적용되기에 말이지요.

"나는 속사람으로는 하나님의 법을 즐거워하나, 내 지체 속에는 다른 법이 있어서 내 마음의 법과 맞서서 싸우고"(롬 7:22-23; 표준새번역)라고 토로된 철저한 자기 인식에 이어, "나 자신은 마음으로는 하나님의 법을, 육신으로는 죄의 법을 섬기고 있습니다"(롬 7:25)라는 말로 그같이 '처참한' 현실의 근원을 분석한 바울의 고백을 묵상하다 보면, "하나님의 법", "내 마음의 법"이 하나님께서 우리 마음에 심어 놓으신 "성령의 법"인 반면(롬 8:2), "내 지체 속의 법", "죄의 법"은 스스로가 세운 기준, 자신이 만들어 낸 판단의 잣대일 수도 있음을 깨닫게 됩니다.

이 "성령의 법"(the Law of the Spirit)의 본래 의미인 "그리스도 예수 안에서 생명을 누리게 하는 성령의 법"(롬 8:2; 표준새번역, 새번역)이라는 정의와 "죄의 삯은 죽음이요, 하나님의 선물은 우리 주 예수 그리스도 안에서 누리는 영원한 생명입니다"(롬 6:23; 표준새번역, 새번역; 참조. 갈 5:18)라는 감사의 선포가 알려 주는 것처럼, 우리가 영원한 생명과 그 생명이 허락하는 진정한 자유에 도달하는 길은 옳고 그름의 기준을 스스로 규정하거나 그 것이 각자의 의견과 생각에 따라 결정되는 상대적 개념이어야 한다는 '진실 부정'을 통해 이를 수 있는 길이 결코 아닙니다. 그것은 오직 우리 마음에 심겨진 주님의 법(성령의 법)을 분별하여 순종하면서 절대적이고 궁극적인 진리로 이 땅에 임하신 예수 그리스도, 빛이자 생명이신 그분을 따라 걷는 삶의 여정에 의해서만 도달할 수 있는 길이라는 엄중한 '진실'을, 유일무이한 심판자이신 하나님께서 말씀으로 가르쳐 주고 계시니까요.

18장 보호하시는 하나님

"여호와께서 네게 복을 주시고 너를 지키시기를 비노라"(민 6:24).

최근 한국에서 "축복"이라는 제목으로 번역되어 불린 찬양곡 "The Blessings"의 노랫말로도 널리 알려졌을, "보호", "은혜", "평강"이라는 제사장의 세 가지 축복 기원(민 6:24-26)은 신앙인들이 무척이나 흠모할 '축복'의 세 가지 본질적 측면으로 구성되어 있습니다. 하나님께서 아론과 그 자손으로 하여금 백성들을 축복하도록 명하심에 의해 확립된 이 같은 제사장의 축복이 그들 자신의 권위가 아니라 하나님으로부터 인계 받은 권위에 의한 것인만큼, 이 구절에 기록된 항목들은 하나님께서 직접 주시는 축복의 요소라고 불릴 수 있을 것입니다. 우리 삶에 주어지는 모든 '좋은 것'의 근원이 하나님이심(약 1:17)을 생각할 때, 진정한 축복은 하나님 한분으로부터만 올 수 있다는 진리를 다시 한 번 확인하게 하는 내용이기도 합니다.

하나님으로부터 오는 세 가지 축복 가운데 가장 먼저 등장하는 "보호"를 시작으로 주님께서 주시는 축복들을 세 장에 걸쳐 다루어 보고자 하는데, 이처럼 첫 번째 항목에 해당하는 "보호"는 "여호와께서 네게 복을 주시고 너를 지키시기를 비노라"(민 6:24)는 말로 해당 본문의 첫 구절에 기원되어 있는 축복의 요소입니다.

우리가 보통 '축복'이라고 생각하지 못하는 상황에서조차 하나님께서 베푸시는 "보호하심"이 인간의 선악과 관련 없이 주어져 왔음은 창세기의 시작과 함께 목격되는 것인바, 사탄의 꾀임에 빠져 '수치'를 깨닫게 된 아담과 이브가 에덴동산을 떠나기 전 주님께서 손수 가죽옷을 지어 입혀 주신(창 3:21) 일과, 동생을 살해한 끔찍한 죄악으로 추방의 위기에 놓인 가인이 불시의 위해가 두려워 호소했을 때 직접 "표"(mark)를 만들어 주셨던(창 4:15) 기록이 바로 그러한 경우입니다.

그러나 보호하심에 대한 하나님의 약속이 보다 명료하게 제시된 것은 역시 아브라함에게 - 아직 "아브람"이던 당시 - 고향과 친척들을 떠나 당신께서 이르시는 곳으로 가라고 처음 명령하셨던 창세기 12장 이후의 일들로, 이전까지 친숙하던 모든 것들과 결별하고 미지의 땅으로 떠나야 할 그에게 가장 필요한 은혜가 곧 이 '보호'의 축복이었기 때문일 것입니다. "내가 너로 큰 민족을 이루고 네게 복을 주어 네 이름을 창대하게 하리니 너는 복이 될지라 너를 축복하는 자에게는 내가 복을 내리고 너를 저주하는 자에게는 내가 저주하리니 땅의 모든 족속이 너로 말미암아 복을 얻을 것이라"(창 12:2-3; 개역개정; 참조. 창 18:18; 22:18)라는 은혜로운 말씀에는 "복"과 "축복"이 다섯 번에 걸쳐 등장하지만, 여러 요인들을 포함한 종합적 의미였을 이때의 축복 가운데에도 예측이 불가능한 낯선 상황과 환경을 앞둔 아브라함에게는 '보호하심'의 축복이 가장 절실하게 요구되었을 것임을 직감할 수 있습니다.

아브라함을 필두로 하여 글자 그대로 정처 없이 타지를 떠돌아야 했던 이삭과 야곱 또한 같은 '보호하심'의 축복을 입었는데, 여기에서의 보호하심이란 "하나님의 백성을 당신의 '돌봄' 아래에 두신다"(신 33:3)는 의미로, "아브라함이 죽은 뒤에, 하나님은 아브라함의 아들 이삭에게 복을 주셨다"(창 25:11; 표준새번역, 새번역), "야곱이 밧단아람에서 돌아온 후 하나님께서 그에게 다시 나타나셔서 복을 주셨습니다"(창 35:9)라는 기록들을 "그분이 야곱을 방어해 주시고 그를 보살펴 주셨다. 여호와께서는 그를 그분의 눈동자처럼 지키셨다"(신 32:10)라는 모세의 증언과 연결해 살펴보면, 이 구절에서 말하는 "방어"(protection), "보살핌"(caring), "지키심"(guard) 등의 '보호'가 "축복"을 의미하는 개념임을 이해하게 됩니다.

"너희에게 손대는 자는 곧 주의 눈동자를 건드리는 자다"(슥 2:8; 표준새번역)라 하여 위에 적힌 신명기 내용과의 연관성을 드러내는 선지서의 경고에서도 하나님은 당신의 보호를 "눈동자처럼 지킨다"는 말로 비유하고 계십니다. 누구나 경험하는 일이겠지만, 인체에서 가장 예민한 부분 중 하나일 눈은 미세한 외부 물체의 유입으로도 불편을 느껴 눈썹 같은 이물질이 들어오면 눈물을 흘려 밖으로 내보내고, 무언가 앞에 스치기만 해도 저절로 눈꺼풀이 감겨 눈동자를 보호합니다. 다윗이 자신의 시편에서 "주의 눈동자처럼 나를 지켜 주시고, 주의 날개 그늘에 나를 숨겨 주시고, 나를 공격하는 악인들로부터 나를 지켜 주십시오"(시 17:8-9; 표준새번역)라며 "눈동자"를 거론한 것도 그와 같은 사실에 기인했으리라 추측됩니다.

이처럼 '완벽한' 보호하심의 상태를 실감나게 예시한 구절들은 성경에서 그리 어렵지 않게 찾을 수 있는 내용으로, "그는… 기근 가운데서도 너를 굶어 죽지 않게 하시며, 전쟁이 벌어져도 너를 칼에서 구해 주실 것이다. 너는 혀의 저주를 피할 수 있어, 파멸이 다가와도 두려워하지 않을 것이다… 때가 되면, 곡식단이 타작마당으로 가듯이, 너도 장수를 누리다가 수명이 다 차면, 무덤으로 들어갈 것이다"(새번역), "주께서는, 네가 헛발을 디디지 않게 지켜 주신다. 너를 지키시느라 졸지도 않으신다… 주님은 너를 지키시는 분… 낮의 해도 너를 해치지 못하며, 밤의 달도 너를 해치지 못할 것이다. 주께서 너를 모든 재난에서 지켜 주시며, 네 생명을 지켜 주실 것이다. 주께서는, 네가 나갈 때나 들어올 때나, 이제부터 영원까지 지켜 주실 것이다"(욥 5:19-26; 시 121:3-8; 표준새번역; 참조. 사 49:10; 계 7:16)라는 말씀들을 읽다 보면, 우리가 살아가는 동안 필요한 보호의 세목이 이 구절들 안에 모두 포함되어 있다는 생각까지 들기도 합니다.

"눈동자"와 더불어 하나님의 보호하심을 비유하기 위해 자주 사용되는 또 하나의 매개는 "방패"로서 - 위의 신명기 32장 10절에서도 언급된 - 하나님께서 "아브람"에게 다시 전하셨던 "아브람아, 두려워하지 말아라. 나는 너의 방패다"(창 15:1; 표준새번역, 새번역)라는 격려에서 시작하여, "그분은 네 방패며 도우시는 분이고 네 영광스러운 칼이시다", "내 하나님은 내가 피할 내 바위, 내 방패, 내 구원의 뿔, 내 산성이십니다"(신 33:29; 삼하 22:3)라고 한 선포와, "나의 방패는 마음이 정직한 자를 구원하시는 하나님께 있도다"(시 7:10; 개역개정), "하나님의 말씀은 모두 순결하며, 그분은 그를 의지하는 사람의 방패가 되신다"(잠 30:5; 표준새번역, 새번역)라는 찬양 등을 포함한 관련 구절(삼하 22:31; 시 18:2; 28:7; 33:20; 59:11; 115:9-11; 144:2) 모두가 그 '매개'를 언급하는 말씀들입니다.

"믿음의 방패"(엡 6:16)라는 개념에 직접적으로 은유되어 있듯, 하나님이 우리의 방패(shield)가 되어 주신다는 것은 스스로의 힘으로 방어할 수 없을 위험한 형태의 공격으로부터도 우리 각자를 지키고 보호해 주시겠다는 든든한 약속입니다. "주께서 친히 성벽과 방어벽이 되셔서 우리를 구원하셨다", "내가 예루살렘의 둘레를 불로 감싸 보호하는 불 성벽이 되고"(사 26:1; 슥 2:5; 표준새번역, 새번역)라는 공표에서의 "방어벽"과 "불 성벽"은 우리를 막고 둘러싸 주시는 하나님의 은혜를 가시화하기 위한 도구로서, 이렇게 기록된 구절들은 "주께서 앞뒤를 둘러싸 막아 주시고, 내게 주의 손을 얹어 주셨습니다"(시 139:5; 표준새번역), "산들이 예루살렘을 둘러싼 것처럼 여호와께서도 그 백성들을 지금부터 영원히 둘러싸실 것입니다"(시 125:2)라고 한 시편의 말씀들과도 연결을 이루는 내용이지요.

자신의 책 『한 길 가는 순례자』에서 "하나님은 우리의 피난처시요 힘이시니 환난 중에 만날 큰 도움이시라"(시 46:1; 개역개정)는 시편의 구절을 자세히 분석한 유진 피터슨은, "고대 사회에서 성읍 생활은 위험했다. 성읍마다 그들을 안전히 지켜 줄 치밀하고 광범위한 방어 체계가 필요했다. 우리가 살고 있는 세상도 그렇다. 형태는 변했을지 몰라도 여전히 그러한 방벽을 세운다. 인간을 관찰하는 심리학자들은 우리가 스스로를 보호하기 위해 고도의 안전장치와 방어 기제를 사용한다고 말한다. 믿음의 사람들도 여느 사람들과 마찬가지로 그러한 보호와 안전을 필요로 한다. 다른 점이 있다면, 우리는 스스로 그런 요새를 세울 필요가 없음을 안다는 점이다"라는 자신의 해설을 덧붙입니다.

같은 시편의 다른 구절에서도 "만군의 주님이 우리와 함께 계신다. 야곱의 하나님이 우리의 피난처시다"(시 46:11; 표준새번역, 새번역)라며 하나님을 우리의 "피난처", "산성"으로 묘사하고 있을 뿐더러, "주 여호와여 내 눈이 주께 향하며 내가 주께 피하오니 내 영혼을 빈궁한대로 버려두지 마옵소서"(시 141:8; 개역개정)라는 다윗의 기도에 대한 화답인 양 느껴지는 시편 91편에서는 "네가 주님을 네 피난처로 삼았으니, 가장 높으신 분을 너의 거처로 삼았으니, 네게는 어떤 재앙도 내리지 않을 것이다. 네 장막에는,

어떤 재앙도 가까이하지 못할 것이다"(시 91:9-10; 표준새번역, 새번역)라는 약속이 발견되기도 합니다.

예전에 읽었던 책의 내용 가운데, 하나님의 보호하심은 태풍과 풍랑이 우리 삶에 닥쳐오지 못하도록 '원천봉쇄'하는 방식이 아니라 거센 태풍의 한가운데에서 새끼 갈매기를 품에 감싸 안은 어미 갈매기의 포옹과 같은 모습이라는 비유를 읽으며 크게 공감했던 기억이 있습니다. 이는 위에서 언급한 시편 17편 8-9절은 물론, "너희는, 내가 이집트 사람에게 한 일을 보았고, 또 어미독수리가 그 날개로 새끼를 업어 나르듯이, 내가 너희를 인도하여 나에게로 데려온 것도 보았다"(표준새번역, 새번역)라고 한 출애굽기 19장 4절과, "그 사랑의 모습은 마치 독수리가 자기 둥지를 어지럽히고 자기 새끼 위를 맴돌다가 그 날개를 펴서 새끼들을 잡아 날개 끝에 얹는 것 같다", "새가 날개를 펴고 둥지의 새끼를 보호하듯이, 만군의 주께서 예루살렘을 보호하신다"(표준새번역, 새번역)라는 신명기 32장 11절, 이사야 31장 5절 등이 떠올리게 하는 이미지와도 유사합니다.

하나님께서 우리의 방패와 성벽이 되어 늘 보호해 주심은 지금까지 살펴본 내용만으로도 충분히 확인되는 사실이지만, "주께로 피하여 오는 사람"과 "마음이 정직한 자", "그를 신뢰하는 사람"에게 방패가 되신다는 그 외의 구절들(삼하 22:31; 시 7:10; 잠 30:5)을 통해서도 스스로의 힘과 능력에 의존하지 않고 당신께 전적으로 의지하는(잠 3:26; 시 91:11-12; 마 4:6; 눅 4:10-11) 연약하고 순수한 이들의 피난처로서의 하나님을 소개하는 성경의 근본 의도를 파악하게 됩니다. 그런 인식 속에서만 우리는 "주님은 나의 은신처요, 방패이시니, 주께서 하신 약속에 내 희망을 겁니다"(시 119:114; 표준새번역, 새번역)라는 확신에 찬 선포를 할 수 있을 테니 말이지요.

19장 은혜 베푸시는 하나님

> "전능하신 분께서 위로 하늘의 복과 저 아래 놓여 있
> 는 깊은 곳의 복과 젖과 모태의 복으로 너에게 복 주
> 실 것이다"(창 49:25).

민수기 6장 24-26절에 나열된 제사장들의 세 가지 축복 기원
중 "보호하심"에 이어 두 번째 자리를 차지하고 있는 하나님의
"은혜"는, 실상 우리 삶의 모든 측면에 고루 나타나는 것이라는
점에서 특정 부분을 따로 떼어 논의하기가 쉽지 않은 항목이라고
말할 수 있습니다. 우리가 세상에 태어난 순간부터 본향인 천국에
돌아가 주님 품에 안길 때까지 매일, 매 시간의 삶 속에서 하나님
의 은혜로부터 떠나 있는 동안은 잠시도 존재하지 않지만, 그런
시간들 가운데 누리게 되는 여러 은혜를 통틀어 주님께서 눈을 떼
지 않고 지켜봐 주시는 은혜처럼 크고 의미 있는 축복은 없는 만
큼, 이 글에서는 그 부분에 초점을 맞추어 성경의 관련 말씀들을
살펴보려 합니다.

하나님께서 인간에게 "은혜"라는 '축복'을 주셨음은 창세기 시

작 부분부터 성경에 명증되고 있는 사실로서, "하나님이 그들에게 복을 주시며 이르시되 생육하고 번성하여 여러 바닷물에 충만하라 새들도 땅에 번성하라"(개역개정), "하나님이 그들에게 복을 주시며 하나님이 그들에게 이르시되 생육하고 번성하여 땅에 충만하라"(개역개정)라고 기록된 1장 22절과 28절, "하나님이 노아와 그의 아들들에게 복을 주시며 말씀하셨다. '생육하고 번성하여 땅에 충만하여라"(표준새번역, 새번역), "내가 반드시 네게 복을 주고 반드시 네 자손을 하늘의 별처럼, 바닷가의 모래처럼 많아지게 하겠다. 네 자손이 원수들의 성문을 차지할 것이다"라고 하는 9장 1절과 22장 17절 등에서의 '축복'으로 성경의 첫 번째 책, 창세기가 가득 채워져 있음을 보게 됩니다.

하나님께서 우리에게 주신 은혜(축복)의 가장 기초적인 부분이 생육과 번성, 즉 자손의 흥왕임은 시편의 구절들에도 자세히 소개되어 있는 사실입니다. "자식은 주께서 주신 선물이요, 태 안에 들어 있는 열매는, 주님이 주신 보상이다. 젊어서 낳은 자식은 용사의 손에 쥐어 있는 화살과도 같으니, 그런 화살이 화살통에 가득한 용사에게는 복이 있다"(표준새번역)라는 127편 3-5절과 "네 아내는 네 집안 곳곳에서 열매 맺은 포도나무 같겠고 네 자식들은 올리브 나무들처럼 네 식탁 주위에 둘러앉으리라. 여호와를 경외하는 사람은 이런 복을 받으리라"고 한 128편 3-4절에서 확인되는 것처럼 말이지요.

"전능하신 분께서 위로 하늘의 복과 저 아래 놓여 있는 깊은 곳의 복과 젖과 모태의 복으로 너에게 복 주실 것이다"(창 49:25)라는 축복 예언이 약속하듯 하나님께서 우리에게 주시는 은혜의 축복은 영육간의 모든 축복을 '망라'하는 것이지만, 그리스도인들이 하나님의 은혜를 논함에서 최우선에 두게 되는 측면은 역시 영적인 영역의 은혜와 축복이라 하겠습니다. "하나님은 그리스도 안에서 하늘에 속한 모든 신령한 복(spiritual blessing)으로 우리에게 복을 주신 분이십니다"(엡 1:3)라고 전한 바울의 가르침도 그렇지만, "내가 다윗에게 약속한 거룩하고(holy) 확실한 복을 너희에게 줄 것이다"(행 13:34)라는 말로 사도행전에 인용된 구약의 원문을 예언서에서 찾아보면 "내가 너희와 영원한 언약을 맺을 텐데, 그것은 내가 다윗에게 약속한 사랑(faithful love)이다"(사 55:3)라고 하는, 다시 말해 당신의 "사랑"이 곧 하나님께서 약속하신 신령하고 '거룩한' 복(영적인 복)이라고 하는 숨은 뜻이 발견되니 말입니다.

이와 같은 축복의 두 번째(세 요소 가운데) 항목, 즉 "은혜"와 직접 연결되는 구절은 "여호와께서 그 얼굴을 네게 비추시고 네게 은혜 베푸시기를 비노라"고 간구하는 민수기 6장 25절로, "은혜"(grace)를 의미하는 히브리어 어휘 "chanan"(חָנַן: khaw-nan')은 "상위자가 하위자를 향해 사랑과 배려의 마음으로 몸을 굽히다(stoop)/구부리다(bend)"라는 뜻을 갖는 단어입니다. "자비로우신 하나님" 편(14장)에서도 언급되었던, "긍휼"이라는 말의 어근이 "구부리다", "기울이다"라는 동사일 것이라는 유진 피터슨의 추측을 다시 떠올리게 하는 대목이기도 하지요.

"여호와여 주의 얼굴을 들어 우리에게 비추소서"(시 4:6; 개역개정)라는 시편 구절에서도 추론할 수 있듯, "여호와께서 그 얼굴을 네게 비추시고"라는 축복의 간구에서 말하는 "얼굴을 비추다" 혹은 "얼굴을 들어 비추다"라는 말을 글자 그대로 빛을 비추어 주는 행위로 이해할 수도 있으나, 그보다는 하나님께서 당신의 백성들에게 세심한 관심을 갖고 지켜보고 계심 ─ 몸을 '굽히고' 또 '구부리기'까지 하셔서 ─ 을 의미하는 말로 해석함이 더욱 정확할 것입니다. 누군가는 이를 두고 "눈높이식 은혜"(eye level grace)라는 적절한 표현을 사용하기도 했더군요.

성경의 곳곳에서 하나님의 은혜(얼굴을 들어 비추심, 몸을 굽혀 내려다보심)에 대한 간절한 염원이 발견되기는 하지만, 얼굴을 향하여 바라봐 주시기를 애타게 간구하는 구절은 특히 시편에서 ─ 그중에도 다윗의 시에서 ─ 자주 목격하게 됩니다. "여호와여 어느 때까지니이까… 주의 얼굴을 나에게서 어느 때까지 숨기시겠나이까"(시 13:1; 개역개정), "주의 얼굴을 내게서 숨기지 마시고 진노로 주의 종을 외면하지 마소서"(시 27:9)라는 호소에서 기자의 애절한 마음이 그대로 드러나거니와, "주의 은혜로 내가 산같이 굳건히 서 있다가 그렇게 주께서 그 얼굴을 숨기시니 괴로웠습니다"(시 30:7)라는 토로에서는 주님의 얼굴이 숨겨지면서 은혜의 통로도 끊어졌던 고통스러운 경험이 에둘러 간증되어 있기도 합니다.

실제로 "내가 너와 함께 있어 네게 복을 주어 네 자손이 번성하게 하리라 하신지라"(창 26:24)는 말씀의 인과관계를 따져 볼 때 위에서 언급된 "생육과 번성, 자손의 흥왕에 대한 축복"도 "하나님의 함께하심"의 결과임을 깨닫게 되며, "내가 영원한 언약을 그들과 맺어 그들에게서 돌이켜 떠나지 아니하고 그들에게 복을 줄 것이다"(렘 32:40)라고 하신 약속 역시 하나님께서 "복을 주시는" 일의 선결 조건이 우리로부터 "돌이켜 떠나지 않고" 함께하심임을 알려 주고 있습니다.

"여호와께서 하늘에서 내려다보시고 모든 사람의 자손들을 지켜보십니다"(시 33:13)라는 시편의 구절이 이번 주제와 직접 연결되는 말씀인 만큼이나, 그에 이어지면서 "여호와의 눈은 주를 경외하는 사람들, 그 변함없는 사랑을 바라는 사람들 위에 있습니다"(시 33:18)라고 선언하는, 신앙인이라면 어느 누구에게나 가장 큰 소망의 약속으로 여겨질 연결 구절 또한 하나님의 "살펴보심"이 우리의 실질적 필요까지 충족시키는 은혜의 요소임을 실감나는 방식으로 설명해 줍니다.

그렇기에 "여호와와 그의 능력을 구할지어다 항상 그의 얼굴을 찾을지어다"(개역개정)라는 역대상 16장 11절(참조. 시 105:4)과 "너희는 내 얼굴을 찾으라 하실 때에 내가 마음으로 주께 말하되 여호와여 내가 주의 얼굴을 찾으리이다 하였나이다"라는 시편 27편 8절처럼 주님의 얼굴을 구하는 일의 본질적 가치를 강조한 말씀들이 성경에 이어지고 있는 것이겠지요. 『영적 분별력』(*Right People, Right Place, Right Plan*)이라는 자신의 책을 통해 젠센 프랭클린(Jentezen Franklin)이 "하나님의 손이 아닌 그분의 얼굴을 구하라. 우리는 받을 것을 원하지만, 하나님은 대면을 원하신다"라고 주창한 것도 같은 이유일 테고 말입니다.

하나님의 얼굴을 찾는 우리의 눈길과 우리를 향해 몸을 굽히고 내려다보시는 하나님의 눈길이 마주칠 때 진정한 은혜, 즉 영적인 축복이 전달됩니다. 이는 A. W. 토저가 자신의 저서『이것이 성공이다』에 적은, "우리가 마음의 눈을 들어 하나님을 바라볼 때 우리의 눈길과 그분의 사랑의 눈길이 서로 마주칠 것이다… 그리스도를 바라보는 동안, 그토록 오랫동안 이루려고 발버둥친 것들이 그의 안에서 자연스레 이루어질 것이다"라는 서술이 뒷받침해 주는 사실이기도 하지요. 이처럼 놀라운 은혜를 사모한 시편의 기자들은 "하늘 보좌에 앉아 계시는 주님, 내가 눈을 들어 주님을 우러러봅니다"(시 123:1; 표준새번역), "주 하나님이여, 내 눈이 주께 맞추어졌습니다. 내가 주를 의지합니다"(시 141:8)라는 말로 자신들의 간절한 마음을 전하고 있습니다.

"여호와의 산에 오를 자가 누구며 그의 거룩한 곳에 설 자가 누구인가 곧 손이 깨끗하며 마음이 청결하며 뜻을 허탄한 데에 두지 아니하며 거짓 맹세하지 아니하는 자로다 그는 여호와께 복을 받고 구원의 하나님께 의를 얻으리니"(시 24:3-5; 개역개정), "여호와께서 자기를 경외하는 자들에게 양식을 주시며 그의 언약을 영원히 기억하시리로다"(시 111:5; 개역개정)라는 시편의 권면과, "너희가 사는 성 안에, 유산도 없고 차지할 몫도 없는 레위 사람이나 떠돌이나 고아나 과부들이 와서 배불리 먹게 하여라. 그러면 주 너희의 하나님은 너희가 경영하는 모든 일에 복을 내려 주실 것이다"(신 14:29; 표준새번역; 참조. 신 15:10, 18; 24:19)라는 신명기의 명령을 주의 깊게 읽다 보면, 하나님에의 경외와 올곧은 심성, 이웃에 대한 관심과 배려 등이 주님의 축복을 받을 수 있는 '선행조건'이라는 사실을 새삼 깨닫게 됩니다.

물론 그런 부분들이 하나님의 자녀이자 예수님의 제자로서 우리에게 필수적인 덕목, 추구해야 할 가치겠지만 "은혜"라는 것 자체가 받을 만한 자격이 없는 사람에게 거저 주어지는 선물이며 이유 없는 사랑으로 베풀어지는 무조건적 축복임을 우리는 또한 압니다. "아브라함이 나이가 많아 늙었고 여호와께서 그에게 범사에 복을 주셨더라"(창 24:1)는 창세기 말씀에서 하나님의 복이 주어진 이유로 어떠한 구체적 조건도 제시되지 않은 것("나이 많아 늙은 것"이 이유가 아니라면)과 마찬가지로 말이지요.

"주 너희의 하나님이 너희를 사랑하시기 때문에, 주께서 발람의 말을 듣지 않으시고, 오히려 그 저주를 복으로 바꾸셨다"(신 23:5; 표준새번역; 참조. 느 13:2)라는 모세의 간증에는 하나님께서 저주까지 복으로 바꾸신 이유가 "사랑하시기 때문"이라고 공언되어 있습니다. 이처럼 "허물과 죄로 죽었던"(엡 2:1) 우리에게 영원한 생명이라는 은혜를 거저 주신 것은 자비와 긍휼을 바탕으로 하는 주님의 무조건적 사랑에 기인합니다. "우리는 하나님 안에서 살고, 움직이고, 존재하고"(행 17:28) 있다는 바울의 교훈이 알려 주듯, 우리에게 허락된 매일, 매 순간의 삶 역시 우리들 각자를 향해 얼굴 빛을 비추시는 하나님의 은혜에 의해서만 가능하다는 사실이 모두에게, 늘, 기억될 수 있기를 바랍니다.

20장 평강 주시는 하나님

> "그리스도의 평강이 여러분의 마음을 지배하게 하십시오. 이 평화를 위해 여러분은 한 몸으로 부르심을 받았습니다"(골 3:15).

빌립보서 4장 6-7절 말씀을 주제로 한, 예전에 들었던 어떤 간증에서, "아무것도 염려하지 말고 오직 모든 일에 기도와 간구로 여러분이 구할 것을 하나님께 감사함으로 아뢰십시오"라는 앞절을 처음 읽었을 때 "그렇게 하면 구하던 모든 것을 얻게 될 것입니다"라는 내용이 이어질 줄로 짐작했다가 "그리하면 사람의 헤아림을 뛰어넘는 하나님의 평화가 여러분의 마음과 생각을 그리스도 예수 안에서 지켜 줄 것입니다"(표준새번역)라는 말로 끝나는 것에 실망했던, 자신의 연약한 믿음에 대한 '회개'의 고백을 들은 적이 있습니다.

그 간증의 마무리가 "하나님이 주시는 무한한 평화가 우리 마음을 지키신다는 약속이 '기도하면 뭐든지 이루어진다'는 말보다 훨씬 더 귀한 것임을 이제는 안다"였던 것과 같이, 우리가 삶을 영위함에서 돈이나 명예, 건강보다 중요한 요소가 '마음의 평화'임은 의심의 여지없는 사실입니다. 마음 안에 평안이 없다면 돈과 명예, 그에 더해 건강까지 다 가진 사람이라도 결국 그 모두를 잃고 말기 십상일 테니까요.

위의 말씀에서 알게 되듯, 모든 염려와 근심을 하나님께 – 기도, 간구, 감사함에 의해 – 아뢰면 인간의 "상식"과 "헤아림"을 뛰어넘는 당신의 평화를 누릴 수 있을 뿐 아니라 우리의 "마음"과 "생각"도 지켜진다는 것이 주님께서 우리에게 주시는 확고한 약속입니다. "모든 지킬 만한 것 중에 더욱 네 마음을 지키라 생명의 근원이 이에서 남이니라"(잠 4:23; 개역개정)라는 솔로몬의 교훈에서 가장 필수적 요소로 꼽은 "생명의 근원", 마음과 생각을 말이지요. 제가 잊지 않기 위해 자주 되새기곤 하는 "… 모든 생각을 사로잡아 그리스도께 복종시킵니다"(고후 10:5)라는 바울의 권고 또한, 오고가는 모든 생각을 '사로잡아' 주님께 복종시켰을 때 비로소 우리에게 가장 유익한, 진정한 마음의 평화가 보장된다는 '비밀'에 바탕을 둔 권면일 것입니다.

"한 아기가 우리를 위해 태어났다. 우리가 한 아들을 모셨다. 그는 우리의 통치자가 될 것이다. 그의 이름은 '놀라우신 조언자', '전능하신 하나님', '영존하시는 아버지', '평화의 왕'이라고 불릴 것이다"(사 9:6; 새번역)라는 이사야의 선언은 하나님의 품성에 있어 대표적인 것 중 하나가 바로 평화, 평강임을 가르쳐 주는 구절입니다. "그리스도는 우리의 평화이십니다… 그분은 이 둘을 자기

안에서 하나의 새 사람으로 만들어서 평화를 이루시고"(엡 2:14-15; 새번역)라 하여 그리스도 예수와 '평화'를 동격의 자리에 둔 바울의 언명 역시 그와 동일한 맥락에서 이해함이 마땅하겠지요.

십자가형을 목전에 두신 상황에도 "내가 이렇게 말한 것은, 너희로 하여금 내 안에서 평화를 얻게 하려는 것이다"(요 16:33; 표준새번역)라는 전언을 남기신 예수님께서, 부활 직후 제자들에게 나타나시어 제일 처음 건네신 말씀이 "너희에게 평강이 있을지어다"(눅 24:36; 개역개정; 참조. 요 20:19, 21)라는 축도였음은, "내가 너희에게 평안을 주고 간다. 곧 내 평안을 너희에게 준다. 내가 주는 평안은 세상이 주는 것과 같지 않다"(요 14:27)라고 하시던 위로와 격려가 알려 주듯 성령께서 주시는 평안, 성령의 열매인 평안(갈 5:22)은 세상이 알 수도, 또 줄 수도 없는 – 오직 당신께서만 주실 수 있는 – 선물이라는 사실을 교훈하시기 위함이 아니었을까 추측해 봅니다.

"안심하여라! 두려워하지 마라… 그래서 기드온은 그곳에서 여호와께 제단을 세우고 이를 '여호와 샬롬'이라고 불렀습니다"라고 기록된 사사기 6장 23-24절에는 하나님을 일컫는 여러 명칭 중 하나인 "여호와 샬롬"이 등장하는데, 사실상 기드온이 처음 불렀던 하나님의 이름인 이 "여호와 샬롬"(יְהוָה שָׁלוֹם)은 히브리어로 "주님은 평화이시다"(Yahweh is Peace)라는 뜻을 가진 어휘입니다.

기독교인들 사이에서 "샬롬"(shalom [שָׁלוֹם: shâlōm])이라는

표현이 인사를 나눌 때 종종 사용되기도 하지만 본시 이 단어는 단순히 "평안·평강을 빕니다" 정도의 가벼운 인사보다 훨씬 더 깊고 넓은 차원의 개념임을 기억할 필요가 있습니다. 물론 '행복'이나 '성공'처럼 인간의 실제 삶과 관련된 축복의 의미가 일정 부분 포함되어 있는 것은 사실이라 해도, 본래 "건전하다", "건강하다", "완전하다"라는 뜻을 가진 "샬렘"(shalem [שָׁלֵם: shâlêm])의 명사형 "샬롬"이 히브리 원어에서 갖는 어원적 의미는 "온전함"(integrity), "순전함"(wholeness) 등이기 때문입니다.

지금까지 세 개의 장에 걸쳐 다루어진 제사장의 세 가지 축복 기원(민 6:24-26) 가운데 그 세 번째이자 마지막 항목에 해당하는, 그리고 "여호와께서 그 얼굴을 너를 향해 드시고 네게 평강을 주시기를 비노라"는 말로 26절에서 간구된 "평강"(화평, 조화)은, 한 마디로 요약할 때 "종합적 축복"이라는 표현으로 함축될 수 있는 개념입니다. 이것은 "평강"이라는 축복이 구약성경에서 "안녕과 평안"(창 43:27; 출 18:7; 시 35:27; 사 38:17), "번영과 복지"(신 23:6; 욥 15:21), "건강과 치유"(삼상 25:6; 렘 6:14) 등의 총체적 의미로 사용되고 있기 때문인데, 이처럼 다양한 뜻을 가진 "샬롬"이라는 말을 단순한 인사로 간주하기보다 "여호와여 주께서 우리를 위하여 평강을 베푸시오리니 주께서 우리의 모든 일도 우리를 위하여 이루심이니이다"(사 26:12; 개역개정)라는 구절이 시사하는, 즉 "주님께서 우리를 위해 하신 모든 일"을 "우리가 결국 이루어 낼 수 있도록 돕는" 전제 조건이라고 정의함이 보다 적절하다는 것이지요.

위에 소개된 정의와 일치하는 맥락에서 신학자 존 더햄(John Durham)은 "샬롬"이 "우리 주변의 모든 삶의 현장, 모든 인간 관계 안에서 총체적, 궁극적으로 경험될 수 있는 충만하고도 온전한 은혜의 상태"라고 묘사했습니다. "보아라, 좋은 소식을 전하는 사람, 평화를 알리는 사람이 산을 넘어서 달려온다"(나 1:15; 표준새번역, 새번역; 참조. 사 52:7; 롬 10:15)라는 예언서의 구절에는 "평화"가 "좋은 소식"(good news), 즉 "복음"(Good News)과 동일한 개념으로 제시되어 있고, "발에는 평화의 복음을 전할 차비를 하십시오"(엡 6:15; 새번역)라고 권면하는 서신서의 구절은 "평화의 복음"(the gospel of peace)이라는 표현을 통해 그 두 개념이 동격임을 - "동격의 of"를 사용하여 - 명확히 하고 있기도 합니다. "복음"이야말로 인간이 삶에서 경험할 수 있는 가장 완전하고도 순전하며 충만한 은혜이니 말입니다.

그렇기에 성경은 "그러므로 우리는 서로 평화를 도모하는 일과, 서로 덕을 세우는 일을 힘씁시다"(롬 14:19; 표준새번역), "그리스도의 평강이 여러분의 마음을 지배하게 하십시오. 이 평화를 위해 여러분은 한 몸으로 부르심을 받았습니다"(골 3:15; 참조. 롬 12:18; 살전 5:13)와 같은 평화에의 권면을 거듭하는가 하면, "평화를 이루는 사람은 복이 있다. 그들이 하나님의 자녀라고 불릴 것이다"(마 5:9; 표준새번역)라는 축복의 제언도 함께 전하고 있는 것이겠지요.

"샬롬"(shalom)이라는 인사말을 즐겨 쓰는 분들에겐 다소 의외의 사실이 될지 모르지만, 한국어 성경과 영어 성경 버전 거의 모두를 살펴봐도 사사기 6장 24절 외의 다른 구절에서는 이 단어가 발견되지 않습니다. 대신 그와 발음이 비슷하고 의미 또한 유사한 "살렘"(Salem [سالِم: Sālim])이라는 지명(地名)을 네 구절에서 발견하게 되는데, "살렘 왕 멜기세덱이 떡과 포도주를 가지고 나왔으니 그는 지극히 높으신 하나님의 제사장이었더라"는 창세기 14장 18절을 비롯하여, "이 멜기세덱은 살렘 왕이요, 지극히 높으신 하나님의 제사장이었습니다"(새번역), "그의 이름의 뜻은 첫째로 '의의 왕'이고 다음으로 '살렘 왕', 곧 '평화의 왕'입니다"라고 설명하는 히브리서 7장 1, 2절에서 이 "살렘 왕"에 대한 소개가 이어집니다. 시편 76편 2절에서는 "살렘에 그 장막이 있고 시온에 그분이 계시는 곳이 있습니다"라는 지역에의 언급도 발견되지요.

　"샬롬"이 히브리어인 것과 달리 이 "살렘"은 팔레스타인인들이 사용하는 아랍어(Arabic)로, 위의 네 구절에서 치역 명으로 사용된 이곳은 멜기세덱이 왕과 제사장을 겸임했던 고대 도시를 가리킵니다. 고대 유대의 전승에서는 "살렘"이 "예루살렘"과 동일시된다고 하거니와 성경에서도 실제로 그에 대한 증거를 찾아 볼 수 있습니다. 아브라함이 소돔 왕과 멜기세덱을 만난 곳이 "사웨 골짜기"(the Valley of Shaveh), 즉 "왕의 골짜기"(the King's Valley)였으며(창 14:17-18) 오랜 세월 후 다윗 왕의 아들 압살롬이 그곳에 기념비를 세웠다는 사실(삼하 18:18)로 볼 때 이 지역은 이스라엘 왕국의 수도 예루살렘(יְרוּשָׁלַ͏ִם; yerushaláyim) 근처였을 것으로 추정되니까요. "네 눈이 예루살렘, 평화로운 거주지, 옮겨지지 않은 장막을 보게 될 것이다"(사 33:20)라는 선포에서도 "예루살렘"(Jerusalem)이 "살렘의 도시"(Jeru-shalem), 즉 평화, 평안의 도시임을 확인할 수 있습니다.

멜기세덱이 왕이자 제사장으로 통치했던 장소, 또한 다윗의 후손인 왕들과 레위인 제사장들이 사역했던 장소인 - 위에 언급된 시편 76편 2절이 "시온"(Zion)과의 대구, 동격의 형태로 제시한 곳이기도 한 - 평화의 도시 "살렘"에서, "멜기세덱의 서열을 따른" 대제사장으로 택함 받으신 예수 그리스도가 "평화"의 본류인 "복음"을 위해 십자가에 달리신 것은 하나님의 완벽한 계획에 따른 일이었습니다. "평강의 하나님, 곧 양들의 큰 목자이신 우리 주 예수를 죽은 사람 가운데서 영원한 언약의 피로 이끌어 내신 분"(히 13:20)으로 묘사된 하나님에 의해 "그분의 십자가의 피로 평화를 이루셔서, 그분으로 말미암아 만물을, 곧 땅에 있는 것들이나 하늘에 있는 것들이나 다, 자기와 기꺼이 화해"(골 1:20; 새번역)되었다는 선언이 이를 뒷받침하고 있듯 말입니다.

사사기에서 빈번하게 목격되는 어휘 중 하나인 "샤카트"(shaqat [שָׁקַט: shaw-kat'])는 사사들의 사역 기간 동안 이스라엘이 "평온했다"고 기록된 구절들(삿 3:11, 30; 5:31; 8:28)에 등장하는 의미 깊은 표현입니다. 영어 성경에서 "peace" 혹은 "rest"로 번역되곤 하는 이 "샤카트"는, 그러나 "살렘" 혹은 "샬롬"과 같은 의미의 평화라고 말할 수 없습니다. 인간인 사사들에 의해 전쟁이나 환란 등이 잠시 멈춘 "태평"의 상황('소극적' 평화라고 불릴 수 있을)을 뜻하는 말일 수는 있지만 기드온이 "여호와 샬롬"(Jehovah Shalom), 이사야가 "평화의 왕"(Prince of Peace)이라고 지칭할 때 사용된, 우리 주님께서만 주실 수 있는 - 온전하고 완전한, 그리고 동시에 '적극적'인 - 평화와 같은 것일 수 없기 때문입니다.

"여호와께서 그 얼굴을 너를 향해 드시고"라는 민수기 6장 26절에서의 "얼굴을 향해 드시다"라는 표현이 "열망(熱望)을 가지고 쉼 없이 바라보는 것"을 뜻한다는 점에서, "여호와께서 그 얼굴을 네게 비추시고"(민 6:25)라고 한 앞 구절의 "얼굴을 비추는" 일보다 훨씬 구체적이고 적극적인 행위라는 해석을 읽은 적이 있습니다. 하나님께서 그처럼 열정적이고 일관적인 태도로 베푸시는 축복에 의해 우리에게 주어진 평강의 모습을 상상하다 보니, 예전에 제가 썼던 글 가운데 "'잠잠히 주님을 기다리는' 일은 스스로의 선택과 결단이 요구되는 행동이자 주님을 열심히 '찾고 구하는' 적극적이고 능동적인 행위이기도 하다"는 대목이 기억났습니다. 주님께서 선물하신, 세상이 줄 수도 알 수도 없는 평강을 우리가 누리고 지켜 내기 위해서도 그와 같이 "적극적이고 능동적으로 하나님을 찾는" 자세가 요구될 것이리라 한 번 더 마음속에 새기게 됩니다.

21장 질투하시는 하나님(1)

> "너희 가운데 계시는 너희 하나님 여호와는 질투하시는 하나님이니"(신 6:15).

지금까지 하나님의 품성, 즉 약속을 지키시면서도 결심을 돌이키시고, 보호하시며 평강을 주시는 크나큰 사랑과 자비에 대해 논의해 왔는데, 그처럼 자비롭고 사랑이 크신 하나님께서 동시에 "질투"의 마음도 가지신 분이라고 말한다면 뭔가 조화롭지 못한, 상충하는 이야기처럼 느껴질 수 있을 것입니다.

그러나 "하나님의 질투"라는 개념을 두고 목사이자 작가인 카일 아이들먼(Kyle Idleman)이 "종종 우리 '마음'을 질투하시는 하나님의 '질투'는 어떤 옹졸함이나 불안정한 성향 때문이 아니라 우리를 향한 그분의 형언할 수 없는 사랑에서 비롯되는 것이다. 누군가와 공유하는 정도로 만족하기에는 우리를 향한 그분의 사랑이 너무나 크고 뜨겁기에 말이다"라고 했던 말의 핵심을 들여다보면, 하나님께서 우리를 질투하시는 행위가 어떤 뜻밖의 동기에서 유발된 이상 현상이 아니라 우리에 대한 이루 형언할 수 없는 사랑에 기인한 반응이라는 사실을 자연스레 인정하게 됩니다.

인간적 관점에서만 생각한다면 "질투한다"는 말은 사람 사이에서조차 무례하다고 여겨질 수 있는 표현이지만, "너희 가운데 계시는 너희 하나님 여호와는 질투하시는 하나님이니"(신 6:15)라는 말씀에 명시되어 있듯 하나님의 품성 중 "질투"가 존재한다는 것은 성경에도 정확히 기록되어 있는 ─ 불경(不敬)의 소지 없는 ─ '팩트'입니다. 십계명의 두 번째 조항인 "우상을 만들지 말라"는 계명과 함께 주어진 "너는 그것들에게 절하거나 예배하지 마라. 네 하나님 나 여호와는 질투하는 하나님이니", "너희는 다른 신에게 절을 하여서는 안 된다. 나 주는 '질투'라는 이름을 가진, 질투하는 하나님이기 때문이다"(출 20:5; 34:14; 표준새번역, 새번역; 참조. 신 5:9)라는 명령에서부터 이미 확인되는 사실이니까요.

세겜에서 언약 갱신을 하던 여호수아의 "너희가 여호와를 능히 섬기지 못할 것은 그는 거룩하신 하나님이시요 질투하시는 하나님이시니"(수 24:19-20; 개역개정)라는 최후 전언과, 니느웨에 관한 묵시에 의해 "주는 질투하시며 원수를 갚으시는 하나님이시다"(나 1:2; 표준새번역)라고 전달된 하나님의 메시지는 물론, "그들은 이방 신을 섬겨서 주께서 질투하시게 하였으며, 역겨운 짓을 하여 주께서 진노하시게 하였다"(신 32:16; 표준새번역), "그들은 타락한 세대, 진실이라고는 털끝만큼도 없는 자들이다. 우상을 섬겨서 나를 격분시켰고, 신이 아닌 것들을 신이라고 섬겨서 나의 질투에 불을 붙였다"(신 32:20-21; 표준새번역, 새번역)라며 건네진 책망에 의해서도, 질투로 인한 하나님의 분노가 그분의 사랑의 이면임은 성경이 명확히 입증하는 바입니다.

"주 너희의 하나님은 삼키는 불이시며, 질투하는 하나님이시다"(표준새번역), "만약 너희가 너희 하나님 여호와께서 너희에게 명령하신 언약을 어기고 다른 신들에게 가서 섬기고 그들에게 절하면 여호와께서 너희를 향해 불같이 진노하실 것이며"(신 4:24; 수 23:16)라며 우리에 대한 하나님의 사랑이 "모든 것을 불사르는(all-consuming) 사랑"임을 - 그렇기에 주님께서 우상 숭배에 '불같이' 진노하실 수밖에 없음을 - 상기시키는 말씀들뿐 아니라, 하나님의 "질투적 사랑"과 그분의 "질투적 분노"에 대한 책이라고 해도 과언이 아닐 스바냐서에 "그들의 은도, 그들의 금도 그들을 구해 낼 수 없을 것이다. 여호와의 진노의 날에 그의 질투의 불이 온 땅을 태울 것이다", "내가 민족들을 불러모으고, 나라들을 모아서, 불같이 타오르는 나의 이 분노를 그들에게 쏟아 놓기로 결정하였다. 온 땅이 내 질투의 불에 타 없어질 것이다"(습 1:18; 3:8; 표준새번역, 새번역)라고 기록된 두려운 예언들 역시 우리 하나님께서 사랑의 하나님이신 동시에 진노의 하나님이기도 하심을 확인시켜 주는 구절들이지요.

하나님을 떠나 우상과 이방 신을 따르고 숭배하는 행위에 대한 경계는, "너희 가운데 다른 신을 두지 말고 이방 신에게 경배하지 말라"(시 81:9)고 대언된 시편이나 "너희는 다른 신들을 경외하지 말고 그들에게 절하지 말며 섬기지도 말고 제사하지 말라",

"내가 너희와 세운 언약을 잊어서는 안 된다… 오직 너희는 주 너희의 하나님만을 경외하여야 한다. 그분만이 너희를 모든 원수의 손에서 구원하여 주실 것이다"(왕상 17:35, 38-39; 표준새번역, 새번역)라는 역사서의 권면에 그치지 않고, "그들이 돌아서서 다른 신을 섬기는 온갖 악한 짓을 할 것이니, 그 날에 내가 틀림없이 내 얼굴을 그들에게서 숨기겠다"(신 31:18; 표준새번역)라는 모세오경에서의 '위협적' 경고를 통해 주의 백성들에게 가장 두려운 처벌, 즉 하나님의 "얼굴 숨기기"가 예고되어 있기도 합니다.

최근의 한국 대중문화에서 "아이돌"(idol)이라는 단어가 "팬덤을 두텁게 형성한 젊은 가수 집단"쯤의 의미로 이해되면서 반감은커녕 오히려 선망을 불러일으키는 어휘로 받아들여지는 현실이지만, 사실 "우상"이라는 말이 그렇게 생각 없이 사용될 수 있는 개념은 결코 아님을, 국어사전과 영어 사전에 정의되어 있는 그 단어의 의미에서 확인할 수 있습니다.

국어사전이 설명하는 "우상"의 첫 번째 뜻이 "특정한 믿음이나 의미를 부여하여 나무, 돌, 쇠붙이, 흙 따위로 만든 형상"이듯 영어 사전 역시 "idol"의 의미를 "신과 같이 섬기는 그림 · 조각"으로 정의하고 있는데, 이런 개념으로서의 "우상"에 대한 주님의 우려가 "골짜기의 매끄러운 돌들을 자기 것으로 골라서 그 돌들을 바로 그 돌들을 네 운명의 돌로 삼으며, 심지어 그것들에게 술을 붓고 곡식을 바치기까지 하니 이런 것들을 내가 어떻게 눈감아 주겠느냐?"(사 57:6)라는 힐문에 함축되어 있음을 성경 속에서 발견합니다.

"깎아 만든 우상을 믿는 자와, 부어 만든 우상을 보고 '우리의 신들이십니다' 하고 말하는 자들은, 크게 수치를 당하고 물러갈 것이다"(사 42:17; 표준새번역, 새번역; 참조. 사 44:11; 45:16)라는 이사야서의 말씀과 "도둑이 붙잡히면 수치를 당하듯이, 이스라엘 백성, 곧 왕들과 고관들과 제사장들과 예언자들이 수치를 당하였다. 그들은 나무를 보고 '나의 아버지'라고 하고, 돌을 보고 '나의 어머니'라고 하였다"(표준새번역, 새번역), "모든 사람이 분별력이 없고 지식이 없고 세공장이들 모두가 그의 우상들로 수치를 당합니다"라고 기록된 예레미야서의 구절들(렘 2:26-27; 10:14; 참조. 사 45:20; 렘 51:17)처럼 물질에 불과한 우상을 숭배함으로 빚어질 '수치'에 대해 주어진 예고는, 만약 하나님께서 당신이 사랑하는 이들에게 해를 끼칠 대상에게 분노하실 수 없다면 이는 결국 그분께서 "진정한 사랑을 하실 수 없다"는 의미리라는 결론으로 읽는 이들을 인도합니다.

하나님이 성경을 통해 어떤 형태로든 우상을 만들지 말라고 명령하시는 것은, 선지자의 입을 빌어 건네셨던 "너희가 하나님을 누구와 같다 하겠으며, 어떤 형상에 비기겠느냐?"(사 40:18; 표준새번역, 새번역)라는 반문처럼 당신께서 형상으로 제한될 수 있는 분이 아니기 때문입니다. "주께서 불길 속에서 너희에게 말씀하셨으므로, 너희는 말씀하시는 소리만 들었을 뿐, 아무 형상도 보지 못하였다. 너희는 오직 소리를 들었을 뿐이다"(표준새번역),

"여호와께서 호렙 산의 불 속에서 너희에게 말씀하시던 그날에 너희는 아무 형상도 보지 못했다. 그러니 너희 스스로 매우 조심해야 한다"(신 4:12, 15)라는 모세의 권고도, '형태'로 현현하기에는 너무나 장대하기에 '음성'으로만 스스로를 드러내신 하나님을 형상화하는 시도가 큰 죄악일 수밖에 없다는 사실을 방증해 주는 것이고 말이지요.

출애굽기와 신명기에서 "형태"(image, form)를 갖춘 우상에 대한 경계가 특히 자주 발견되는 것은 이스라엘 민족이 직면했던 당시 상황과 무관하지 않은 일입니다. 아들 요셉을 찾아 이집트로 내려갔던 야곱 일행이 스스로를 칭한 명칭이 "목자"였을 뿐더러 (창 46:34; 47:3) 이집트를 떠나 광야를 지나는 동안에도 데리고 나온 가축들을 돌보는 데 주력했을 만큼 유목민으로서의 삶에 익숙했던 그들이 앞으로 들어가 살 가나안은 농경을 생업으로 하는, 더구나 "바알"(Baal)이라는 토속신을 숭배하는 지역민들이 이미 거주하고 있던 땅이었으니까요.

"주인" 혹은 "소유자"라는 뜻을 지닌 바알은 풍요와 번성, 다산(多産) 등을 상징하는 "땅의 주인"이자, 비가 꼭 필요한 농경 사회에서 "폭풍우의 신"으로, 그리고 바람, 구름, 천둥, 번개 등의 '힘'을 주관하는 존재로 인식되던 남성신이었습니다. 이 바알이 "아세라"나 "아스다롯" 같은 "땅의 여신"과의 성관계로 비가 내린다고 믿던 - 본래 "아세라"는 바알의 모신(母神)이고 "아스다롯"은 바알의 아내지만 그 둘 사이에 특별한 구분이 없었던 듯하기에

– 당시 사람들에게 이 신들의 존재감은 실로 막강한 것이었겠지요.

이러한 배경을 가진 가나안에 입성하게 된 이스라엘은, 당신의 "형상 없음"을 강조하며 우상을 만드는 일을 철저히 금하신 여호와와 달리 그 땅의 바알 신'들'(각 지역마다 각각의 바알이 있다고 믿었기에)은 가시적 형체를 가진 신이라는 사실, 게다가 기후와 계절 등 자연의 변화에 좌우되는 불안한 농경 생활에서도 그곳의 토착민들은 풍성한 수확을 누린다는 사실을 알게 되면서 그들이 섬기는 신에 대해 관심을 갖지 않을 수 없었습니다.

그런 측면에서 생각하면 "그 땅에는 우상들이 가득합니다. 그들은 자기 손으로 만든 작품에, 자기 손가락으로 만든 것에 절을 합니다", "이방 나라의 우상은 금과 은으로 된 것이며, 사람이 손으로 만든 것이다. 입이 있어도 말하지 못하고, 눈이 있어도 볼 수 없으며, 귀가 있어도 듣지 못하고"(사 2:8; 시 115:4-6; 표준새번역; 참조. 사 46:7; 합 2:18-19; 시 135:15-17)라는 선지서와 시가서의 경계를 통해 우상 숭배의 어리석음을 끊임없이 상기시키신 하나님의 노력에도 불구하고 농경의 경험이 전무하던 히브리인들이 "그 땅의 주인"이라는 신들에게 의지하기 시작한 것은 어쩌면 자연스러운 현상이라고 말할 수 있을지 모르겠습니다.

"농사에 적합한 신"이 따로 있다고 여겼던 이스라엘의 어리석음 못지않게 "평지에서 싸울 때 더 유리한 신"이 있다고 생각한 아람 사람들의 발상 역시 참으로 어이없다고 해야 할 것입니다.

그 나라의 신하들이 자신들의 왕에게 "이스라엘의 신은 산의 신입니다. 저번에는 산에서 싸웠으므로, 우리가 졌습니다. 그러나 평지에서 싸우면, 우리가 그들을 반드시 이길 것입니다"(왕상 20:23; 표준새번역, 새번역)라면서 "잃은 수만큼, 군대와 기마와 병거를 보충하십시오. 그런 다음에 평지에서 싸우면, 틀림없이 우리가 이길 것입니다"(왕상 20:25; 새번역)라고 장담하는 열왕기의 내용들에서 엿보게 되는 바와 같이 말이지요.

본래 다신론적 가치관이 근간에 있는 데다 환란 때마다 다른 신에게 눈을 돌리는 이스라엘을 종종 목격했던 인근 이방인들이 하나님에 대해 이처럼 '과소평가'하는 것이야 그럴 수 있다 치더라도, "아람 사람들이 여호와는 산의 신이지 골짜기의 신이 아니라고 했다. 그러므로 내가 이 엄청난 군대를 네 손에 줄 것이다. 그러면 너는 내가 여호와임을 알게 될 것이다"(왕상 20:28)라는 선언과 더불어 패역과 불순종의 대명사인 아합 왕의 전쟁에서까지 놀라운 승리를 선사하셨던 주님으로 하여금 "이스라엘에는 하나님이 안 계셔서 너희가 에그론의 신 바알세붑에게 물으러 가느냐?"(왕하 1:3, 6, 16)라는 힐문을 세 번이나 반복하시도록 만든, 소위 하나님의 백성이라는 그들의 행위는 비난 받아 마땅할 처사입니다.

하지만 이런 이스라엘의 모습, 즉 전쟁 상황에 직면하거나 당황스런 현실을 만나면 바알의 제단을 파괴하며 여호와께 읍소하다가도(삿 6:28; 왕하 11:18; 18:4; 23:13-15; 대하 23:17; 31:1; 34:4) 문제가 해결되고 일상의 농경 생활로 돌아오면 다시 바알에게 의지하던 그들의 태도는, 절박하고 위급한 상황에서는 하나님께 간절히 매달리다가 문제가 해결되고 상황이 나아지면 또 다시 자기 눈에 더 크고 중요해 보이는 대상으로 시선을 옮기곤 하는 우리 자신의 모습이 아닐지 스스로를 되돌아보도록 만들지요.

바알 제사장들과의 대결에서 엘리야의 제단에 불을 내리고 물을 말려 버림으로써(왕상 18:38) 당신만이 진정한 주이심을 입증하신 하나님께서는, 애타게 비를 기다리던 그들에게 큰비를 허락하며(왕상 18:45) "비의 신", "폭풍우의 신"이기도 한 스스로를 증명하셨습니다. 엘리야를 통해 농경 사회에서 가장 필수적인 비가 몇 년간 그쳐질 것을 선포하시고(왕상 17:1) 실제로 3년간의 가뭄 이후에야 비를 허락하신 것은, 하나님 당신이 바알과 '분야'를 나누어 특정 부분만 담당하는 "부분적 신" 혹은 "지역의 신"일 수 없으며 백성들의 생활 영역 전반에의 주관을 넘어 온 우주를 다스리는 역사의 주인임을 그들이 깨닫도록 하기 위함이셨을 것입니다.

여호와 하나님이 전시에 요긴한 "전쟁의 신"이긴 하지만 일상의 삶에는 "농경의 신"이 필요하며, 산에서 발발하는 전쟁에 유리한 "산의 신"일지 몰라도 "평지의 신"일 수는 결코 없으리라 여기던 그들의 생각이 혹 우리 마음속에도 자리 잡고 있지는 않은지, 진정 우리가 하나님을 비와 바람, 폭풍우의 신이시며, 산과 골짜기, 평지의 신이시고, 전쟁 때나 평화 시나 모든 상황을 주관하는 유일한 주님이시라고 마음 깊이 인정하고 있는지, 그리하여 그런 하나님의 질투를 유발하지 않는 삶을 실제로 살아가고 있는지, 진지하게 숙고해 보아야 할 일입니다.

22장 질투하시는 하나님(2)

> "너희가 섬길 자를 오늘 택하라 오직 나와 내 집은 여호와를 섬기겠노라"(수 24:15).

앞 장에서 국어사전과 영어 사전이 제시하고 있는 "우상"과 "idol"의 첫 번째 정의가 각각 "특정한 믿음이나 의미를 부여하여 나무, 돌, 쇠붙이, 흙 따위로 만든 형상", 그리고 "신과 같이 섬기는 그림·조각"이라는 사실을 인용했지만, 오늘날의 현대인들이 "우상"과 관련해 드러내는 근본적 문제점은 실상 그 두 번째 정의, 즉 "신처럼 숭배의 대상이 되는 물건이나 사람"(국어사전)과 "맹목적으로 숭배하는 대상"(영어 사전)이라는 풀이에서의 "대상"이라고 하는 말 속에서 핵심을 찾을 수 있을 듯합니다. 현시대를 살아가는 많은 이들이 드러내는 물신숭배(物神崇拜)의 양상은 나무, 돌, 흙으로 만든 형상이나 그림, 조각 등에 대한 것이 아니라 재력, 권력, 학력과 같은 '세상적 능력'을 향한 숭배의 형태로 나타나기 때문입니다.

그런 만큼 지금 이 순간을 살고 있는 우리가 우상에 관한 경계의 말씀을 접할 때 유념해야 할 측면은 구체적 '실체'를 갖춘 조각상에의 섬김이라기보다, 각자가 살아가며 자신도 모르는 사이 우선순위에 두고 있는 '동경'과 '흠모'의 대상을 향한 마음가짐이라고 할 수 있겠습니다.

"우상을 만드는 사람들은 우상처럼 될 것이요 우상을 의지하는 사람들도 그렇게 될 것입니다", "우상을 만드는 자들은 모두 허망한 자들이다. 그들이 좋아하는 우상은 아무 쓸모가 없는 것들이다. 이런 우상을 신이라고 증언하는 자들은 눈이 먼 자들이요, 무지한 자들이니, 마침내 수치만 당할 뿐이다"(시 115:8; 사 44:9; 표준새번역, 새번역; 참조. 시 135:18)라는 경고들에서의 "우상을 만드는 사람", "우상을 의지하는 사람"이라는 말을, 깎거나 주조한 눈에 보이는 조각상을 만들고 의지하는 사람이라는 지칭으로만이 아니라 "부지불식 중 자신의 마음속에 숭배의 대상을 만들어 그것에 기대고 의지하게 된 사람"을 가리키는 의미로도 이해할 수 있듯, "너희 조상들이 내게서 무슨 불의함을 찾아냈기에 그들이 나를 떠나 헛된 우상을 따르고 우상처럼 헛되게 됐느냐?"(렘 2:5)라는 주님의 한탄 역시 오늘날 우리의 관점에서는 하나님을 밀어내고 그 자리에 대신 올려놓은 '우상적' 대상에 대해 "질투"하며 한탄하시는 하나님의 꾸중으로 받아들여야 옳을 것입니다.

유다 왕 아마샤가 에돔 사람을 멸하고 돌아가면서 그들의 우상을 가져가 자기 신으로 삼고 숭배한 것에 진노하신 하나님께서 예언자를 통해 전하신 "이 신들은 자기들을 섬기는 그 백성들을 임금님의 손에서 건져 내지도 못하였는데, 임금님께서는 이 신들에게 비시니 어찌 된 일입니까?"(대하 25:15; 표준새번역, 새번역)라는 질책은, "그것[우상]들은 사람에게 재앙을 내릴 수도 없고, 복도 내릴 수가 없으니, 너희는 그것들을 두려워하지 말아라"(렘 10:5; 표준새번역, 새번역)라고 하셨던 권면과 마찬가지로 결국은 진정한 구원이 될 수 없는 우상, 우리가 처한 문제들의 궁극적 해결책이 될 수 없는 '재력'이나 '권력' 같은 물신의 한계에 대한 비판으로도 해석될 수 있는 말씀입니다.

사실 당시의 이스라엘도 자기 조상들의 하나님, 출애굽을 이끄신 하나님인 여호와로부터 완전히 등을 돌리려고 마음먹은 것은 아니었습니다. 앞 장에서 언급했듯 그들의 진정한 문제는 농사라는 생업과 관련된 부분에서는 바알에게 의지하다가 이방 적들의 공격처럼 급박한 상황을 만나면 여호와 하나님께 다시 도움을 요청하던 '지조 없는' 태도에 있었으니까요. 그것이 바로 하나님과 바알 어느 한쪽도 버리지 않고 함께 섬기려 했던 이들의 자세가 하나님을 온전히 떠나는 행위보다 오히려 더 큰 문제로 지목될 수 있는 이유이기도 합니다.

야훼와 바알을 동시에, 혹은 번갈아 섬기려 했던 이스라엘의 태도는 어떤 신이든 함께 믿는 일을 결코 "해 될 것 없는", 굳이 "안 될 것도 없는" 행위로 여기는 다신교 사상과 정확히 일치하는 삶의 방식입니다. 그 같은 '신앙'이라면 하나님에 대한 믿음조차 자신의 왕과 주인으로서가 아니라 성공과 번영의 발판, 즉 힘과 풍요를 가져다 주는 수단으로 신봉하는 일에 지나지 않을 테니까요.

그런 만큼, "그들은 주님도 경외하면서, 한편으로는 그들이 잡혀오기 전에 살던 그 지역의 관습을 따라, 그들 자신들이 섬기던 신도 섬겼다"(왕하 17:33; 표준새번역, 새번역), "이주해 온 민족들은 한편으로는 주를 경외하면서도, 다른 한편으로는 그들이 부어 만든 우상들을 또한 섬겼다. 그들의 자녀와 자손도 그들의 조상이 한 것을 오늘날까지도 그대로 따라 하고 있다"(왕하 17:41; 표준새번역)라고 하여 이방 민족의 기회주의적 다신주의를 비판한 열왕기의 내용들은 물론이지만, "그들은 여호와께서 명령하신 대로 이방 민족들을 멸망시키지 않았고 오히려 그 민족들과 섞여 그들의 관습을 배우고 그들의 우상들을 경배했으니 그것이 그들에게 덫이 되고 말았습니다"(시 106:34-36)라는 말로 이스라엘의 동일한 죄악을 지목하고 있는 시편의 구절 역시 읽는 이들의 깊은 자성을 요구하는 말씀으로 받을 수 있을 것입니다.

이 같은 "종교적 혼합주의"는 이스라엘의 가나안 입성 이후 그들 가운데 내재하는 문제로 꾸준히 존속되다가, 어이없게도 솔로몬 왕("하나님의 마음에 합한 사람"으로 인정 받던 다윗의 '아들'인) 대에 와서는 시돈 출신인 그의 아내를 위해 허용된 아스다롯의 제사 의식과 더불어 바알 숭배까지 암묵적으로 공인되는(왕상 11:1, 5, 8) 지경에 이르렀습니다. 그렇게 본다면 금송아지 숭배를 조장한(왕하 10:29; 대하 11:15; 13:8) 여로보암의 북이스라엘 왕조 계보 중에도 특히 악했던 인물로 지목된 오므리의 아들 아합이 시돈 출신인 아내 이세벨을 위해 바알의 제의(祭儀)를 주도했음(왕상 16:31-32)은 그리 놀랄 일도 아니라고 해야겠지요.

엘리야와 바알 제사장들의 대결(왕상 18:21-40) 이후에도 '면면히' 지속되던 이스라엘의 종교적 혼합주의에 본격적으로 도전장을 내민 이는 선지자 호세아였는데, 여호와와 바알을 함께 섬기는 문제의 심각성을 부각하려는 그의 의도가 "이스라엘은 열매가 무성한 포도덩굴, 열매가 많이 맺힐수록 제단도 많이 만들고, 토지의 수확이 많아질수록 돌기둥도 많이 깎아 세운다"(호 10:1; 표준새번역, 새번역)라는 비유 속에 명확히 드러납니다.

자신의 마지막 설교에서 목전에 놓인 가나안 땅에 들어가 "먹고 배부를" 후의 이스라엘의 태도를 예기하며 "너희는 스스로 조심하라. 그렇지 않으면 너희가 마음이 흐려져 다른 신들을 경배하고 절할 것이다. 그때는 여호와의 진노가 너희를 향해 타올라 하늘을 닫아 비가 없게 하시고 땅에서 수확할 것이 없게 하실 것이다"(신 11:16-17; 참조. 레 26:26)라던 모세의 우려가 안타깝게도 정확히 적중함으로써, "오른쪽에서 갈라먹어도 배가 고프고 왼쪽에서 뜯어먹어도 배부르지가 않아서", "너희는 먹어도 배가 부르지 않을 것이며, 먹어도 허기만 질 것이며, 너희가 안전하게 감추어 두어도 하나도 남지 않을 것이며"(표준새번역, 새번역), "너희가 많이 심었지만 조금밖에 거두지 못하고 먹어도 배부르지 않고 마셔도 만족하지 못하고 입어도 따뜻하지 않으며 일꾼이 품삯을 벌어도 구멍 난 주머니에 넣는 격이 됐다"(사 9:19-20; 미 6:14; 학 1:6)라는 선지자들의 통한을 성경에서 만나게 되는 결과를 낳았습니다.

이 모든 말씀들은 "헛된 우상들을 따르지 말라. 저들은 너희에게 전혀 도움도 되지 않고 너희를 구해 낼 수도 없는 헛된 것들이다"(삼상 12:21)라면서 하나님의 크신 권능에 비하면 무력하고 무가치할 뿐인 우상의 실체를 백성들에게 상기시킨 사무엘의 유고와 더불어, 깎아 만든 조형물인 실체적 우상만이 아니라 우리가 자신의 삶을 '구원'해 줄 매개체로 착각하는 모든 대상에의 의존을 엄중히 경계하고 있습니다.

목사이자 신학자였던 팀 켈러(Timothy Keller)는 본인의 저서 『내가 만든 신』(Counterfeit gods)에서, 스스로 사랑하고 신뢰하는 대상이라면 무엇이든 '섬기는' 본능이 내재된 인간에게는 하나님보다 더 크게 마음과 생각을 차지하는 것, 하나님보다 더 삶에 필수적이라고 느끼며 중심의 자리에 두는 모든 것들이 우상이 된다고 지적합니다. 그와 함께, 무엇이든 "저것만 있으면 내 삶이 의미 있어질 거야. 나도 가치 있는 사람이 될 거야. 내가 중요해지고, 안정감이 들 거야"라는 생각을 마음속에 갖는 일, 다시 말해 하나님만 주실 수 있는 것을 다른 곳에서 얻으려는 생각 자체가 우상숭배라는 사실도 강조하지요.

이스라엘 신앙이 본래 어떤 경쟁자도 용납하지 않는 "질투하시는 하나님"에 대한 믿음을 기초로 하고 있듯, 기독교의 이념 역시 "너는 나 외에 다른 신을 알지 말라. 나 외에는 다른 구원자가 없다", "주님 밖에 그 어느 누가 하나님이며, 우리의 하나님 밖에, 그 어느 누가 구원의 반석인가?"(호 13:4; 삼하 22:32; 표준새번역, 새번역; 참조. 시 18:31; 사 44:8)라는 구약의 교훈과, "하나님은 오직 한 분이시고 하나님 한 분 외에는 다른 신이 없다는 말씀이 옳습니다", "세상에 있는 우상은 아무 것도 아니며 신은 하나님 한 분밖에 계시지 않는 것을 우리가 알고 있습니다"(막 12:32; 고전 8:4)라는 신약의 선언에 의해 대변되는, 혼합이나 절충을 인정하지 않는 믿음의 원칙에 근거하고 있음을 반드시 기억해야 옳을 것입니다.

"유일하신 하나님" 편(1장)에서 "기독교와 다른 종교들의 차이는 '유착'과 '전향'의 차이"라고 했던 아더 노크의 말을 인용하며 기독교를 선택하는 행위가 그 외의 다른 것들로부터 '돌아서서' 그들 모두를 '버리는' 일을 뜻한다는 사실을 언급한 바 있는데, 이러한 그의 말은 "너희가 섬길 자를 오늘 택하라 오직 나와 내 집은 여호와를 섬기겠노라"(수 24:15)는 여호수아의 공언에 그 뿌리를 두고 있는 주장이라고도 볼 수 있습니다.

그런 맥락에서, 이세벨의 보복을 피해 도망친 후 자포자기 상태에 있던 엘리야에게 "내가 바알에게 무릎을 꿇지 않고 입을 맞추지도 않은 사람들 7,000명을 이스라엘에 남겨 두었다"(왕상 19:18; 참조. 롬 11:4)라며 주신 하나님의 격려와, '살았다'는 이름은 가졌으나 실제로는 '죽었다'고 꾸중을 듣던 "사데" 교회를 –

"남은 자", "남은 물건"(Sardis [Σάρδεσιν: Sardesin])이라는 뜻의 이름이기에 – 향하여 "사데에는 자기 옷을 더럽히지 않은 사람 몇이 있다. 그들은 흰 옷을 입고 나와 함께 다닐 것인데, 그들은 그럴 자격이 있기 때문이다"(계 3:4; 표준새번역, 새번역)라고 전하신 주님의 말씀을 되새기다 보면, 하나님을 "택하고" 우상에게 "무릎 꿇지 않으며" 자신의 옷을 "더럽히지 않으면" 하나님께서 그 신실함을 인정하시고 칭찬해 주신다는 사실이 다시금 깨달아집니다.

인간이 우상으로 삼곤 하는 "물신"도 사실 그 자체가 나쁜 것이라고는 말할 수 없습니다. 그 구절을 읽을 때마다 현대인들에게 무척 큰 권위로 군림하는 "돈"의 '중립성'이라는 주제를 떠올리게 되는, 위에 소개한 예레미야 10장 5절("그것들은 사람에게 재앙을 내릴 수도 없고, 복도 내릴 수가 없으니, 너희는 그것들을 두려워하지 말아라")도 이 전제의 방증이 될 수 있겠지요. 돈이라는 물질이 그 자체로는 좋은 것도 나쁜 것도 아니지만 – "복"을 베풀 수도 "재앙"을 내릴 수도 없는 것이기에 – 그런 물질에 대한 우리의 숭배 때문에 그것이 '나쁜 것'으로 변질되는 경우가 대부분인 작금의 현실을 생각하면 더욱 그렇습니다.

보통 '좋을 수 있는' 것일수록 그것이 우리의 절실한 욕구를 채워 주리라는 기대를 더 크게 불러일으키며 보다 큰 선망의 대상이 되기 쉬운데, 여기에서 정말로 우려 되는 문제는 복도 재앙도 내릴 수 없는 대상을 '숭앙'하지 않고 지혜롭게 '이용'할 수 있는 지식과 분별력이 우리에게 없다는 데에 있습니다. "하나님께서 우리 '마음'을 질투하신다"는 표현을 사용한 카일 아이들먼 역시 "신들 사이의 다툼이 일어나는 전쟁터는 우리 마음속이다. 우리 마음이 바로 생각을 조형하는 주체이기 때문이다"라는 지적과 함께, "만약 우리가 가짜 신(false god)에게 예배한다면 이 땅에 지옥의 일부를 옮겨 오는 결과를 낳게 될 것이다"라는 두려운 경고를 전하기도 했으니까요.

하나님(God)께서 마음의 중심에 계시지 않으면 반드시 다른 '신'(god)이 그 자리를 차지하게 되는 것이 모든 인간의 본성이기에 "썩어 없어질 우상을 믿고 사는 사람들을 주께서는 미워하시니, 나는 오직 주님만 의지합니다"(시 31:6; 표준새번역), "다른 신을 좇는 사람들은 더욱 근심하게 될 것입니다. 나는… 그 이름들도 내 입술에 올리지 않을 것입니다"(시 16:4)라는 선포가 자신의 고백이 될 수 있도록 늘 근신하며 깨어 있으려는(벧전 5:8) 각성이 필요합니다.

그럴 때에만 "여호와의 날", 즉 "우상들은 다 사라질 것이다. 그 때에 사람들이, 땅을 뒤흔들며 일어나시는 주님의 그 두렵고 찬란한 영광 앞에서 피하여, 바위 동굴과 땅굴로 들어갈 것이다. 그 날이 오면, 사람들은, 자기들이 경배하려고 만든 은 우상과 금 우상을 두더지와 박쥐에게 던져 버릴 것이다"(사 2:18-20; 표준새번역, 새번역)라는 예언이 실현되면서 "하나님의 질투"가 완전히 종식될 "그날"이 하루라도 속히 도래하게 되겠지요.

23장 침묵하시는 하나님

> "하나님, 묵묵히 계시지 마십시오. 하나님, 침묵을 지
> 키지 마십시오. 조용히 계시지 마십시오"(시 83:1).

　　구약 성경의 마지막 책인 말라기가 기록된 것으로 추정되는
B.C. 450-425년경부터 예수 그리스도의 출현과 함께 A.D.의 역
사가 시작될 때까지인 약 400년의 기간은 하나님의 예언이나 계
시가 없었던 시기라 하여 "400년의 침묵기"(400 Silent Years) 혹
은 "신구약 중간기"(Intertestamental Period)라고 불립니다. "내
가 나의 특사를 보내겠다. 그가 나의 갈 길을 닦을 것이다. 너희가
오랫동안 기다린 주가, 문득 자기의 궁궐에 이를 것이다. 너희가
오랫동안 기다린, 그 언약의 특사가 이를 것이다. 나 만군의 주가
말한다"(말 3:1; 표준새번역, 새번역), "보라 여호와의 크고 두려운
날이 이르기 전에 내가 선지자 엘리야를 너희에게 보내리니"(말
4:5; 개역개정)라는 선지자 말라기의 대언처럼, 그의 사역이 끝난
후부터 예수님께서 직접 말씀으로 가르침을 재개(再開)하셨을 때
까지인 '소강상태'의 기간 동안 하나님의 그 어떤 메시지도 전해

지지 않은 고요한 침묵기가 이어졌기 때문입니다.

사람 사이에서도 말이 없으면, 특히 질문에 대한 대답이나 반응이 없으면 답답하고 참기 어려운 것이 인지상정인데, 말이 400년이지 하나님께서 그저 묵묵하게 계시는 짧지 않은 기간 동안 그런 상황을 인내해야만 했던 당시 사람들이 얼마나 괴롭고 힘든 시간을 보냈을지 상상만 해도 숨이 막힙니다. 하나님께서 먼 곳에 계시다고 느껴지는 것이 인간에게 얼마나 고통스러운 일인지는 "오 여호와여, 어찌하여 멀리 서 계시며 어찌하여 내가 어려울 때 숨어 계십니까?", "나를 멀리하지 마소서. 고난이 가까이 있고 도울 사람이 하나도 없습니다"(시 10:1; 22:11; 참조. 시 43:2; 22:19; 71:12)라며 읍소하는 시편의 구절들에도 적나라하게 묘사되어 있으니 말입니다.

기독교인의 입장에서 가장 두려운 일 중 하나는 하나님께서 자신의 기도에 아무런 반응도 보이시지 않는 경우일 것으로, 말씀이나 상황 그 무엇으로도 전혀 응답을 느낄 수 없을 때 우리는 도대체 하나님께서 내 기도를 듣기는 하시는지, 귀를 닫고 계신 것은 아닌지 답답하고 초조한 마음을 이루 형언할 수 없게 됩니다.

총 150편으로 구성된 시편들 가운데 73편 '이상'을 - 그 외의 14편 정도도 그가 쓴 것으로 추정되기에 - 기록한, 그리고 그런 만큼 자신의 절박한 심정을 가장 빈번히 토로한 시편 기자라 할 다윗이 "나의 하나님, 온종일 불러도 대답하지 않으시고, 밤새도록 부르짖어도 모르는 체하십니다"(시 22:2; 표준새번역, 새번역), "반석이신 나의 주님, 내가 주님께 부르짖으니, 귀를 막고 계시지 마십시오. 주님께서 입을 다무시면, 내가 무덤으로 내려가는 사람같이 될까 두렵기만 합니다"(시 28:1; 새번역)라며 연이어 올린 호소들에서 그러한 갈급함을 생생히 느낄 수 있습니다.

하나님의 조속한 도움을 요청하는 탄원을 넘어 적의 악행에 대한 철저한 징계까지 요구함으로 "저주시"라고도 불리게 된 여러 시편들 가운데, "하나님, 내가 주님을 찬양합니다. 잠잠히 계시지 마십시오"(시 109:1; 표준새번역, 새번역)라며 '찬미'와 더불어 '요청'을 담아 낸 "간구"와, "오 여호와여, 주께서 이것을 보셨으니 잠잠히 계시지 마소서. 오 여호와여, 나를 멀리하지 마소서"(시 35:22)라 하여 자신을 괴롭히는 원수들의 패악을 '고발'한 "탄원", 그리고 "여호와여 나의 기도를 들으시며 나의 부르짖음에 귀를 기울이소서 내가 눈물 흘릴 때에 잠잠하지 마옵소서"(시 39:12; 개역개정)라는 간절한 표현의 – 압살롬의 반역 당시 혹은 밧세바와의 사이에 낳은 아들이 병중일 때 적었을 것으로 추정되는 – "참회"의 구절을 접하면서, 읽는 이들은 그 시를 쓴 기자(다윗)가 가졌을 애절함과 안타까움에 저절로 공감하게 됩니다.

기독교인은 물론 일반 독자들 사이에서도 널리 알려진 일본 작가 엔도 슈사쿠의 『침묵』은 하나님의 침묵, 즉 "침묵하시는 하나님"이라는 주제에 대해 고통스러울 만큼 진지한 묵상을 요구하는 책입니다. 저 개인적으론 하나님을 만나고 얼마 되지 않던 초신자 시절 선물로 받아 읽은 후 아직 믿음이 연약한 저에게 그 책을 선물하신 분이 원망스러웠을 만큼, 한동안 헤어나기 힘든 큰 충격의 기억을 남겨 준 책이기도 하지요. 하나님께서 왜, 무슨 이유로 아무 말씀 없이 침묵하시는지 인간인 우리가 정확히 파악한다는 것은 사실상 불가능한 일이며, 신학을 전공한 후 얻게 된 나름의 결론인, '신학'이라는 학문도 결국 "하나님을 향한 뜨거운 사랑으로 그분에 대해 좀 더 자세히 알기를 열망하게 된 사람들이 성실한 '추론'과 '가정'의 방식을 통해 인간이 '알 수 없는' 하나님을 연구하고 탐색하는 분야"일 뿐이라는 전제에 근거해 보더라도, 주님 앞에서 더욱 겸허해지는 방법 외에 그 질문에 대한 답을 얻을 특별한 해법은 없지 않을까 생각합니다.

사울 혹은 압살롬의 추격 당시 기록된 것으로 추정되는 시편에서 "내 하나님이여, 내 하나님이여, 왜 나를 버리셨습니까? 왜 이토록 멀리 계셔서 내 신음 소리를 듣지 않으십니까?"(시 22:1)라며 끝나지 않는 고난의 이유를 따져 묻는 다윗뿐 아니라, 남유다의 여호사밧 왕 시기 모압과 암몬, 에돔 등 이방 연합군의 침공이 예기되는 상황이었을 때 "하나님, 묵묵히 계시지 마십시오. 하나님, 침묵을 지키지 마십시오. 조용히 계시지 마십시오"(시 83:1; 표준새번역, 새번역)라는 세 가지의 다른 표현("묵묵히 계시다", "침묵을 지키시다", "조용히 계시다")을 사용하며 하나님의 말씀과 처분을 요청한 아삽, 또한 대다수의 시편들과 달리 찬송의 내용은 전혀 없이 시작부터 끝까지 자신의 고통과 좌절에 대한 토로를 이어 가며 "여호와 내 구원의 하나님이여 내가 주야로 주 앞에서 부르짖었사오니 나의 기도가 주 앞에 이르게 하시며 나의 부르짖음에 주의 귀를 기울여 주소서"(시 88:1-2; 개역개정)라는 말로 기도의 응답을 간곡히 청하는 고라 자손(에스라 사람 헤만) 역시, 이유모를 하나님의 침묵에 대한 절박한 심정을 가감 없이 드러내고 있습니다.

사울이 당신의 말씀에 불순종하는 조짐을 보이기 시작할 당시 "사울이 하나님께 여쭈었다… 그러나 하나님은 그 날 사울에게 아무 대답도 하지 않으셨다"(삼상 14:37; 표준새번역)라는 정도의 반응으로 대처하신 하나님께서, 그의 불순종이 완연한 모습을 드러낸 시점에는 "사울이 주께 물었으나, 주께서는 그에게 꿈으로도, 우림으로도, 예언자로도, 대답하여 주시 않으셨다"(삼상 28:6; 표준새번역)라고 할 만큼의 '강도 높은' 침묵으로 대응하셨는데, 이와 같은 하나님의 반응을 "예수께서는 묵묵히 아무런 대답도 하지 않으셨습니다"(막 14:61)라고 기록된 예수님의 침묵이나 "나의 하나님, 나의 하나님, 어찌하여 나를 버리셨습니까?"(마 27:46; 막 15:34; 표준새번역, 새번역)라는 애끓는 호소도 외면하신 하나님의 침묵과 비교해 보면, 당신께서 취하시는 각각의 침묵이 서로 다른 의미를 갖는 것임을 감지하게 됩니다.

이처럼 여러 모습으로 나타나는 하나님의 침묵의 이유를 인간인 우리가 깨닫고 이해하는 것은 물론 불가능한 일이겠지만, 그분에 대한 성실한 공부와 연구를 통해 하나님께서 그런 침묵을 사용하여 어떤 목적을 성취하시려는 것인지 '추측'하고 '짐작'하는 일은 여전히 우리에게 맡겨진 소명일 수 있습니다. 자신이 경험했던 핍박과 고난, 그에 따른 절망과 비통을 하나님께 호소한 다윗의 "비탄시"이자 약 1000년 후 예수님을 통해 모든 내용이 성취됨으로써 예수 그리스도에 대한 "예언시"로도 불리게 된 시편 22편은, 위에서 소개했듯 "내 하나님이여, 내 하나님이여, 왜 나를 버리셨습니까? 왜 이토록 멀리 계셔서 내 신음 소리를 듣지 않으십니까?"(시 22:1; 참조. 시 74:1)라는 탄식으로 첫 부분이 시작되지만, 이후 "주께서 나의 기도를 들어주셨습니다"(표준새번역), "도와 달라고 울부짖을 때 그 소리를 들으셨다"(시 22:21, 24)라는 구절들에서 분위기가 급반전될 뿐 아니라 그 중간 부분에서는 "내가 사람들 가운데서 주를 찬송하겠습니다. 너희 여호와를 경외하는 사람들아, 주를 찬양하라!"(시 22:22-23)라는 찬미, 찬송이 올려지기까지 합니다.

22편 1절과 유사한 기조를 취하면서 "오 여호와여, 어찌하여 멀리 서 계시며 어찌하여 내가 어려울 때 숨어 계십니까?"라고 힐문하는 시편 10편 1절 또한, "주께서는 불쌍한 사람의 소원을 들어주십니다. 그들의 마음을 붙들어 주시고, 그들의 소리에 귀를 기울여 주십니다"(표준새번역)라는 17절에서 감사의 선언으로 상황이 '급선회'하는 것을 보면, 앞선 1절도 하나님께서 멀리 계시고 숨어 계심에 대한 진정한 원망이라기보다 자신에게 그렇게 느껴진다는 인간적 감정을 그분께 전하고 토로하려는 의도가 아닐까 짐작하게 됩니다.

"반석이신 나의 주님, 내가 주님께 부르짖으니, 귀를 막고 계시지 마십시오. 주님께서 입을 다무시면, 내가 무덤으로 내려가는 사람같이 될까 두렵기만 합니다"라는 간청으로 시작하는, 역시 위에 언급된 시편 28편에서도 "애원하는 나의 간구를 들어 주셨으니, 주님을 찬양하여라"(표준새번역, 새번역)는 6절에서의 "간구를 들어 주셨다"(has heard my cry)라는 완료 시제를 통해 간절하던 기도가 찬양으로 급변함을 볼 때, 이들 모두를 "하나님의 '침묵'이 그리 길지 않음을 깨달은 자의 기쁨에 관한 시들"이라고 이름 붙여 한데 묶을 수 있지 않을까 싶기도 합니다.

"주님, 언제까지 나를 잊으시렵니까? 영원히 잊으시렵니까? 언제까지 나를 외면하시렵니까? 언제까지 나의 영혼이 아픔을 견디어야 합니까? 언제까지 고통을 받으며 괴로워하여야 합니까? 언제까지 내 앞에서 의기양양한 원수의 꼴을 보고만 있어야 합니까?"(새번역)라고 하여 "언제까지"(how long)라는 의문사가 첫 두 절 안에 다섯 번이나 제기되는 시편 13편이지만, "그러나 나는 주의 변함없는 사랑을 믿습니다. 내 마음이 주의 구원을 기뻐합니다. 주께서 내게 은혜를 베푸셨으니 내가 여호와를 찬송할 것입니다"라며 이어지는 5절에서 다윗이 급작스레 태도를 바꿀 수 있던 것은, 힘들고 고통스러운 상황 가운데 하나님의 "변함없는" 사랑을 기억하며 그 사랑에의 신뢰를 다시 회복하게 되었기 때문입니다.

무고한 죄목으로 당신을 체포한 공회와 대제사장에게(마 26:63; 막 14:61), 그리고 자신을 심문하는 빌라도와 헤롯에게도

(마 27:14; 막 15:5; 눅 23:9) 주님께서 묵묵부답으로 일관하셨음은 당신께서 십자가형으로 생을 마감하는 것이 "아버지의 뜻"이기 때문이었다는 사실에서 시사되듯, 다윗이 깨달았던 하나님의 사랑은 "우리를 버리지 않기 위해 하나뿐인 당신의 아들을 버리신 사랑"(롬 8:32)인 것입니다.

위에서 소개했던 엔도 슈사쿠의 책 『침묵』에 숨어 있는 깊은 함의 또한 "하나님께서 침묵하고 계셨던 것이 아니라 고통 받는 그들과 함께 고통을 당하고 계셨다"는 메시지입니다. 이는 철저한 침묵 가운데 철저한 순종으로 답하셨던 십자가 위 예수님의 고통이 주님 혼자만 겪은 외로운 고투가 아니라 아버지 하나님께서 동참하셨던 고난이었다는 사실과 정확히 일치하는 점이기도 합니다. 더욱이 예수님의 십자가 죽음까지 계속되던 하나님의 '침묵'에 곧바로 이어진 것이 바로 부활의 영광이었음을 생각할 때, 하나님의 이 같은 침묵은 부활과 새로운 생명의 등장 직전 나타나는 서광(曙光)이라고 불리어 마땅할 것입니다.

하나님께서 우리의 기도나 부르짖음에 '즉시' 응답하지 않으신다 하여 그 모든 상황을 "하나님의 침묵"으로 정의할 수 없을 것은 그분께서 인간의 상식이나 기대에 부응해 일하시는 분이 아니기 때문(사 55:8)이며, 그러한 맥락에서 보면 인간적 관점에 따라 "400년의 침묵기"라고 일컬어지곤 하는 "신구약 중간기" 또한 성경의 기록이 없다는 이유만으로 하나님의 일하심이 중단된 시기라고 말할 수도 없기 때문입니다.

애굽의 통치 아래 신음하던 이스라엘 백성에의 구원이 400여 년간 이어진 여호와의 '침묵' 이후 시작된 일이듯, 로마의 급속한 영토 확장이 이루어진 그 "침묵기" 동안 대제국의 건설 과정에서 사통팔달로 형성된 도로들 덕분에 – "모든 길은 로마로 통한다"(Omnes viae Romam ducunt)는 격언까지 생겨날 만큼 – 지중해 연안에서 주로 사용되던 코이네 그리스어(Koine Greek)가 그리스, 중동, 소아시아, 북아프리카에서까지 공용어로 자리잡으며 복음의 빠른 전파를 돕는 수단으로 작용할 수 있었습니다. 코이네 그리스어(헬라어)로 구약성경을 번역한 "70인역"(septuaginta/LXX)이 이때 완성되면서 메시아의 강림에 대한 기대도 그에 따라 환기되었다는 사실은, 그 기간 동안에도 쉼이 없었던, 아니 다른 어느 때보다 더 열정적이던 하나님의 일하심을 보여 주는 증거입니다.

우리에게 길게만 느껴지는 하나님의 "대답 없으심"도, "하루가 천 년 같고 천 년이 하루 같은"(벤후 3:8) 하나님께서 '하루' 정도 호흡 조절을 하고 계시는 것을 두고 무지하고 아둔한 우리가 긴긴 침묵으로 해석하고 있는 것일지 모릅니다. 물론 그러한 시간 중에도 크나큰 사랑을 근간으로 삼은 하나님의 구속 사역은 한 순간도 멈추지 않고 계속될 테지만 말입니다.

저자 스스로 자신이 지은 제목에 대해 후회가 된다고 말했다는 "침묵"이라는 책의 마지막 부분에 주인공 로드리고 신부가 남긴 "그분은 침묵하고 있었던 것이 아니다. 설령 그분이 침묵하고 있었다고 할지라도 나의 지금까지의 인생이 그분에 대하여 말하고 있다"라는 독백은, 종종 만나는 하나님의 침묵으로 마음이 힘 어질 때에도, 만약 그분의 뜨거운 사랑과 신실한 구원이 생생히 존재하는 '실상'이 아니라면 지금까지 저의 삶 자체도 실제로 존 재하지 않던 '허상'에 불과할 수밖에 없음을 자주 되새기곤 하는, 저 자신의 겸허한 고백이기도 합니다.

24장 배려하시는 하나님

> "갇힌 사람들의 신음 소리를 들으시고", "그 신음소리를 듣고 그들을 구원하기 위해 내려왔다"(시 102:20; 행 7:34).

최근 들면서 "~의 아이콘"(icon)이라는 표현이 많이 사용되고 그중에서도 "배려의 아이콘"이라는 말이 특히 자주 쓰이는 표현인 듯하지만, 그 어떤 "배려의 아이콘"이 세상에 존재한다 해도 우리 하나님처럼 핵심적이고 포괄적이신 배려의 표상은 찾기 어려우리라 생각됩니다. 14장의 "자비로우신 하나님" 편에서 지나치다고 할 만큼 세밀한 부분까지 일일이 살피시며 연약한 이들(고아, 과부, 이방인 등)을 배려하시는 하나님의 심정이 대변된 말씀들과 "구약의 여호와"를 무섭고 잔인한 '신'으로 잘못 이해하게 할 수 있는 – 주님의 품성에 대한 오해를 불러올 수 있는 – 성경 구절의 오역 문제를 살펴보았던 바와 같이, 우리 하나님께서는 세상 그 어떤 존재보다 사랑과 긍휼이 넘치시고 우리 모든 사람의 크고 작은 근심 걱정까지 알고 챙기시는 진정한 배려의 아이콘이시니 말이지요.

이런 하나님의 배려와 자상함에 대해 생각할 때 저에게 가장 먼저 떠오르는 구절은, "너희가 한 성읍을 점령하려고 둘러싸서 공격하는데 오랜 기간이 걸리더라도, 거기에 있는 과일나무를 도끼로 마구 찍어서는 안 된다. 과일은 따서 먹어라"(표준새번역)라고 하는, 일견 재미있게까지 느껴지는 신명기 20장 20절의 말씀입니다. 물론 하나님께서 과일나무에 대한 보호를 이처럼 명하신 것은 과목(果木)이 당신께서 인간을 위해 마련하신 '음식'의 공급원이며 전쟁 후에도 백성들에게 여전히 유용할 자원이기 때문입니다. 일단 잘라 버리면 다시 심고 자랄 때까지 오랜 시간이 걸릴 유익한 과목을 함부로 베어 자신들에게도 손해를 끼치는 결과가 생기지 않도록 전달된 명령이기에 그들을 향한 하나님의 자상한 배려를 실감하게 되는 구절인 것이지요.

하지만 이 말씀이 한 성읍을 진멸하기 위한 공격전에서 무분별하게 행해지던 - 당시 주변 국가들이 정복 지역에서 일삼던 - 파괴 행위를 답습하지 말라는 뜻으로 주어진, "나무"라는 생명체의 보호를 위한 지시이기도 함을 생각할 때, 개인과 사회, 이웃과 공동체는 물론 나무 한 그루에까지 미치는 하나님의 배려를 놀라운 마음으로 성찰하게 됩니다.

"만약 네가 네 형제의 소나 양이 길을 잃고 헤매는 것을 보면 그냥 지나치지 말고 반드시 그것들을 네 형제에게 데려다 주어라"(신 22:3)며 동물에 대해서도 별반 다르지 않으신 하나님의 배려를 보여 주는 신명기의 말씀 뒤에는 "만약 네가 네 형제의 나귀나 소가 길거리에 넘어져 있는 것을 보면 그냥 지나치지 마라. 넘어진 것을 일으켜 세워 주어라"(신 22:4)는 명령이 이어지는 데다, "네 원수의 소나 나귀가 길 잃은 것을 보면 반드시 주인에게 데려다 주어라. 네가 만약 너를 미워하는 사람의 나귀가 짐이 너무 무거워 주저앉아 있는 것을 보면 거기 그냥 놔두지 말고 반드시 도와 일으켜 주어라"(출 23:5)는 지시 또한 출애굽기에 기록되어 있음을 보며, 어떠한 개인적 감정과도 상관없이 베풀어져야 할 기본적 '배려'를 명하는 구절들이 성경 곳곳에 포진하고 있다는 사실을 다시 확인합니다.

"너희는 길을 가다가, 어떤 나무에서나 땅에서 어미 새가 새끼나 알을 품고 있는 것을 만나거든, 새끼를 품은 어미를 잡지 말아라"(신 22:6; 표준새번역), "그 어미인 암소나 암양을 그 새끼와 같은 날에 잡지 마라"(레 22:28)고 주신 지침뿐 아니라, 첫 열매와 장자의 헌납에 관한 규례(출 22:29) 뒤에 "너희 소나 양도 처음 난 것은 나에게 바쳐야 한다. 처음 난 것들은, 이레 동안은 어미와 함께 있게 하고, 여드렛날에는 나에게 바쳐야 한다"(출 22:30; 표준새번역, 새번역)라는 단서와 함께 붙여진 명령 역시, 창조물에 대한 창조주의 따뜻한 배려를 그대로 투영한 구절들입니다.

더불어 "너희는 새끼 염소를 그 어미의 젖으로 삶아서는 안 된다"(출 23:19; 34:26; 신 14:21; 표준새번역, 새번역)라고 하는, 이를 문자적으로만 해석한 유대인들이 치즈와 육류를 함께 먹지 말라는 정도의 의미로 받아들여 실천하고 있다는 규율 또한, 사실은

"염소 새끼를 어미의 젖으로 삶아 농경지에 뿌리면 풍년이 든다"고 믿던 당시 이방 민족들의 미신적 풍습을 경계하시면서, 세상의 방식으로 풍요의 개념을 이해하여 인간들의 유익만 추구하는 이기적이고 빗나간 문화를 따르지 못하도록 엄금하신 사랑과 자비의 권고였습니다. 아무리 동물 스스로는 알지 못한다 해도 새끼의 생명을 '살리는' 데 쓰여야 할 젖을 그것을 '죽이는' 데에 사용하는 일이 얼마나 잔인하고 이기적인 행위라 여기셨으면 같은 지적을 다른 두 책(출애굽기와 신명기)에서 세 번씩이나 반복하고 계실까 하는 생각이, 말씀을 읽다 보면 저절로 들지 않을 수 없지요.

힘없고 가난한 이들에의 배려를 특히 강조하시는 하나님께서 "맷돌은, 전부나 그 위짝 하나라도, 저당을 잡을 수 없다. 이것은 사람의 생명을 저당잡는 것과 마찬가지이기 때문이다"(신 24:6; 표준새번역), "만약 그 사람이 가난하다면 그 담보물을 가진 채로 자지 말고 해 질 무렵 그의 겉옷을 돌려주어 그가 덮고 자게 하여라"(신 24:12-13)고 정하신 원칙은, 그런 생필품을 담보로 맡기면서까지 남에게 무언가를 빌릴 수밖에 없는 - 요리 수단인 맷돌과 잘 때 덮을 겉옷마저 저당 잡혀 굶주림과 추위에 시달려야 할 - 어려운 형편의 사람들을 배려하시는 하나님의 자비와 사랑을 실감하게 만듭니다.

더욱이 위의 두 구절들 사이에는 "너희는 이웃에게 무엇을 꾸어 줄 때에, 담보물을 잡으려고 그의 집에 들어가지 말아라. 너희는 바깥에 서 있고, 너희에게서 꾸는 이웃이 담보물을 가지고 너희에게로 나아오게 하여라"(신 24:10-11; 표준새번역)는 지침도 자리하고 있는데, 이는 아무리 어려운 처지에 놓인 사람이라 해도 반드시 보호되어야 할 사적 영역을 노출해 최소한의 자존심마저 손상되는 상황이 야기되지 않도록 배려하신 명령인 동시에, 자신보다 사회경제적 수준이 낮은 이들이라 하여 함부로 업신여기거나 갑(甲)의 위치를 자처하면 안 된다는 사실을 일깨우시는 권고라고 말할 수 있습니다.

한편 "어떤 종이 그의 주인을 피하여 너희에게로 도망하여 오거든, 너희는 그를 주인에게 돌려보내서는 안 된다. 성 안에서 그가 좋아하는 곳을 택하게 하여, 너희와 함께 너희 가운데서 살게 하여 주고, 그를 압제하지 않도록 하여라"(신 23:15-16; 표준새번역)는 명령은 정당한 인권을 보장 받지 못하던 당시 노예들에 대한 하나님의 배려가 묻어나는 구절입니다. 고대 중근동 지역에서의 노예는 주인의 재산 중 일부로 취급 받는 존재였기에 도망친 노예가 발견되면 반드시 주인에게 돌려보내야 했으며, 도주한 노예에게 도피처를 제공하는 경우는 불법 행위의 죄목으로 처벌되었다고 합니다.

하지만 극심한 학대로 그 종이 목숨을 건 도주를 감행하게 만들 정도의 주인이라면 분명 가혹한 성격의 사람일 테니, 그런 주인에게 다시 돌려보낸다는 것은 무자비한 체벌과 죽음까지 예견되는 일이었겠지요. 그런 상황을 우려하신 하나님이기에 도주한 노예를 주인에게 돌려보내면 안 되며, 본인이 원하는 곳에 살도록 돌보면서 도움이 필요할 때 피난처가 되어 주라고 명령하시는 것입니다.

"어떤 사람이 자기의 남종이나 여종을 몽둥이로 때렸는데, 그종이 그 자리에서 죽으면, 그는 반드시 형벌을 받아야 한다"(표준새번역, 새번역)라는, 또한 그에 이어 "남종이나 여종의 눈을 쳐서실명하게 되면 그 눈에 대한 보상으로 종을 놓아주어야 한다", "또 남종이나 여종의 이를 부러뜨리면 이에 대한 보상으로 종을놓아주어야 한다"(출 21:20, 26, 27)라고 하는 규정들이 명기된출애굽기의 말씀 역시, 도주 노예의 은닉자를 처형하도록 명령하고 있다는 함무라비 법전(기원전 18세기 바벨론에서 반포된)의 압제와 속박의 기류에 대비되면서, 성경에 지시된 노예 관련 조항이그 시기 인근 지역의 문화적 수준과 비교해 상당 정도의 관대와배려를 표방한다는 사실을 확인하게 해 줍니다.

과거 노예제도를 도입, 옹호하던 유럽과 미국의 노예 찬성론자들, 그리고 오늘날의 샘 해리스(Sam Harris) 같은 무신론자들이모세오경과 바울 서신에 기록된 관련 구절을 예로 들며 성경에서도 노예제도가 지지되고 있다는 터무니없는 논리를 펴곤 하지만, 애초 이스라엘의 노예 '문화'는 고대 이집트의 노예나 근대 흑인노예들을 다루던 인신매매식, 인권유린적 형태와 전혀 달랐음을, 자신의 서신서에서 "인신매매 하는 자"를 엄격히 나무란 바울의훈계(딤전 1:10)만으로도 충분히 유추할 수 있습니다. 당시 이스라엘의 노예들은 경제적 곤란 때문에 한시적으로 고용된 하인이나 집사에 비유될 수 있는 신분이었으며, 무엇보다 성경이 기술하는 노예 관련 규정은 이미 존재하며 시행되고 있던 풍습의 폐단을 '시정'하고 '규제'하기 위해 제시된 것이기에, 찬성이나 옹호와는 전혀 관련이 없다는 사실을 분명히 기억해야 합니다.

개인적으로 하나님의 배려심을 가장 직접적으로 실감하게 되는 구절은 당시 사회적 약자의 대표 집단이자 성도덕(性道德) 측면에서 남성보다 훨씬 엄격한 기준을 적용 받았을 여성들에 대한 – '상대' 없이 혼자만 끌려온 "간음한 여인"의 사례(요 8:2-11)가 보여 주듯 – 배려의 말씀으로, "어떤 남자와 약혼한 처녀를, 다른 남자가 들에서 만나서 욕을 보였을 때에는, 욕을 보인 그 남자만 죽여라. 그 처녀에게는 아무 벌도 주지 말아라… 그 처녀는 들에서 그 남자를 만났으므로, 약혼한 그 처녀가 소리를 질러도, 구하여 줄 사람이 없었을 것이다"(신 22:25-27; 표준새번역)라고 하는 구체적이고도 실질적인 지시 사항을 그 예로 들 수 있습니다. 각기 다른 상황들을 조목조목 비교하며 현실적 측면까지 고려하고 있는 앞부분(신 22:23-24)의 서술을 볼 때 참으로 '디테일'에 강하신 배려의 아이콘임이 인정될 수밖에 없는 하나님께서는, 욕을 보인 남자의 행위를 "사람이 이웃을 해치려고 일어나 그 이웃을 살해한 것이나 마찬가지"(새번역)의 죄에 비유하고 계시기도 합니다.

아내로 삼으려고 들인 여종이 마음에 들지 않게 되면 그녀를 "속량"(redeem)해 주어야 하며 다시 매매해서는 안 된다(출 21:8)고 하시면서, 전쟁 포로 가운데 마음에 드는 여성이 있어 아내로 삼았을 경우 "그 뒤에 그 여자가 더 이상 남편의 마음에 들지 않으면, 그 여자의 마음대로 가게 하여야 하며, 돈을 받고 팔아서는 안 된다"(신 21:14; 표준새번역)라 하여 여성인 동시에 '노예' 혹은 '포로'의 신분이기까지 한 계층을 향해 표하시는 하나님의 특별한 배려는, 상황이 다른 오늘날의 우리도 공감하지 않을 수 없도록 만드는 사랑과 긍휼의 결정체입니다.

또한 위 출애굽기 21장 8절에 이어 아들의 아내로 삼았던 여종을 "딸"처럼 대우하라고 하신 지시(출 21:9)와 "그가 다른 아내를 들인다 해도 그는 그 여종에게서 먹는 것, 입는 것 그리고 아내 되는 권리를 제한할 수 없다"(출 21:10)라고 하시며 생활에 필요한 물질과 인간으로서의 기본권을 보장하도록 내리신 명령 역시 읽는 이들의 마음을 뭉클하게 하는 부분이지요.

"사랑의 반대말은 미움이 아니라 무관심이다"(The opposite of love is not hate, it is indifference)라는, 작가 엘리 위젤(Elie Wiesel)에 의해 인용된 후 유명해졌다는 문구를 지금까지의 말씀들에 적용해 보면, "사랑의 동의어는 관심(배려)이며 배려(관심)는 사랑의 다른 표현이다"라는 결론을 얻을 수 있으리라 생각합니다. 사랑하는 상대에 대해 관심과 배려를 쏟지 않는 일이 불가능한 것처럼, 관심과 배려를 쏟게 되는 상대에 대해 사랑하지 않는 일 역시 불가능할 테니 말입니다.

자신을 진심으로 아껴 주고 배려하는 단 한 사람만으로도 세상을 살아갈 힘을 얻는 것이 우리 인간이라는 말도 있지만, 일일이 말로 표현해야 자신의 생각을 이해하고 속마음도 헤아려 주는

'사람'에게도 그렇게 위안을 얻을진대 우리의 "작은 신음에도 응답하시는" 하나님의 깊은 배려를 직접 체험함으로 느끼게 되는 기쁨과 감사는 이루 말로 형언할 수 없겠지요.

그런 우리가 "갇힌 사람들의 신음 소리를 들으시고", "그 신음 소리를 듣고 그들을 구원하기 위해 내려왔다"(시 102:20; 행 7:34; 참조. 출 3:7-10)고 하시는 하나님의 크나큰 배려와 사랑에 대해 자동적으로 나타낼 반응은, 더 이상 "신음 소리"가 아닌 "경이의 탄성"이 아닐까 생각합니다.

25장 주기도 빼앗기도 하시는 하나님

> "주신 분도 주님이시요, 가져가신 분도 주님이시니, 주
> 님의 이름을 찬양할 뿐입니다"(욥 1:21).

기독교인들에게는 "주신 분도 주님이시요, 가져가신 분도 주
님이시니, 주님의 이름을 찬양할 뿐입니다"(욥 1:21; 새번역)라는
유명한 구절로 인해 비교적 익숙한 개념이리라 생각되지만, 성경
을 접할 기회가 거의 없는 비신앙인들의 경우 하나님이 "주기도
빼앗기도 하시는 분", 더욱이 "주었다가 다시 빼앗을 수 있는 분"
으로도 정의된다는 말은 무척 생소하고 의아하게 들릴 수 있을 것
입니다.

그러나 "내가 내 진노로 네게 왕을 주었고 내가 내 분노로 왕
을 제거했다"(호 13:11)라는 표현으로 주셨던 것을 다시 빼앗은
당신의 처분에 대해 알리신 직접적 공표뿐 아니라 "가진 사람에
게는 더 주어서 넘치게 하고, 갖지 못한 사람에게서는 있는 것마
저 빼앗을 것이다"(마 25:29; 막 4:25; 눅 8:18; 19:26; 새번역)라며
전하신 두려운 경고에 의해서도, 하나님께서 주기도 그리고 빼앗

기도 하시는 분이라는 사실을 성경은 천명하고 있습니다.

"나는 빛도 지었고 어둠도 만들었으며 평화도 만들었고 재앙도 창조했다"(사 45:7)라는 주님의 선포 그대로, 솔로몬 역시 "하나님은 좋은 때도 있게 하시고, 나쁜 때도 있게 하신다. 그러기에 사람은 제 앞일을 알지 못한다"(전 7:14; 표준새번역, 새번역)라는 교훈을 후세에 남겼으며, 그토록 간절히 원하던 자녀를 얻게 된 한나 또한 "주님은 사람을 가난하게도 하시고, 부유하게도 하시고, 낮추기도 하시고, 높이기도 하신다"(삼상 2:7; 표준새번역, 새번역)라면서 하나님의 절대 주권을 인정한 바 있습니다.

이 구절들이 전하고자 하는 메시지의 핵심이 "궂은 일도 좋은 일도, 가장 높으신 주께서 말씀하셔서 일어나는 것이 아니냐?"(애 3:38; 표준새번역)라는 반문 형태로 요약되어 있음을, 하나님의 권위에 순복하도록 명하는 선지자의 권고에서 발견하게 됩니다.

이에 더하여, 하나님의 능력은 단지 무언가를 "주기도 배앗기도" 할 수 있는 정도가 아니라 우리의 몸을 낮게도 상하게도, 더욱이 목숨을(육적으로나 영적으로나) "살리기도 죽이기도" 하실 수 있는 '차원'이라는 것 역시 성경에 확고하게 명시되어 있는 사실입니다. "하나님은 찌르기도 하시지만 싸매어 주기도 하시며, 상하게도 하시지만 손수 낫게도 해주신다"(욥 5:18; 표준새번역, 새번역), "주께서 우리를 찢으셨으나 다시 싸매어 주시고, 우리에게 상처를 내셨으나 다시 아물게 하신다"(호 6:1; 표준새번역; 참조. 시 147:2-3)라는 증언들에서 한발 더 나아가, "나는 죽이기도 하며 살리기도 하며 상하게도 하며 낫게도 하나니"(신 32:39)라고 하신 하나님 스스로의 선언과 "주님은 사람을 죽이기도 하시고 살리기도 하시며, 스올로 내려가게도 하시고, 거기에서 다시 돌아오게도 하신다"(삼상 2:6; 표준새번역, 새번역)라며 한나가 올려 드린 기도에 간증되어 있는 사실이라는 것이지요.

"하나님께서 왜 주기도 또 빼앗기도 하시는가"라는 질문에 대해 "이유는 바로 이것이다"라는 정답을 제시할 수 있는 사람은 세상에 존재하지 않으리라고 생각합니다. 그런 만큼 이 질문에 대한 가장 정확한 답변은 "우리는 그 이유를 결코 알 수 없다"는 겸허한 인정이라고 해야겠지요. 욥기의 '클라이맥스'에 해당하는 하나님과 욥의 대화(욥 38:1-42:6)에서도 하나님께서 "이유"에 대해 설명하시는 부분은 등장하지 않습니다. 한 가지 확실한 사실이 있다면 "당신께서 하나님이시고 저는 한낱 인간에 불과합니다"라며 주님의 절대 주권(sovereignty)을 인정했던 욥의 자세가 우리에게 '표본'으로 제언되어 있다는 점뿐이겠지요. 그렇기에 하나님께서 욥에게 주신 것이 그가 '요구했던' 대답은 아니었을지라도 그에게 꼭 '필요한' 대답이었음은 확실하다고 말할 수 있을 듯합니다.

신학자들이 흔히 주창하듯 - 또한 굳이 신학의 힘을 빌리지 않더라도 하나님의 크신 사랑과 완벽한 섭리를 경험한 우리 모두가 알고 있듯 - 하나님이 우리에게 무언가를 주시고 허락하시는 것이 당신의 선하심 때문임과 마찬가지로, 우리가 갖고 있던(사실은 가졌다고 '생각'하던) 그 무엇을 빼앗아 가거나 더 이상 허락하지 않으시는 것 또한 당신의 선하심에 기인합니다. 『욥기 강해』(*Job: An Introduction and Commentary*)라는 자신의 책에서 저자인 F. I. 앤더슨(F. I. Andersen)은 이 주제에 대한 자신의 분석을 제시하며, "만일 누군가가 어린 소년의 팔을 세게 당기며 꺾는 모습을 보면 그를 악한이라고 비난하겠지만 알고 보니 그 사람이 부상 당한 소년의 팔을 치료하기 위해 그렇게 한 의사였다면 그 행위는 '선(goodness)을 위한 조치'로 평가가 바뀔 것"이라는 비유를 들고 있습니다.

하나님께서 이처럼 막강한 능력과 권위를 소유하신 분이라는 사실을 성경에서 누차 강조하고 있는 것은 그만큼 무소불위의 권력을 휘두르며 징벌을 즐기는 '무서운' 분으로 하나님을 소개하기 위해서가 아닙니다. 물론 성경에는 심판을 매개로 하나님의 주되심을 증언하는 구절들도 적지 않게 존재하지만, 그보다 더 빈번히 발견되는 핵심 메시지는 역시 주님의 자비와 구원, 그리고 회복이니까요. "이스라엘을 흩으신 분께서 그들을 다시 모으시고, 목자가 자기 양 떼를 지키듯이 그들을 지켜 주신다"(렘 31:10; 표준새번역, 새번역)라는 약속과 "내가 잠시 너를 버렸지만 큰 긍휼로 너를 다시 모으겠다. 노여움이 북받쳐서 내가 잠시 내 얼굴을 네게서 숨겼지만 이제 영원한 사랑으로 네게 자비를 베풀겠다"(사 54:7)라는 맹세가 확인해 주고 있는 사실입니다.

구약의 예언서 가운데 "하나님의 러브 레터"라는 부제가 가장 잘 어울린다고 할 이사야서에서 그 같은 메시지를 특히 자주 발견하게 되는데, "여호와께서 그 백성들의 상처를 싸매시고 그가 때린 자리를 치료하시는 날에 달은 해처럼 빛을 내고, 햇볕은… 일곱 배나 더 밝을 것이다", "그 때에 다리를 절던 사람이 사슴처럼 뛰고, 말을 못하던 혀가 노래를 부를 것이다. 광야에서 물이 솟겠고, 사막에 시냇물이 흐를 것이다. 뜨겁게 타오르던 땅은 연못이 되고, 메마른 땅은 물이 쏟아져 나오는 샘이 될 것이다"(사 30:26; 35:6-7; 표준새번역, 새번역)라는 당당한 선언들처럼 읽을 때마다 우리의 가슴을 벅차게 해 주는 말씀이 곳곳에 포진해 있기 때문입니다.

"우리말성경"에 "여호와께서 주신 것을 여호와께서 가져가시니 여호와의 이름이 찬양받으시기를 바랍니다"(욥 1:21)라고 번역된 욥의 고백을 욥기 1장 전체의 내용과 연결해 생각할 경우, 실상 "여호와께서 주신 것"을 직접 앗아간 존재는 여호와 하나님이 아니라 그를 참소한 사탄(욥 1:8-19)이었음을 깨닫게 됩니다. 창세기 시작 부분에 기록된 타락 사건, 즉 하나님께서 이미 아담과 이브에게 허락하셨던 에덴동산의 온갖 좋은 것들을 다시 그들로부터 빼앗으실 수밖에 없었던 비극(창 3:22-24) 뒷편에 그 두 사람을 유혹하여 하나님의 명령을 거역하게 만든 사탄이 자리 잡고 있었음과 다르지 않게 말이지요. 욥의 경우에도 그가 겪은 참혹한 사건의 배후에는 역시 사탄이 자리하고 있었으며 하나님께서는 사탄의 그런 행위를 단지 '용인'하셨을 뿐인 것입니다.

그렇다면 앞에서 제시했던 "하나님께서 왜 '주기도 빼앗기도' 하시는가"라는 질문은 "하나님께서 왜 사탄에게 그런 행위를 허락하시는가"라고 바꾸어 제시해야 적절한 형태가 될 수 있을 것입니다. 이 질문에도 한마디로 답변될 수 있는 정답이란 존재하지 않겠지만, 성경은 곳곳에서 우리가 겪는 문제들이 스스로 범한 죄악의 결과로 - 각자의 잘못된 '선택'과 '결정'의 귀결(consequence)로 - 사탄에게 빌미를 주어 발생하는 것임을 알려주고 있습니다. 아담과 이브의 경우 그들에게 주어진 완벽한 환경이 박탈된 것은 사탄의 유혹에 넘어가 하나님의 명을 불순종하며 빚어진 죄악(창 3:1-7) 때문이었고, 삼손이 자신에게 주어졌던 놀라운 '초능력'을 상실한 것도 그 힘을 주신 하나님보다 돈을 얻으려 자신을 꾀는 들릴라가 더 크게 마음에 자리 잡아 비롯된 불행(삿 16:17-19)이었으며, 이스라엘의 첫 왕이라는 명예로운 직분을 어이없이 잃게 된 사울 역시 멀리 계신 하나님보다 가까이 있는 사람을 두려워하며 성급한 결정을 반복함(삼상 13:8-12; 15:9-24)에 의해 본인 스스로 자초한 결과였으니까요.

예전에 들었던 설교 내용 가운데, 뜻하지 않은 고난을 삶에서 만났을 때 대다수 사람들이 가장 먼저 마음속에 품게 되는 것은 "왜 하필 나인가?"(Why Me?)라는 의문이라면서, 그보다는 오히려 다른 사람들이 어려움을 겪고 있는 상황에 자신은 안온하고 평범한 일상을 보낸다면 "왜 나는 아닌가?"(Why Not Me?)라는 감사의 질문을 올려야 마땅할 것이라고 하던 인상적인 지적이 지금도 잊히지 않고 기억에 남아 있습니다.

그것이 바로, "아직도 그 잘난 충성심이나 붙들고 있다니! 차라리 하나님을 저주하고 죽어 버려요!"(욥 2:9)라는 아내의 '도발'에도 불구하고 하나님을 원망하는 죄를 짓지 않은 욥(욥 1:22; 2:10)이, 그런 아내에게 도리어 "우리가 누리는 복도 하나님께로부터 받았는데, 어찌 재앙이라고 해서 못 받는다 하겠소?"(욥 2:10; 표준새번역, 새번역)라고 반문할 수 있게 한 마음 자세가 아닐까 싶습니다.

이번 장의 본문이라 할 욥기 1장 21절을 읽을 때 우리는 보통 "가져 가신 분도 주님이시니"라는 후반절의 내용에 초점을 맞추기 쉽지만, "모태에서 빈 손으로 태어났으니"라고 상반절에 기록된 욥의 고백을 생각하면 "가져 가시기" 이전에 "주어졌던" 일이 먼저였다는 사실을 – 빼앗긴 그 무엇조차 빈손으로 온 우리에게 하나님께서 먼저 주신 것이었음을 – 기억해야 할 필요성을 느끼게 됩니다. 이는 삶에서 우리가 누리고 있는 요소 가운데 애초부터 자신의 소유였다고 주장할 수 있는 부분은 아무 것도 없다(시 49:17; 전 5:15; 고전 4:7; 딤전 6:7)는 의미로, 하나님께서 태초에 하늘과 땅을 창조하실 당시의 상황을 "그 땅은 형태가 없고 비어 있었으며"라고 증거한 창세기 1장 2절이나 "하늘과 땅에 있는 모든 것들, 곧 보이는 것들과 보이지 않는 것들… 하나님의 아들 안에서 창조되었기 때문"이라 선언하는 골로새서 1장 16절로 되돌아가 복기(復棋)하다 보면, 우리가 당연시하며 누리고 있는 햇빛과 바람조차 하나님께서 '무상'으로 주신(행 14:17; 마 5:45) 선물임에 새삼 감사하지 않을 수 없게 됩니다.

때로 하나님께서 허락하셨던 것들을 다시 거둬 가실 경우가 있다 해도, 우리로부터 빼앗아 가실 수도 또 그렇게 하실 리도 결코 없는 귀하고 귀한 "선물"이 이미 주어져 있다는 것 역시 기억해야 할 사실입니다. 바로 예수님을 통해 우리에게 값없이 주신 "구원"과 "성령"이라는 영구불변의 축복 말이지요. "여러분은 믿음으로 인해 은혜로 구원받았습니다. 이것은 여러분에게서 나온 것이 아니요, 하나님의 선물입니다"라는 에베소서 2장 8절과 "하나님께서는, 우리가 주 예수 그리스도를 믿을 때에 우리에게 주신 것과 같은 선물을 그들에게도 주셨는데"(표준새번역)라고 한 사도행전 11장 17절(참조. 행 2:38; 요 4:10), 그리고 "은혜와 의의 선물을 넘치도록 받는 사람들은 한 분 예수 그리스도로 인해 생명 안에서 왕 노릇 할 것입니다"라 선포하는 로마서 5장 17절 등이 곧 그에 대한 보증이니까요.

우리 역시 욥과 마찬가지로 자신의 삶에 일어난 고난을 하나님께서 왜 허락하셨는지 이해하기 어려울 때가 있지만, 그럼에도 욥과 마찬가지로 주님의 선하심을 여전히 신뢰할 수 있습니다. "내가 그들을 지켜보아 뽑고, 붕괴시키고, 무너뜨리고, 파괴하고, 재앙을 가져왔듯이 그들을 지켜보아 세우고 심을 것이다"(렘 31:28)라는 예언서의 말씀에 이어지기라도 하듯 "그러면 나 여호와가 무너뜨려진 것을 재건하고 황무지에 다시 나무를 심었음을 너희 주변에 남아 있는 민족들이 알게 될 것이다"(겔 36:36)라고 또 다른 예언서에서 약속하시는 주님의 선하심이, 믿는 이들이 즐겨 암송하는 "하나님을 사랑하는 사람들, 곧 하나님의 뜻대로 부르심을 받은 사람들에게는, 모든 일이 서로 협력해서 선을 이룬다는 것을 우리는 압니다"(롬 8:28; 새번역)라는 구절에 '압축적'으로 증거되고 있음을 보며 더더욱 그럴 수 있으리라 믿습니다.

26장 높이기도 낮추기도 하시는 하나님

> "오직 재판장이신 하나님만이, 이 사람을 낮추기도 하시고, 저 사람을 높이기도 하신다"(시 75:7).

기독교 지식인의 대표격이라 할 C. S 루이스는 이제는 고전이 된 자신의 저서 『순전한 기독교』에서, "사람들이 이보다 더 싫어하는 악이 없으면서도, 이보다 더 스스로 깨닫지 못하는 악도 없습니다. 이 악이 많이 있는 사람일수록 다른 사람에게 나타나는 이 악을 싫어합니다"라고 전제한 후, 자신이 지칭한 "이 악"은 바로 "교만"(Pride) 또는 "자만"(Self-Conceit)이라는 설명을 덧붙입니다.

세상이 시작된 이래 모든 나라와 가정을 불행하게 만든 주된 원인 역시 교만이라는 그의 일침처럼 성경에서 경계하는 인간의 성향 중 염려와 두려움 못지않게 자주 거론되는 습성 또한 교만이라고 말할 수 있는데, "믿음의 반대말은 불신이 아니라 염려와 두려움"이라는 제언과 같이 '교만' 역시 단순히 '겸손'의 반의어라기보다 "하나님을 거역하는 불순종", "타인에의 무관심과 무신경",

"자신의 실체에 대한 착각 혹은 과대평가"를 달리 정의한 개념으로 이해함이 옳을 것입니다.

스스로의 업적에 감탄하며 "내가 세운 이 도성, 이 거대한 바빌론을 보아라! 나의 권세와 능력과 나의 영화와 위엄이 그대로 나타나 있지 않느냐!"(단 4:30; 표준새번역, 새번역)라고 자찬했던 느부갓네살의 망발이, 두로와 시돈 사람들의 "이것은 신의 음성이지 사람의 음성이 아니다"(행 12:22-23)라는 아첨을 즐기다 벌레에 먹혀 죽은 헤롯 아그립바의 행태와 연결지어 떠오르곤 하는 것은, 그들의 이런 행위가 스스로 높아지려는 욕구를 통해 하나님의 영광을 가로채는, 성경이 가장 우려하는 '교만'의 전형이기 때문입니다.

앞 장에서 소개했던 한나의 기도 하반절의 "주님은 사람을… 낮추기도 하시고, 높이기도 하신다"(삼상 2:7; 표준새번역, 새번역)라는 내용과 상응하면서 "오직 재판장이신 하나님만이, 이 사람을 낮추기도 하시고, 저 사람을 높이기도 하신다"(시 75:7; 표준새번역, 새번역)라는 말로 '재판장'인 하나님의 지위도 강조한 시편의 구절은 물론, "나 여호와가 키 큰 나무를 낮추고 키 작은 나무를 높였으며", "머리에 두른 띠를 벗고 왕관을 벗어라… 낮은 사람은 높여지고 높은 사람은 낮춰질 것이다"(겔 17:24; 21:26)라고 기록된 예언서의 말씀들 역시, 하나님께서 "주기도 빼앗기도" 하시는 동시에 우리를 "높일 수도 낮출 수도" 있는 분이라는 사실을 언명하고 있습니다.

사람은 저마다 추구하는 목표가 다르고 우선시하는 가치가 다른 만큼, 자신이 원하는 '무언가'를 주거나 빼앗을 수 있다는 사실로 인해 주님에 대한 경외심이 더욱 커지는 이가 있는가 하면, 본인이 도달하려는 '위치'까지 높여 주거나 반대로 끌어내릴 수 있는 하나님의 능력 때문에 그분에 대한 경외의 마음이 더 깊어지는 사람들도 분명 있을 것입니다.

"그들은 세력가들을 수도 없이 산산조각 내시고 그들 대신 다른 사람들을 그 자리에 세우십니다"(욥 34:24)라며 엘리후가 올린 찬양이나 "주께서는 그 팔로 권능을 행하시고, 마음이 교만한 사람들을 흩으셨으니, 제왕들을 왕좌에서 끌어 내리시고 비천한 사람들을 높이셨습니다"(눅 1:51-52; 표준새번역)라고 마리아가 바친 송가와 더불어, "주께서는 불쌍한 백성은 구하여 주시고, 교만한 사람은 낮추십니다"(표준새번역), "그분은 스스로 잘난 체하는 사람을 비웃으시고 겸손한 사람에게는 은혜를 베푸신다"(시 18:27; 잠 3:34; 참조. 삼하 22:28; 약 4:6; 벧전 5:5)라는 교훈도 알려 주는 바와 같이, 하나님께서 우리 삶의 전적인 주권자가 되신다는 것은 성경이 반복적으로 강조하는 진리입니다. "그분은 세상에 사는 모든 사람들을 아무것도 아닌 것처럼 여기시고 하늘의 군대와 세상에 사는 사람들에게 그분의 뜻대로 행하신다"(단 4:35)라는 느부갓네살의 찬송을 접할 때는, 찬송의 주체(느부갓네살)가 갖는 '의외성'으로 인해 마음 안에 더 큰 울림을 느끼게 되기도 하지요.

하나님께서 이렇게 높은 자리, 교만할 수 있는 위치의 사람들을 낮추곤 하시는 것을 두고 성경은 "높고 높으신 분이 인간 나라를 다스리시고 누구든지 그분이 원하는 사람에게 그 나라를 주시며 가장 천한 사람을 그 지위에 세우신다는 것을 사람들에게 알리기 위함"(단 4:17; 렘 27:5)이라고 그 이유를 설명합니다. 우리 하나님은 이처럼 "낮은 사람을 높이시고, 슬퍼하는 사람에게 구원을 보장해 주시며"(욥 5:11; 표준새번역, 새번역), "눈먼 사람에게 눈을 뜨게 해주시고, 낮은 곳에 있는 사람을 일으켜 세우시는 분"(시 146:8; 표준새번역, 새번역)이기에, 그분의 제자들이 "주님 앞에서 스스로를 낮추십시오. 그러면 주께서 여러분을 높이실 것입니다"(약 4:10; 표준새번역), "하나님의 능력의 손 아래서 겸손하십시오. 때가 되면 하나님께서 여러분을 높이실 것입니다"(벧전 5:6; 참조. 잠 29:23)라는 권면을 꾸준히 전하게 된 것이겠지요.

"누구든지 자기를 높이면 낮아질 것이요, 자기를 낮추면 높아질 것이다"(눅 14:11; 새번역; 참조. 눅 18:14; 마 23:12)라는 잘 알려진 말씀은, 잔치에 초대된 사람들이 처음부터 윗자리에 앉으려는 것을 보신 주님께서 "결혼 잔치에 초대받으면 윗자리에 앉지 마라. 혹시 너보다 더 높은 사람이 초대받았을지 모른다… 그러므로 초대받으면 끝자리에 가서 앉아라. 그러면 주인이 와서 '친구여, 이리 올라와 더 나은 자리에 앉으시오' 할 것이다"(눅 14:8-10)라고 하셨던 훈계에 이어지는 내용으로, "왕 앞에서 스스로 높은 체하지 말며, 높은 사람의 자리에 끼어들지 말아라. 너의 눈 앞에 있는 높은 관리들 앞에서 '저리로 내려가라'는 말을 듣는 것보다, '이리로 올라오라'는 말을 듣는 것이 더 낫기 때문이다"(잠 25:6-7; 표준새번역, 새번역)라는 구약의 교훈이 당시에도 이미 존 재했음을 생각할 때, 늘 명심하며 삶에 적용해야 마땅한 이 말씀 을 기억조차 못하는 그들에 대해 안타까움을 느끼신 주님께서 '머 리'로만 아는 구절을 '몸'으로 실천하도록 촉구하신 것이 아니었 을까 추측하게 됩니다.

"하나님과 사람 앞에서 작은 자가 되라"(Be small in front of God and people)는 자신의 글을 통해 A. W. 토저는, "우리가 큰 자가 되려고 애쓰는 순간 오히려 더 작은 자가 되어 버리는 것이 하나님 나라의 불가사의한 법칙이다… 자기중심적인 사람은 잘못 된 관점에서 사물을 바라본다. 그의 눈에는 자기가 너무 크게 보 이기 때문에 오히려 하나님이 작게 보일 수밖에 없다"라고 적고 있습니다.

"자기중심성"(self-centeredness)이 모든 죄의 근본이 되는 이 유는 그런 마음 자세가 '하나님보다 큰' 자기 자신을 중심으로 삶 의 모든 측면을 바라보는 태도를 낳기 때문입니다. 그런 사람들이 세상 안에서 높아질수록 하나님의 영광을 가로채는 결과만 양산 될 테니 하나님 나라에서 그들이 낮아지는 것은 당연한 수순이라 해야겠지요. "나를 존종하는 사람들을 내가 존중할 것이고 나를 멸시하는 사람들을 나도 멸시할 것이다"(삼상 2:30)라고 하신 하 나님의 경고는 그래서 더욱 무겁게 받아들여집니다.

그로 인하여 성경에는 "여호와의 규례를 지키는 세상의 모든 겸손한 자들아 너희는 여호와를 찾으며 공의와 겸손을 구하라", "여호와를 경외하는 것이 지혜 있는 훈계며 겸손함이 있어야 영광이 따른다"(습 2:3; 잠 15:33; 참조. 잠 22:4) 등과 같이 "겸손"과 "하나님에의 경외"를 같은 위치에 놓은 구절들이 수없이 등장하게 된 것이며, "그분은 언제든지 자기를 스스로 높여서 행하는 사람들을 낮추실 것이다"(단 4:37)라는 느부갓네살의 직언 앞부분에 "그분이 하시는 일은 모두 진실하고 그분이 행하시는 길은 의롭다"라는 찬탄이 선행하게 된 것이리라 생각합니다.

목사이자 작가인 앤드류 머레이(Andrew Murray)는 "겸손이란 아무것에 대해서도 기대하지 않고 어떠한 일에도 놀라지 않으며 자신에게 일어난 그 어떤 것에도 동요하지 않는 자세이다. 또한 그것은 자신을 칭찬해 주는 사람이 아무도 없거나 도리어 비난과 멸시를 받는 경우에도 평안을 잃지 않는 마음이기도 하다. 결국 겸손이란 주위가 온통 소란스러울 때조차 편안하게 들어가 앉아 문을 닫은 채 그 앞에 무릎 꿇을 수 있는 집을 하나님 안에서 소유하는 일이다"라고 정의한 바 있습니다. 최근 시청한 한 강연에서 들었던, "진정한 겸손이란 자신을 '비하'하는 것이 아니라 자신을 '초월'하는 것"이며, "겸손하고 신실한 사람일수록 세상과 주위에 대해 더 많은 관심을 갖게 되는 이유도 '나'로부터 벗어나고 '나'를 초월했기 때문"이라고 개진된 주장 역시 같은 맥락의 의견이리라 생각합니다. C. S 루이스 또한 자신이 하나님 앞에 바로 서 있는지를 검증할 수 있는 가장 확실한 시금석은 "내가 나 자신에 대해 완전히 '잊고 있는가'의 여부"라고 말한 적이 있습니다.

시편 51편은 밧세바와 범한 죄에 대한 선지자 나단의 훈계를 듣고 기록된 것으로 알려진 다윗의 시로, 앞부분에서의 반복적 회개 이후 기자는 "하나님께서 바라시는 제사는 상처받은 영혼입니다. 오 하나님이여, 주께서는 상처받고 뉘우치는 마음을 외면하지 않으십니다"(시 51:17)라고 스스로를 위로합니다. 죄악을 범하는 동안 자신이 왕이라는 사실로 교만에 빠져 있었을 다윗은 도덕이나 윤리, 양심의 가책 등을 한쪽으로 밀어 둔 채 하나님의 법보다 스스로를 더 높은 위치에 두었을지 모릅니다. 직접 계획하여 실행하고 이후에는 숨기려는 노력까지 보였던, 즉 자신이 통제할 수 없는 불가피한 상황에의 함몰이 아니었던 그 죄를 불가항력적 범죄라고는 할 수 없겠지만, 그처럼 어리석던 스스로의 행위를 솔직히 드러내 고백한 이 시편은 다윗이 경험한 회복까지 함께 보여주는 훌륭한 간증이 되었습니다.

그렇기에 "주께서는 오만한 자들을 책망하십니다. 주의 계명에 복종하지 않는 자들은 저주를 받게 하십니다"(시 119:21; 표준새번역; 참조. 잠 29:1)라는 말로 당신의 판단 기준을 대언케 하신 하나님은, "여호와께서는 마음이 상한 사람들 곁에 계시고 뉘우치는 마음이 있는 사람들을 구원하십니다", "내가 비록 높고 거룩한 곳에 있으나, 겸손한 사람과도 함께 있고, 잘못을 뉘우치고 회개하는 사람과도 함께 있다"(시 34:18; 사 57:15; 표준새번역, 새번역; 참조. 잠 28:13)라는 구절들이 명시하듯 "마음이 가난한 사람",

"애통하는 사람"을 위로하는 분(마 5:3-4)이기도 하십니다. 주님께서 이렇게 "겸손하고", "뉘우치는 심령을 가진" 이와 함께하신다는 - 그리고 높여 주시겠다는 - 약속은, "심판 때에 니느웨 사람들이 이 세대와 함께 일어나 그 죄를 심판할 것이다. 그들은 요나의 선포를 듣고 회개했기 때문이다"(마 12:41)라는 말씀에서도 분명하게 적시되고 있습니다.

막연하거나 일방적인 명령이 아닌, 직접적 모범을 통한 실례(實例)를 늘 제시하시는 주님께서는, "그분은 하나님의 모습을 지니셨으나, 하나님과 동등함을 당연하게 생각하지 않으시고, 오히려 자기를 비워서 종의 모습을 취하시고… 자기를 낮추시고, 죽기까지 순종하셨으니, 곧 십자가에 죽기까지 하셨습니다"(빌 2:6-8; 개역개정)라는 간증처럼 스스로 행하신 구현적 행위에 의해 우리의 표본이 되어 주셨습니다. 이 같은 순종과 겸손의 자세를 체득하신 주님이기에 자신들을 주의 나라에서 '높여' 달라는 세배대 두 아들의 청을 듣자 "너희 가운데서 누구든지 위대하게 되고자 하는 사람은 너희를 섬기는 사람이 되어야 하고, 너희 가운데서 누구든지 으뜸이 되고자 하는 사람은 모든 사람의 종이 되어야 한다"(막 10:43-44; 마 20:26-27; 새번역)라는 가르침을 제자들에게 베푸셨을 것입니다.

모든 특권을 마다하고 스스로를 낮추신 겸양으로 "그러므로 하나님께서는 그를 지극히 높이시고, 모든 이름 위에 뛰어난 이름을 그에게 주셨습니다. 그리하여 하늘과 땅 위와 땅 아래 있는 모든 것들이 예수의 이름 앞에 무릎을 꿇고, 모두가 예수 그리스도는 주님이시라고 고백하여, 하나님 아버지께 영광을 돌리게 하셨습니다"(빌 2:9-11; 새번역)라는 구절이 성경에 이어질 수 있도록 모범을 보이신 주님이기에 마침내 모든 이름 위의 가장 아름다운 이름(히 1:4)으로까지 높임 받게 되셨음을 돌이켜 보건대 말입니다.

27장 공급하시는 하나님(1)

> "나의 하나님께서 그리스도 예수 안에 있는 영광 가운데서, 그분의 풍성하심을 따라 여러분에게 필요한 것을 모두 채워 주실 것입니다"(빌 4:19).

"아브라함은 그곳을 '여호와 이레'라고 불렀습니다. 그래서 오늘날까지도 사람들이 '여호와의 산에서 준비될 것이다'라는 말을 합니다"라는 창세기 22장 14절은 하나님의 '공급하심'과 관련해 빈번하게 인용되는 대표적 구절일 것입니다. 하나님을 일컫는 명칭 중 하나이자 특정 장소를 가리키는 개념으로 이 구절에서도 지명된 "여호와 이레"(Jehovah-jireh) 혹은 "야훼 이레"(Yahweh Yireh [יְהוָה יִרְאֶה: yhwh yir'eh])가 "여호와께서 준비하시리라"(The Lord Will Provide)라는 뜻(창 22:8)을 가진 말이기 때문이지요. 이 사건의 배경인 "모리아"(Moriah)를 "하나님의 공급"과 연결해 떠올리곤 한다는 이스라엘인들에게는 "모리아산에서 숫양을 준비해 주신 하나님"에 대한 기억으로 "여호와의 산에서 준비될 것이다"(창 22:14)라는 표현이 상용된다고도 합니다.

창세기 22장 말씀 못지않게 하나님의 '공급하심'의 예로 기독교인들 사이에서 자주 인용되는 "주께서는 그렇게 40년 동안 광야에서 그들을 돌보셨기에 그들이 부족한 것이 없었습니다. 옷도 낡지 않고 발도 부르트지 않았습니다"(느 9:21; 참조. 신 8:4; 29:5)라는 느헤미야의 증언과, "지난 사십 년 동안 주 너희의 하나님이 너희와 함께 계셨으므로, 너희에게는 부족한 것이 아무것도 없었다"(신 2:7; 표준새번역)라던 모세의 회고 역시, 세심하게 준비하고 끊임없이 챙겨 주시는 하나님의 공급을 증거하는 말씀들입니다.

인간이 살아가는데 가장 필수적인 '의식주' 문제를 하나님께서 책임져 주시겠다는 - 그 모든 것들의 공급원이 하나님이심을 진정으로 믿고 인정하기만 한다면 - 성경의 약속들은, "너희는, 무엇을 먹을까 무엇을 마실까 하고 찾지 말고, 염려하지 말아라"(새번역), "어째서 너희는 옷 걱정을 하느냐? 들에 핀 저 백합꽃이 어떻게 자라는지 보라… 그러나… 그 모든 영화를 누렸던 솔로몬도 이 꽃 하나만큼 차려 입지는 못했다"(눅 12:29; 마 6:28-29; 눅 12:22, 27; 마 6:25, 31)라는 '의식'(衣食)에 관련된 말씀들과 함께, "내 백성 이스라엘을 위해 한 곳을 정해 그들이 뿌리박을 터전을 주고 그들이 다시는 옮겨 다니지 않도록 할 것이다"(삼하 7:10)라고 하신, '주'(住)에 관한 약속의 형태로도 주어져 있습니다.

그에 더하여, "내 아버지의 집에는 있을 곳이 많다. 그렇지 않다면 내가 이미 너희에게 일러주었을 것이다"(요14:2; 표준새번역), "하나님께서는 그들의 하나님이라고 불리는 것을 부끄러워하지 않으시고, 그들을 위하여 한 도시를 마련해 두셨습니다"(히 11:16; 새번역)와 같은 말씀들에서는 우리의 귀향(歸鄕) 이후 거할 곳을 마련해 두셨다는 소망의 약속까지 만날 수 있습니다.

언약궤를 성전으로 옮긴 솔로몬이 봉헌 당시 드렸던 "주의 종의 일과 주의 백성 이스라엘의 일을 날마다 필요한 대로 돌아보사"(왕상 8:59; 개역개정)라는 기도의 의미를 묵상하다 보면, 우리가 하나님께 베풀어 주시도록 간구해야 하는 요소는 우리에게 "반드시 필요한" 것만이어야 함을 깨닫게 됩니다. 많은 이들이 자주 혼동하는 바와 달리 각 사람에게 "필요한"(need) 것과 그가 "원하는"(want) 것이 언제나 일치한다고는 볼 수 없기 때문입니다. "구해도 얻지 못하는 것은 여러분이 정욕에 쓰려고 잘못된 동기로 구하기 때문입니다"(약 4:3)라는 경계를 통해, 우리에게 꼭 "필요한" 것들을 어려움 없도록 공급하시는 하나님께서 우리가 그 외의 "원하는" 것을 구할 때는 허락하지 않기도 하시는 이유를 발견하게 되듯 말이지요.

기독교 언론인 데이비드 에그너(David Egner)가 자신의 저서 『확신에 찬 기도』(Praying with Confidence)에서 "하나님은 우리의 근본적 필요에 대해 정확히 알고 계시다. 하나님의 타이밍이 항상 최선인 것은 우리 삶의 모든 상황을 완벽하게 조율하고 조화시키시는 그분의 능력 때문이며, 그런 만큼 우리의 진정한 '필요' 요소들에 대해서는 부족할 것을 염려하지 않아도 좋다"라고 서술한 내용도 같은 맥락에서 이해할 수 있습니다. 또한 이것이 "너희 아버지께서는 너희가 구하기도 전에 무엇이 필요한지 아시는 분이다"(마 6:8)라는 친숙한 말씀을 포함하여, "나의 하나님께서 그리스도 예수 안에 있는 영광 가운데서, 그분의 풍성하심을 따라 여러분에게 필요한 것을 모두 채워 주실 것입니다"(빌 4:19; 표준 새번역)라는 든든한 보장까지 '머리' 아닌 '가슴'으로 확신할 수 있는 이유가 됩니다.

40년 가까운 시간 동안 같은 자리를 맴돌던 이스라엘의 모습이 그려진 "민수기"는 하나님께 신뢰와 순종을 바치지 못한 그들의 거듭되는 반역의 결과를 보여 주는 "실패담"이라고 할 수 있지만, 이 모든 과정에서도 끊임없이 그들에게 가고 서야 할 지점과 나아가야 할 방향을 '제시'하시고 먹을 것과 마실 것을 '공급'하셨던 하나님을 증거한 그분의 역사(His Story: History)라는 측면에서는 "성공담"이라고 불릴 만한 이야기이기도 합니다. 매일 하루치를 공급 받는 "만나"가 날마다 새로운 능력을 공급하시는 "성령님"의 존재에 비유되는 데에서 알 수 있듯, 이런 점들이 바로 하나님으로부터의 물적, 영적 공급을 매일 새롭게 청하며 누리는 일상이 우리가 추구해야 할 삶의 모습인 이유일 것입니다.

또한 그것이, 주님께서 가르쳐 주신 기도인 "주기도문"(The Lord's Prayer) 가운데에도(마 6:9-13; 눅 11:2-4) "오늘 우리에게 꼭 필요한 양식을 내려주시고 우리가 우리에게 죄지은 자를 용서한 것같이 우리 죄도 용서해 주소서"(마 6:11-12; 눅 11:3-4)라는 대목에 믿는 자들이 특히 집중하고 주목하기를 하나님께서 원하시고 기대하시리라 추측하게 되는 이유이기도 합니다. 이런 태도가 "꼭 필요한 것"만을 구하는 간구인 동시에 자신의 이해(利害)를 넘어 겸손하게 요청 드리는 - 타인을 용서하며 자신의 죄도 함께 인정하는 - 주님의 마음에 부합한 기도인 만큼, 하나님께서 반드시 귀 기울여 들으실 겸허한 간구로 볼 수 있다는 것이지요.

교수이자 작가인 폴 보그만(Paul C. Borgman)은 자신의 저서 『우리가 모르던 창세기 이야기』(Genesis: The Story We Haven't Heard)에서 창세기 22장을 다루면서, "하나님께서 아브라함을 부르셨던 것은 단지 그의 믿음과 순종에 대한 '시험'(test)을 위해서만이 아니라 그와 그의 자손을 향한 '축복 베풂'이라는 궁극적 목적의 실현을 위해서이기도 했다"는 분석과 함께, 최종 단계인 모리아에서의 시험 이후 하나님께서 보이신 행동이 "축복은 믿음에 근거한 순종의 결과임을 선포하신 일"이라 볼 수 있다는 설명을 제시하고 있습니다.

이런 그의 말은, 신학자인 데이비드 호키(J. David Hoke)의 "하나님은 늘 우리에게 축복을 주기 원하시지만 그것은 주시고자 하는 축복을 향해 우리의 마음이 열려 있을 때만 - 그리고 당신의 축복을 기꺼이 받고자하는 '장소'(place)에 있을 '때'(time)만 - 가능한 일"이며, "자신의 삶의 길을 그분의 축복의 문과 반대 되는 방향으로 돌리는 사람에게는 하나님도 그렇게 하도록 내버려 두실 수밖에 없을 것"이라는, 또한 그 같은 '방임'조차 하나님 본연의 자비에 기반을 둔, 즉 "우리가 자신의 방식을 따라 자기 길을 가면서 그 귀결을 경험한 후, 다시 그분을 향해 스스로 방향을 돌릴 수 있도록 의도된" 일이라고 개진했던 의견과도 밀접히 연결되는 주장입니다.

"우리 안에서 역사하시는 능력을 따라 우리가 구하고 생각하는 모든 것보다 훨씬 더 넘치도록 하실 수 있는 분에게"라며 주님을 찬미하는 에베소서 3장 20절은 믿는 이들이 읽으면서 큰 은혜를 받곤 하는 구절이지만, 이 말씀을 읽으며 받는 은혜와 별개로 너무나 '엄청나기에' 쉽게 믿어지지 않는 이 같은 하나님의 약속을 전적으로 신뢰하기 어려워하는 분들도 적지 않을 것입니다.

이 구절을 꼼꼼히 살피며 읽게 되면 하나님으로부터의 풍족한 공급을 확신하는 사도 바울이 사용한 '강조' 혹은 '점층' 용법에 주목하지 않을 수 없는데, 우선 이 말씀에서는 하나님께서 우리가 구하고 생각하는 "모든"(all) 것을 – 구하고 생각하는 바의 "일부"(some)만이 아니라 – 주실 수 있는 분이라는 지적이 가장 먼저 눈에 띕니다.

그리고는 한발 더 나아가 "모든 것"이라는 명사 뒤에 "보다"(more than)라는 비교급 조사를 붙임으로써 하나님께서 우리가 구하거나 생각하는 모든 것"보다" 훨씬 더, 즉 그 "이상으로" 주실 수 있는 분이라는 사실을 깨우쳐 주고 있지요.

하지만 거기에서도 그치지 않고 "모든" 것의 그 "이상"을 "넘치도록"(immeasurably, exceedingly) 주실 수 있는 분이라는 최고도의 강조법까지 덧붙입니다.

하나님께서 이러한 방식으로 전달하신 메시지를 "단순히 당신의 '하실 수 있다'(is able to)는 능력뿐만 아니라 '그렇게 하기를 원하신다'(desire)는 열망까지 공언된 것"으로 풀이했던 한 성경 주석서의 내용도 깊은 공감과 함께 기억에 남아 있습니다.

위에서 언급한 "무엇을 먹을까 무엇을 마실까 찾거나 염려하지 말라"(마 6:25, 31; 눅 12:22, 29)는 당부와 "백합꽃도 입히시는 하나님을 믿고 입을 옷 걱정을 하지 말라"(마 6:28-29; 눅 12:27-28)는 권면 뒤에는 "너희는 먼저 하나님의 나라와 그의 의를 구하여라. 그리하면 이 모든 것을 너희에게 더하여 주실 것이다"(마 6:33; 눅 12:31; 표준새번역, 새번역)라는 주님의 약속이 곧바로 이어집니다. 그래서인지 "하나님의 나라와 그의 의를 먼저 구하라"고 하신 이 명령을 의식주 등 현실 생활을 위한 비용보다 선교 후원, 건축 헌금 등과 같이 "하나님 일"에 먼저 물질을 사용해야 한다는 권고일 것이라고, 편향된 관점으로 해석하는 경향도 없지 않은 듯합니다.

"하나님 일"에 대한 관심이 워낙 큰 우리들이기 때문인지, 이 구절의 의미를 두고 "우리가 나서서 '하나님의 일'을 한다면 하나님께서는 '우리의 일'을 맡아 해 주실 것이다"라는 식으로 해석하는 경우도 종종 만나게 되기에, 이 대목을 접하는 많은 기독교인들이 "우리가 먼저 하나님께 시간과 물질을 드리면 하나님께서도 우리에게 풍족한 것으로 갚아 주신다"와 같은 뜻으로 받아들이는 것도 일견 이해가 되기는 합니다. 하지만 "우리가 무엇을 하여야 하나님의 일을 하는 것이 됩니까?"(요 6:28; 표준새번역, 새번역)라는 질문을 받으신 주님의 답변이 "하나님께서 보내신 이를 믿는 것이 곧 하나님의 일이다"(요 6:29)였다는 사실을 생각할 때, "하나님과 그분의 아들 예수를 정확히 알고 믿는 것"이 "하나님의 나라와 의를 구하는 일"이라는 등식이야말로 주님께서 우리에게 일깨워 주기 원하신 핵심적 진리임을 깨닫게 됩니다.

예전 한국어 성경(개역한글)이 "내게 상을 베푸시고"(시 23:5)라고 번역함으로써 여기에서의 "상"이 "床"(table) 아닌 "賞"(prize)으로 오인되는 경우도 더러 생기기는 했지만, "내 원수들이 보는 앞에서 내게 상을 차려 주시고, 내 머리에 기름 부으시어 나를 귀한 손님으로 맞아 주시니, 내 잔이 넘칩니다"(표준새번역)라는 이 구절의 감사 찬양을 "그분은 당신을 고난의 입에서 꺼내 고난이 없는 넓은 데로 옮겨 주셨고 당신의 식탁에는 기름진 음식으로 가득 채워 주셨습니다"라고 한 욥기 36장 16절의 간증과 연결해 생각하면, "원수의 앞"이나 "고난의 상황"에서도 변함없이 우리에게 필요한 것들을 "차려" 주시고 "채워" 주시는 하나님의 베푸심을 가시적으로 실감하게 됩니다.

이 구절의 "내 잔이 넘치나이다"라는 부분을 "My cup overflows with blessings"(내 잔이 '축복으로' 넘칩니다)라고 옮긴 영어 성경(NLT)의 해석을 접하며 생각하게 되듯, 단지 아브라함의 믿음을 "시험"하기 위해서가 아니라 그 일을 통해 "축복을 전달"하려는 목적으로 명령을 내리셨던 공급자 하나님의 인도를 받는 우리에게는 결코 "부족한 것이 없을" 뿐만 아니라 "구하고 생각하는 모든 것보다 훨씬 더 넘치도록" 주시는 물질과 지혜의 공급을 통해 "축복으로 잔이 넘치는" 삶이 약속되어 있음을 늘 잊지 않고 기억해야겠습니다.

28장 공급하시는 하나님(2)

> "보이는 온 땅을 네게 주고 네 자손을 땅의 먼지, 하늘
> 의 별처럼 셀 수 없게 만들겠다"(창 13:15-16).

기독교인들이 읽으면서 '불편함'을 느끼게 되는 일부 구절이 성경 안에 존재하겠지만 그 가운데에도 이번 주제와 직결되는 창세기 22장 1-19절이 그 대표적 예에 해당하지 않을까 생각하게 됩니다. 당시 가나안 지역에서 행해지던 "어린이 번제"(Child Sacrifice)를 적극 금지하시며 "너는 네 자식들을 몰렉에게 희생 제물로 바치면 안 된다. 그렇게 하는 것은 네 하나님의 이름을 더럽게 하는 일이다"(표준새번역, 새번역), "너희는 너희 하나님 여호와를 그들의 방식대로 섬기지 말라. 그들은 자기 신들을 경배하면서 여호와께서 미워하시는 온갖 가증스러운 짓들을 행해 자기 아들딸들까지 불에 태워 그 신들에게 희생물로 바치고 있다"(레 18:21; 신 12:31; 참조. 레 20:2-5; 신 18:10)라고 분명하게 경고하셨던 하나님께서 아들 이삭을 제물로 바치라는 '어이없는' 명령을 내리신 일에 대한 혼란스러움과 함께, 그 명령을 따른 아브라함이

믿음과 순종의 표본으로 인용된 구약과 신약의 일부 구절들을 접하면서 과연 자신도 그런 순종을 할 수 있을지의 갈등까지 생길 수 있게 하는 말씀이기 때문입니다.

이 문제와 관련해 가장 먼저 살펴봐야 할, 이 구절에 등장하는 "시험하셨다"는 말은 히브리어로 "니사"(נִסָּה: nis·sah)라 표기되는 어휘로서, 일부 영어 성경이 "tempt"(유혹, 유도하다)나(KJV) "prove"(판명하다, 입증해 보이다)로(ASV) 옮긴 이 동사를 대부분의 버전들은 "test"(시험하다)라고 번역하고 있습니다. 선교사 F. B. 마이어(F. B. Meyer)의 "사탄은 우리 마음 안에 있는 모든 악을 이끌어 내기 위해 유혹(tempt)하고 부추기지만 하나님은 모든 선을 이끌어 내시기 위해 시험(test)하실 뿐이다"라는 주장(고전 7:5)에 근거해 판단하거나, 반대되는 측면에서 본래 "tempt"의 의미인 동사를 "시험하다"로 오역한 "하나님은 악에게 시험을 받지도 않으시고 친히 누구를 시험하지도 않으십니다"(약 1:13)라는 구절의 문제점을 생각해 보더라도 - 하나님은 '유혹'(tempt)를 하거나 받지 않는 분이시지 '시험'(test)을 하지 않는 분은 아니시기에 - 이 단어를 "시험하다"(test)로 보는 것이 가장 합리적인 이해 방식이라고 결론지을 수 있겠습니다.

하나님께서 아브라함에게 이런 명령을 내리시기 전 이미 그와 여섯 번의 '긴밀한 소통'을 주고 받으셨음은 창세기의 기록들이 확인해 주는 바입니다. "고향과 친척, 아버지의 집을 떠나라"고 명령하신 12장 1-3절, "보이는 온 땅을 네게 주고 네 자손을 땅의 먼지, 하늘의 별처럼 셀 수 없게 만들겠다"고 약속하신 13장 14-17절과 15장 1-5절, "여러 민족의 조상이 되도록 언약을 맺겠다"고 선언하신 17장 4-8절, "아내 사라를 통해 아들을 주겠다"고 맹세하신 18장 10절, 그리고 "이삭을 통해 자손이 이어지게 할 것이며 이스마엘도 한 민족을 이루게 해 주겠다"라고 예고하신 21장 12-13절 등이 바로 하나님과 아브라함이 나눈 개인적 '역사'였지요.

하지만 이처럼 늘 약속이 수반되었던 앞선 여섯 번의 만남과는 달리, 22장의 일곱 번째 조우에서는 아무런 '약속'도 제시되지 않은 채 일방적으로 '요구'만 하시는 하나님의 모습을 목격하게 되는 것입니다.

아브라함이 처음 성경에 등장하는 창세기 12장과 그의 믿음의 절정이 소개되어 있는 22장의 내용 사이에서 무척 재미있는 사실 하나를 발견할 수 있는데, 한 사람의 개인이 이처럼 하나님과 직접적 만남을 갖고 이토록 놀라운 약속을 연거푸 받은 경우가 또 있을까 싶은 기록들의 한복판에서 아브라함은 두 번이나 사라를 아내 아닌 여동생이라고 거짓말하면서(창 12:11-20; 20:2-16) '비겁함'과 '믿음 없음'의 절정을 보인다는 점입니다. 하지만 이런 때에도 애초 당신의 명을 따르고자 익숙한 환경과 이웃들을 떠나왔던 아브라함을 배려하신 하나님의 공급은 끊이지 않아, 바로를 통해 양, 소, 나귀, 낙타, 하인 등을 얻게(창 12:16) 하셨을 뿐 아니라, 아비멜렉에 의해 양과 소, 남종과 여종에 더한 은 천 세겔까지 얻을 수 있도록(창 20:14, 16) 조치하셨습니다.

하나님께서 자손을 주겠다고 처음 약속(창 13:15-16)하신 이후 아들 이삭을 결국 얻게 되기까지의(창 21:2-5) 짧지 않은 기간 동안 아브라함이 '순수한' 믿음으로 하나님의 약속을 무조건 믿기만 한 것도 아니었습니다. "아브람"이 롯에게 원하는 지역을 양보한 후 나타나신 하나님께서 땅과 자손에 대한 약속을 주셨을 당시 그의 나이가 정확히 특정되지는 않지만, 아브람이 하란을 떠난 때가 75세였고(창 12:4) 아들 이삭을 '마침내' 얻게 되었을 때의 나이가 100세였으니(창 21:5) 약속과 그것의 실현 사이에 놓인 시간을 대략 20-25년 사이로 볼 수 있을 텐데, 그 기간 동안 아브라함은 자신의 하인이 상속자가 될 것이라고 하나님께 대꾸하기도(창 15:2-3), 또 86세의 나이에 아내 사래의 여종 하갈과 동침해 아들을 낳기도(창 16:2-4, 15-16) 했으니까요.

우리가 창세기 22장을 읽으며 느끼는 '불편함'의 대표적 이유인, "과연 나라면 아브라함처럼 놀라운 믿음의 순종을 할 수 있었을까"라는 자문이나 그에 따르는 '신앙적 열등감'과는 달리, 21장에서 실제로 사라가 이삭을 낳기 전까지의 그의 믿음이란 이처럼 대단치 않았던 것입니다.

그럼에도 하나님께서는 "아브람이 주를 믿으니, 주께서는 아브람의 그런 믿음을 의로 여기셨다"(창 15:6; 표준새번역)라는 말씀처럼 그의 믿음을 '의로움'으로까지 인정하셨을 뿐 아니라, 이 사건을 회고한 신약성경의 한 구절(히 11:17)을 빌어 그의 '믿음'에 대한 확고한 승인("믿음으로 아브라함은 시험을 받을 때 이삭을 바쳤습니다")도 천명하셨습니다. 이런 사실들이 바로 자신의 종에게 "우리"가 돌아올 것(창 22:5)이라고, 그리고 이삭에게는 "하나님께서 양을 준비"하실 것(창 22:8)이라고 단언할 수 있을 만큼 그의 믿음이 고양되고, 결국 이 모든 사실을 종합한 "'아브라함이 하나님을 믿으니 이것이 그에게 의로 여겨졌다'고 한 성경이 이뤄졌고 그는 하나님의 친구라고 불렸습니다"라는 야고보서 2장 23절에서 보듯 하나님으로부터 "의인"으로, 그리고 "친구"로 인정받는 단계까지 승격하는 요인이 되었던 것이지요.

　이 구절을 자세히 분석한 데이비드 호키의 저서 『하나님의 공급 방법』(How God Provides)을 통해 하나님께서 우리에게 공급하시는 과정에 내재된 몇 가지 특성들을 파악할 수 있습니다. 호키가 제시한 특성들의 핵심은, "우리에게 필요한 '정확한 것'(right thing)을 '정확한 시간'(right time)에 주시는 하나님은 주시는 그것들을 정확한 장소'(right place)에서 공급하신다"는 말로 요약이 가능합니다. 이삭 대신 준비하신 숫양(정확한 것)이 주어진 때가 아브라함이 칼을 내리치려던 순간(정확한 시간)이었음을 이런 주장의 근거로 삼은 그는, "아브라함이 아들인 이삭을 묶어 나무 위에 올려놓고 칼을 든 순간, 그 순간이 바로 하나님의 천사가 그를 만류한 순간이다. 하나님께서 그 순간을 놓치셨다면 칼은 내려졌을 것이고 결국 '너무 늦을' 수 있었겠지만 하나님에게 '늦는다'는 것은 결코 존재할 수 없는 일이다"라는 부연 설명도 덧붙이지요.

　이 이야기에서, "정확한 것"이 "정확한 시간"에 공급된 "정확한 장소"는 바로 "하나님의 산"(the Mount of God)이었다고 말하는 호키는, 하나님의 장소(God's place), 즉 하나님께서 공급을 준비, 지정하신 장소인 그곳을 "아브라함을 축복하기 위해 그를 '불러들여야 했던' 장소"라는 명칭으로 바꾸어 표현하기도 합니다. 하나님께서는 늘 우리에게 축복을 선물하기 원하시지만 그런 축복을 받을 곳에 있지 않은 사람에게 억지로 건네실 방법은 없는 만큼, 우리가 기꺼이 받고자 하는 '장소'에서 원하며 기다리고 있을 '때'에만 하나님의 축복이 주어질 수 있다는 것이 그가 제기한 주장의 요지입니다. 이집트에 거하던 이스라엘 민족을 축복하시기 위해서는 그들을 이끌어 내 멀고 먼 가나안으로 데려가셔야 했던 것(출 3:8)처럼 말이지요.

창세기의 기록을 자세히 살펴보면, 12장부터 20장 사이 아브라함과의 다섯 번의 만남(창 12:1; 13:14; 15:1; 17:1; 18:10) 동안 "여호와/야훼"(Yahweh [אֶהְיֶה: 'ehyeh])였던 주님의 명칭이, 여섯 번째 해후, 즉 이삭 출생 후의 만남(창 21:12)에서 "하나님/엘로힘"(Elohim [אֱלֹהִים: 'ĕlôhîym])으로 바뀌어 있는 것을 발견합니다. 멀고도 높은 곳에 계시던 두려운 "여호와"(the Lord)가, 나를 직접 돌보기 위해 필요한 것들을 공급하며 주신 약속도 신실하게 지키는 자상하신 "하나님"(God)으로 변모하는 순간이지요. 자손을 주시겠다는 거듭되는 약속이 있었음에도 계속 '불완전하고 부분적인' 상태에 머물던 아브라함의 믿음이, 하나님의 놀라운 공급을 경험하고 또 실제로 약속이 성취되는 과정을 목도하면서 '완전하고 총체적인' 믿음으로 거듭나는 것입니다. 그리고 이러한 과정이 바로 성경의 여러 내용들 중에도 특이하다고 할 만한 이 부분에서 목격되는 드라마틱한 반전이기도 합니다.

하나님께서 "여호와의 천사"를 통해 현현하시고(창 22:11-18) 숭앙 받으신 장소 "모리아"(Moriah)가 정확히 어떤 뜻을 갖는 말인지 한마디로 정의하기는 쉽지 않지만, "여호와께서 준비하시리라"(The Lord Will Provide)라는 일반적 의미는 물론 "여호와에의 경외"(Fear of Yahweh), "여호와의 시선"(The Vision of Jehovah) 등으로 분석하는 다양한 의견이 존재합니다.

"네가 하나님 두려워하는 줄을 내가 이제 알았다"(창 22:12; 표준새번역, 새번역)라는 구절에서의 아브라함의 '경외'로부터 유래했을 것으로 추측되는 정의, 즉 "여호와에의 경외"는, 6장("놀라운 일을 행하시는 하나님" 편)에서도 지적한 것처럼 '무서움'이나 '겁남'의 의미보다 "떨리는 마음으로 탄복하다", "놀라워하며 경탄하다"라는 뉘앙스의 "awe"나 "revere"의 뜻으로 이해해야 마땅한 개념입니다.

그런가 하면, 역사가이자 신학자인 조지 롤린슨(George Rawlinson)이 『이삭과 야곱: 그들의 삶과 시대』(Isaac and Jacob: Their Lives and Times)라는 자신의 책을 통해 설명한 바와 같이, "모리아"는 "여호와의 시선"이라는 관점에서 접근할 때 하나님의 공급하심, 즉 "여호와께서 준비하시리라"는 정의와의 연관성을 보다 직접적으로 파악할 수 있습니다. "보다"라는 동사에 단지

"쳐다보다, 바라보다"(see, look at)의 뜻만 있는 것이 아니라 "돌보다, 살피다"(look after, take care of)와 같은 행위의 의미도 - "아기를 보다"라는 상용적 표현이 알려 주듯 - 담겨 있기 때문입니다.

문자적으로도 아브라함의 '마음'(극진히 사랑하는 아들 이삭을 기꺼이 바치려 할 만큼 하나님을 신뢰하고 경외하는 그의 진심)을 "다 보고 계신" 하나님이라는 관점을 통해 "모리아", "여호와 이레", "여호와의 시선"이 동일선상에서 서로 연결되고 있음을 발견할 수 있습니다.

창세기 16장, 임신한 자신에게 "사래"가 가하던 학대를 피해 도망친 여종 하갈이, 술 길의 샘에서 여호와의 천사를 만난 후 일컫게 된 하나님의 명칭 역시 "나를 보시는(who sees me [רֳאִי: ro'iy]) 하나님"(창 16:13)이었습니다. 그 뒤로 이어지는 문장에서는 "내가 어떻게 여기서 나를 보시는 하나님을 뵐 수 있었단 말인가"라고 경탄하던 하갈이 그 샘에 붙인 이름을 "브엘라해로이"(בְּאֵר לַחַי רֹאִי: Beer-lahai-roi) - "나를 보시는, 살아 계시는 분의 우물"(the well of the Living One seeing me)이라는 뜻 - 라고 소개하고(창 16:14) 있기도 하지요. 성경에서 이렇게 명확히 입증하고 있듯 하나님은 늘 우리의 필요를 보시고(see) 챙기시는(look after) 완벽한 공급자이십니다.

외아들을 기꺼이 바친 아브라함의 믿음을 칭송하며 "아브라함은 하나님께서 죽은 사람도 살리실 수 있다고 생각했습니다. 그러므로 비유로 말하자면 그는 이삭을 죽은 사람들로부터 돌려받은 것입니다"(히 11:19)라 하여 "죽었다가" 그 죽음에서 "다시 살아난" 이삭의 상황을 묘사한 구절은 신학적으로 예수님의 죽으심과 부활하심의 암시, 혹은 복선이라고 분석되는 문장입니다. 하나뿐인 아들을 아끼지 않은 아브라함은 독생자 예수님을 희생 제물로 바치신 아버지 하나님의 예표(豫表, prefigurement)이고, 죽음을 충분히 예견하면서도 그런 아버지의 명에 순응한 이삭은 "땀을 핏방울같이"(눅 22:44) 땅에 떨어뜨리시면서도 "내 뜻대로 하지 마시고 아버지의 뜻대로 하십시오"(마 26:39; 막 14:36; 눅 22:42)라며 순종하신 아들 예수님의 예표라는 것이지요.

그 정확한 위치를 알 수는 없지만 최소한 주후 1세기 이전부터 예루살렘의 "성전산"(Temple Mount)과 같은 장소로 인식되기 시작했다는 이 "모리아 산"(Mount Moriah)에서 일어난 일들은, 그와 거리가 멀지 않은, 그리고 예수께서 십자가 처형으로 돌아가신 겟세마네(Gethsemane)에서 벌어졌던 사건과 몇 가지 공통점을 가지고 있습니다. 예수께서 사흘 만에 부활하셨듯 이삭도 3일간의 순종적 여정을 지난 후 아버지에게 '살아' 돌아왔으며(창 22:4), 예수께서 스스로 십자가를 지고(요 19:17) 걸으셨듯 이삭도 자신의 번제에 사용될 '나무'를 스스로 등에 지고(창 22:6) 걸어갔으니까요. 하나님께서 숫양을 희생 제물로 공급해 주신 일 역시 수천 년 후 예수님을 통해 성취될 역사적 사건의 예시로 볼 수 있고 말입니다.

그들의 등에 나무(십자가)를 지워 준 사람이 각자의 아버지였다는 공통점도 분명히 존재하지만, 그럼에도 아버지들이 당신의 아들들과 그 길을 '함께' 걸었다(창 22:8)는 사실을 통해 그 두 아버지 모두 '사랑'과 '자비'로 고난의 길에 동참하셨음을 가르쳐 주고자 하는 것이, 성경이 우리에게 전하려는 가장 강력한 메시지였으리라 생각합니다.

29장 때를 맞추시는 하나님

> "이 묵시는 정한 때가 돼야 이뤄지고 마지막 때를 말하고 있으며 반드시 이뤄진다. 비록 늦어진다 해도 너는 기다려라. 반드시 올 것이며 지체되지 않을 것이다"(합 2:3).

"태어날 때와 죽을 때가 있고, 심을 때와 뿌리째 뽑을 때가 있고… 허물 때와 세울 때가 있고… 간직할 때와 던져 버릴 때가 있고… 전쟁의 때와 평화의 때가 있다"라 하여 모든 일에 때가 있고 각각 적절한 시기가 있음을 설명하는 전도서 3장 2-8절의 말씀 뒤에는 "하나님은 모든 것을 그분의 때에 아름답게 만드시고 사람들의 마음속에 영원을 사모하는 마음을 주셨다. 그러나 하나님께서 하시는 일의 처음과 끝을 다 알지는 못하게 하셨다"라는 11절의 내용이 이어집니다. 우리의 삶을 씨실과 날실처럼 구성하는 시간과 공간을 모두 주관하시는 하나님의 권능, 그중에서도 특히 중요하다고 할 시간에의 주권을 공표하는 이 구절과 함께, "낮도 주의 것이요 밤도 주의 것이라 주께서 빛과 해를 마련하셨으며"(개역개정)라는 시편 74편 16절 또한 시간에 대한 하나님의 "주인 되심"을 확고히 선포하는 말씀이지요.

"인생이 살아갈 날 수는 미리 정해져 있고, 그 달 수도, 주께서는 다 헤아리고 계십니다. 주께서는 사람이 더 이상 넘어갈 수 없는 한계를 정하셨습니다"(욥 14:5; 표준새번역)라는 욥의 간증이나 "나의 형질이 갖추어지기도 전부터, 주께서는 나를 보고 계셨으며, 나에게 정하여진 날들이 아직 시작되기도 전에 이미 주의 책에 다 기록되었습니다"(시 139:16; 표준새번역)라는 다윗의 찬송은 물론, "메네는 하나님이 이미 왕의 나라의 시대를 세어서 그것을 끝나게 하셨다 함이요"(단 5:26)라고 다니엘의 입을 빌어 전해진 두려운 경고 역시 시간을 다스리시는 하나님의 전지전능에 대한 인정과 찬양이라고 할 수 있을 것입니다.

사실 우리 인간이 "주님 앞에서는 천년도 지나간 어제와 같고, 밤의 한 순간과도 같습니다"(시 90:4; 표준새번역, 새번역), "사랑하는 여러분, 이 한 가지만은 잊지 마십시오. 주님께는 하루가 천 년 같고, 천 년이 하루 같습니다"(벧후 3:8; 표준새번역, 새번역)라는 말씀을 읽으면서 그 개념을 정확히 이해하기는 쉽지 않습니다. 저 역시 하나님의 시간 개념은 우리와 같지 않으며 그렇기에 그분은 어떠한 시간의 제약도 받지 않으신다는 것, 또한 과거와 미래를 '동시에' 보실 수 있다는 등의 설명을 '머리'로는 이해하면서도 '마음'에까지 와닿지는 않았었는데, "하나님께서 시간을 바라보시는 방식은 우리 인간들처럼 종렬(세로)의 줄지어 선 형태로서가 아니라 횡렬(가로)로 펼쳐 놓고 보는 방법"이라는 설명(4장 참조)을 접하고서야 비로소 '마음'으로부터의 이해도 가능했던 기억이 있습니다.

C. S. 루이스가 자신의 저서 『스크루테이프의 편지』(*The Screwtape Letters*)에서 "원수[하나님]는 인간들이 자유롭게 미래에 기여하는 바를 '미리' 내다보고(foresee) 있는 게 아니라, 자신의 한없는 현재(His unbounded Now) 속에서 '지금' 보고 있는 것"이라고 표현한 부분도 그와 동일한 맥락으로 이해할 수 있습니다. 가로로 된 선 위에 시간을 펼쳐 놓고 봄으로써 그 선 위에 놓여진 과거, 현재, 미래를 한눈에, 그리고 동시에 관찰하시는 하나님의 예지(豫知), 즉 "앞선 지식"(foreknowledge)에 대하여는 성경 역시 "내가 처음부터 장차 일어날 일들을 밝혔고 오래 전에 이미 아직 이뤄지지 않은 일들을 일러 주었다"(사 46:10), "이것은 오래 전부터 이 일을 알게 해 주신 여호와의 말씀이다"(행 15:18)라는 구절들에서 직접적 설명을 제시합니다.

"내 하루하루가 주의 손에 달려 있으니 내 적들에게서, 나를 괴롭히는 사람들에게서 나를 구해 주소서"(시 31:15)라는 다윗의 간구와 "오 내 하나님이여, 내가 아직 한창때니 나를 데려가지 마소서. 주의 날은 모든 세대까지 계속되지 않습니까!"(시 102:24)라는 기자의 호소를 접할 때면 그 간절한 기도의 절박함이 우리에게도 그대로 전달되는 느낌을 받지요.

한편 "시간의 제약 속에 살아가는 인간의 현실에서는 총체적이며 내적 일관성이 있는 창조 행위도 일련의 연속적 사건으로밖에 경험할 수 없다"고 악마 "스크루테이프"의 입을 빌어 풍자한 루이스가, 시간에 대한 인간의 이 같은 이해 방식을 두고 "'영적인' 세계 전체를 '육체의' 세계 전체에 끌어다 맞추려 드는" 일이라고 비웃는 내용을 읽다 보면, 등 뒤의 과거나 멀리 있는 미래를 볼 수 없어 당장 눈앞의 현실만 직시하는 우리의 제한된 의식을 새삼 깨닫게 되는 것도 사실입니다.

"이 묵시는 정한 때가 돼야 이뤄지고 마지막 때를 말하고 있으며 반드시 이뤄진다. 비록 늦어진다 해도 너는 기다려라. 반드시 올 것이며 지체되지 않을 것이다"라는 하박국 2장 3절의 잘 알려진 말씀은 "우리의 기도에 대한 하나님의 응답이 일찍 오는 적은 거의 없지만 그렇다고 늦는 일이란 결코 있을 수 없다"(God's answer to your prayer is seldom early, but it is never late!)라고 하는, 유머러스하면서도 큰 안심을 주는 금언을 기억나게 합니다. "주의 약속은 어떤 이들이 더디다고 생각하는 것같이 더딘 것이 아니라"(개역개정)는 베드로후서 3장 9절 역시 직설적 화법으로 이런 사실을 확증해 주는 말씀이라고 해야겠지요.

하나님께서 태초에 창조하셨던 세상의 구성 요소, 즉 시간(時間), 공간(空間), 그리고 인간(人間) 가운데, 그것을 거룩하게 하신 순서가 시간 -> 인간 -> 공간의 순서라는 내용의 설교를 들은 일이 있습니다. 우리 인간이 "사람다운 사람"이 되기 위해서는 시간을 통한 성화(聖化)가 필수적인 과정이기에 가장 먼저 '시간'을 성화하신 것이라는 설명이 지금까지 기억에 남아 있는데, 이 말은 하나님께서 우리의 기도에 '즉시' 응답하지 않으시고 기다림의 시간을 갖게 하시는 것이, 우리가 하나님의 사랑과 예수님의 인내를 배우며 시간의 성화 과정을 거칠 수 있도록 도우시기 위함이 아닐까 생각해 보게 합니다 – "주께서 여러분의 마음을 인도하셔서 하나님의 사랑과 그리스도의 인내에 이르게 하시기를 빕니다"(살후 3:5)라는 바울의 기원이 알려 주듯 말이지요. 그런 만큼 기도가 응답되어야 할 시한을 자신이 정해 놓고 하나님을 재촉하기보다 "우리에게 우리의 날을 세는 법을 가르쳐 주셔서 지혜의 마음을 얻게 해주십시오"(시 90:12, 새번역)라고 지혜를 구하는 기도를 올리는 것이 더욱 '지혜로운' 태도라 할 것입니다.

"하나님의 타이밍은 완벽하다. 당장 뛰어들지 않으면 안 될 것 같은 압박감이 든다면 그때야말로 물러서야 한다. 기도하고 금식하며 하나님의 말씀을 가까이하라. 가족과 함께 기도하고, 금식하고, 하나님의 말씀을 보라"고 자신의 책 『영적 분별력』에서 권면하는 젠센 프랭클린은, "하나님은 밀어붙임 없이 인도하신다. 하나님은 강요 없이 인도하신다. 조급한 마음에 하나님만 하실 수 있는 일을 자기 손으로 벌이려 애쓰다가 하나님의 최선의 계획을 망치지 말라"고도 경고하고 있습니다. 저 또한 하나님을 만난 직후 성경의 가르침에 관해 잘 모르고 하나님의 성품에 대해서도 정확히 알지 못해 '당장 하지 않으면 안 될 것만 같은' 일을 두고 성급한 결정을 내릴 뻔 하다가 감사하게도 신실하신 주위 분들의 조언 덕분에 그런 어리석은 결정에서 물러서게 되었던 경험이 있어

이 권면을 특별히 기억하며 되새기곤 합니다.

"그리스도 안에서 미리 세우신 하나님이 기뻐하시는 뜻을 따라 하나님의 신비한 뜻을 우리에게 알려 주셨습니다. 하나님의 계획은, 때가 차면, 하늘과 땅에 있는 모든 것을 그리스도 안에서 그분을 머리로 하여 통일시키는 것입니다"(엡 1:9-10; 새번역)라는 말씀에서의 "때"(time)에 해당하는 헬라어 "카이론"(καιρῶν: kairōn)은 "어떤 목적이 이루어지는 결정적 시간"을 가리키는 말이라고 합니다. 그런 의미에서 하나님의 때, 즉 '카이론'은 우리의 계획표(planner)가 아니라 하나님의 시간표(Timetable)에 따라 성취되는 '완벽한 시간'을 지칭하는 개념이라고 이해할 수 있겠습니다.

이번 장의 본문으로 다루어지고 있는 전도서 3장 2-8절의 바로 앞부분, 즉 그 말씀들의 도입이자 전제라고 할 1절은 "모든 것에는 시기가 있고 하늘 아래 모든 일에는 목적에 따라 때가 있으니"라는 제언으로 시작됩니다. 우리의 계획표와 하나님의 시간표가 상충할 경우, 다시 말해 우리가 '원하는' 때와 하나님의 '목적에 따른' 때가 서로 일치하지 않을 경우 우리는 당황하기도 분노하기도, 또 고통스러워하기도 합니다. 하지만 이 구절을 해설한 『오늘의 양식』(Our Daily Bread)의 글에도 지적되어 있듯 하나님 나라(God's Kingdom)에서의 모든 시기는 '수확'의 계절이 아닙니다. 쟁기질을 하며 기경을 해야 할 때가 있고 씨를 뿌려야 할 때가 있으며 물을 주어야 하는 때도 있으니까요. 그런 인내의 기간이 없다면 우리는 하나님의 목적에 맞는 그릇으로 준비될 수 없을 것입니다.

도입부에 소개했던 솔로몬의 '경험담'(전 3:2-8)이나 중간 부분에 인용한 다윗의 기도(시 31:15)는 세상의 모든 사람, 모든 장소, 모든 상황에 동일하게 적용될 만한 구절들로, 삶에서 만나는 구체적 상황, 즉 기쁘고 슬프며 평안하거나 고통스러운 우리 삶의 모든 시간이 하나님의 주관하에 있다는 사실을 방증하는 내용으로도 해석될 수 있습니다.

인간의 삶에는 변화와 변동이 늘 끊이지 않는다는 의미를 함께 내포한 이런 구절들을 읽을 때 자신의 안심지대(comfort zone)에 머물기를 원하는 대다수 사람들이 불안과 두려움을 갖게 되는 것도 당연한 일이겠지만, 그런 메시지를 뒤집어 생각하면 하나님은 그 모든 변화의 상황 가운데 조금도 흔들림 없이 세상사 전체를 통제하고 계시는 분이라는 뜻이 되기도 할 테지요. 우리가 그러한 말씀들을 통해 불안과 두려움보다 위안과 격려를 더 크게 얻을 수 있는 이유가 바로 그것이니 말입니다.

"내일 일은 내일 염려하라"(마 6:34; 약 4:14)는 주님의 명령이나 "내일 일은 난 몰라요"와 같은 찬송가를 세상 사람들이 들으면 마치 감나무 아래 누워 감 떨어지기만 기다리는 무책임하고 무계획적인 태도처럼 생각하기 쉽겠지만, 사실 이런 명령이나 고백은 하나님께서 우리의 과거와 현재는 물론 미래까지 모두 알고 주관하고 계시다는 사실에 대한 인정인 동시에, 하나님께 온전히 자신의 시간을 내어 맡길 때 '스스로' 애쓰는 노력보다 훨씬 더 놀랍고 성공적인 승리의 앞날이 기다리고 있다는 믿음을 달리 표현한 것일 뿐입니다.

비록 "하나님께서 하시는 일의 처음과 끝"을 다 알지 못하더라도 "영원을 사모하는 마음"을 잃지 않으면서 "모든 것을 각각의 때에 맞춰 아름답게 만드신" 그분을 신뢰한다면, "내가 말하는 모든 말들이 더 이상 지체되지 않고 실현될 것"(겔 12:28)이라는 주님의 약속이 성취되는 기적의 현장에 함께하는 놀라운 은혜를 누릴 수 있을 테니까요.

30장 사랑이신 하나님

> "여호와의 인자하심은 자기를 경외하는 자에게 영원부터 영원까지 이르며"(시 103:17).

하나님을 묘사하는 수식어의 대부분이 "신실하신", "자비로우신", "강하신", "위대하신" 등등의 '형용사'인데 반해, 그분을 가리켜 "사랑의 하나님" 혹은 "사랑이신 하나님"이라고 일컬을 때의 "사랑의", "사랑이신"이라는 수식어는 형용사인 "loving"이 아니라 명사인 "love"를 그대로 옮겨 놓은 표현입니다. 다시 말해 "사랑의 하나님"이나 "사랑이신 하나님"으로 하나님을 지칭하는 일은 "loving God"(사랑이 깊은/사랑이 넘치는 하나님)을 의미하려는 것이 아니고, '동격'의 of를 사용해 "God of Love"(사랑 그 자체이신 하나님)를 뜻하기 위한 의도라는 것이지요. 그런 측면에서, "사랑의 사도"로 불리곤 하는 "요한"이 "하나님은 사랑이심이라"(God is love)라면서(요일 4:8) "하나님 = 사랑"이라는 등식으로 자신의 서신서에 요약해 놓은 문장을, "사랑이신 하나님"의 핵심적 정의라고 일컬을 수 있겠습니다.

주님의 사랑의 '형태'와 '크기'를 인간의 제한된 언어로 묘사함에는 한계와 제약이 있을 수밖에 없지만, 하나님께서 주시는 성령의 감동으로 성경을 기록했던 기자들의 입을 통해 '짐작' 정도는 해 볼 수 있을 것으로, "주님, 주의 한결같은 사랑은 하늘에 닿아 있고, 주의 미쁘심은 구름에 닿아 있습니다"(표준새번역), "하늘이 땅 위에 높이 있는 것처럼 하나님을 경외하는 사람들에 대한 그분의 사랑도 크다"(시 36:5; 103:11; 참조. 시 57:10; 108:4)라며 찬탄한 다윗의 시들에서 그 사랑의 높이와 크기(높고 큰 "하늘"에 비유된)를, 그리고 "많은 물도 그 사랑의 불을 끌 수 없으며 홍수도 그것을 덮어 끌 수 없습니다"(아 8:7)라는 감동적 묘사가 사용된 솔로몬의 노래에서 하나님 사랑의 깊이와 넓이(깊고 넓은 "물"에 비유된)를 엿볼 수 있습니다.

이처럼 "사랑 그 자체이신" 하나님임에도, 위에 소개한 몇몇 구절들이나 "이 모든 일에 우리를 사랑하시는 이로 말미암아 우리가 넉넉히 이기느니라", "죽음이나 생명도… 다른 어떤 피조물도 그리스도 예수 우리 주 안에 있는 하나님의 사랑에서 우리를 끊을 수 없습니다"라고 선포된 로마서 8장 37, 38-39절 등처럼 모든 버전에서 "사랑"이라는 단어를 정확히 표기한 경우들을 제외하고 한국어 성경에서 "하나님"과 "사랑"이 병존하는 구절을 찾기가 의외로 어렵다는 것은 적잖이 놀라운 사실입니다.

하지만 한글 성경이 "인자하심"으로 번역한 많은 부분이 실제로는 "love"라는 단어의 역어임을 고려할 때, "하나님의 사랑"에 대한 성경 구절이 한국 기독교인들의 생각보다 몇십 배 더 많으리라는 '합리적' 추측이 가능해집니다.

"그 인자하심이 영원하시다"라는 후렴이 26개 구절 모두에서 반복되는 시편 136편(참조. 대상 16:41; 대하 7:6)이나 "주께 감사하여라. 그의 인자하심이 영원하다"(표준새번역)라며 찬송하는 역대하 20장 21절은 물론이지만, "주의 인자하심을 감사하여라. 사람에게 베푸신 주의 놀라운 구원을 감사하여라"(표준새번역), "이스라엘아 여호와를 바랄지어다 여호와께서는 인자하심과 풍성한 속량이 있음이라"(개역개정)는 표현으로 하나님의 "인자하심"과 "구원"을 연결해 제시한 시편 107편 8절(참조. 시 107:15, 21, 31)과 130편 7절(참조. 시 131:3)을 살펴보더라도, 대부분의 한국어 성경이 "인자하심"으로 번역한 개념은 사실상 "친절함"(kindness)이나 "너그러움"(generosity)이 아니라 우리 주님의 실체인 "사랑"(love)입니다.

『제자입니까』(Disciple)라는 자신의 책에서 저자인 후안 카를로스 오르티즈(Juan Carlos Ortiz)는 하나님의 사랑을 "삼위일체적 사랑"이라고 정의함으로써 그것이 영원하고 완전한 사랑인 이유를 설명한 바 있습니다. 이러한 사랑의 모습을 역시 가장 많이 예시하고 있다고 할 시편에서는 "여호와의 인자하심은 자기를 경외하는 자에게 영원부터 영원까지 이르며"(시 103:17; 개역개정), "우리에게 향하신 여호와의 인자하심이 크시고 여호와의 진실하심이 영원함이로다"(시 117:2; 개역개정)라는 송축이나 "내가 이르기를 '주의 사랑은 영원토록 서 있을 것이요, 주의 신실하심을 그 하늘에 견고하게 세워 두실 것이다' 하였습니다"(시 89:2; 표준새번역)라는 선언과 같은 다양한 모습의 감사 찬양이 소개되고 있습니다.

환란 중에 있는 이스라엘의 회복을 다짐하며 선지자 예레미야의 입을 빌어 "나는 영원한 사랑으로 너를 사랑하였고, 한결같은 사랑을 너에게 베푼다"(렘 31:3; 표준새번역, 새번역)라고 전하셨던 주님의 약속뿐만 아니라, 고난과 심판을 허락하실 수밖에 없던 그들을 향해 선지자 호세아에게 "그 때에 내가 너를 영원히 아내로 맞아들이고, 너에게 정의와 공평으로 대하고, 너에게 변함없는 사랑과 긍휼을 보여 주고"(호 2:19; 표준새번역, 새번역)라 대언하게 하신 위로에서도 영원에서 영원으로 이어지는 하나님의 사랑을 목격하게 되지요.

성경 안에서 빈번하게 만나게 되는, "주님은 선하시다. 그 인자하심이 영원하다"(표준새번역, 새번역), "여호와께 감사를 드리라. 그분은 선하시며 그분의 사랑은 영원하다"(대하 5:13; 대상 16:34; 참조. 대하 7:3; 스 3:11; 시 106:1; 107:1; 118:1, 29; 136:1; 렘 33:11) 등의 구절들이 보여 주는 것처럼, 하나님의 "좋으심"(선하심)과 "사랑"(인자하심)은 늘 서로를 동반하는 그분의 대표적 품성입니다. "주님, 주님은 선하시며 기꺼이 용서하시는 분, 누구든지 주님께 부르짖는 사람에게는, 사랑을 한없이 베푸시는 분이십니다"(시 86:5; 새번역)라는 시가서의 찬탄이나 "주는 용서하시는 하나님, 은혜로우시며, 너그러우시며, 좀처럼 노여워하지 않으시며, 사랑이 많으셔서, 그들을 버리지 않으셨습니다"(느 9:17; 표준새번역)라는 역사서의 간증에 확고히 명시되어 있듯 말이지요.

"내가 그들의 반역하는 병을 고쳐 주고, 기꺼이 그들을 사랑하겠다"(표준새번역, 새번역)라고 약속해 주신 호세아 14장 4절을 위시하여, "하나님께서는 그들의 부르짖음을 들으시고 그 고통을 봐 주셨고 그들을 위해 그분의 언약을 기억하시고 그 엄청난 인자하심에 따라 마음을 돌이켜"라 선포된 시편 106편 44-45절, 그리고 "진노하시되, 그 노여움을 언제까지나 품고 계시지는 않고, 기꺼이 한결같은 사랑을 베푸십니다"(표준새번역, 새번역)라며 감사를 올리는 미가 7장 18절 모두 하나님의 대표적 품성인 선하심과 크신 사랑에 대한 일관된 증언들입니다.

C. S. 루이스가 자신의 저서 『고통의 문제』(*The Problem of Pain*)에 적은, "하나님의 사랑은 상대방이 가진 선에 근원을 두는 것이 아니라, 오히려 자신이 먼저 인간을 사랑하여 그를 존재케 한 후에 파생적인 것이나마 진정한 사랑스러움을 갖추어 가게 함으로써 그 모든 선의 근원이 되어 줍니다… 하나님의 사랑은 말 그대로 본질상 끝없이 이타적인 것으로서, 모든 것을 주되 아무 것도 받지 않는 사랑입니다"라는 제언을 통해, 하나님께서 주신 "나 주는 노하기를 더디하고, 사랑이 넘치어서 죄와 허물을 용서한다"(민 14:18; 표준새번역, 새번역), "주, 나 주는 자비롭고 은혜로우며, 노하기를 더디 하고, 한결같은 사랑과 진실이 풍성한 하나님이다. 수천 대에 이르기까지, 한결같은 사랑을 베풀며, 악과 허

물과 죄를 용서하는 하나님이다"(출 34:6-7; 표준새번역, 새번역)
라는 말씀들의 본질적 의미를 깨닫게 됩니다.

이와 같이 구약성경에 끊임없이 공명되는 "주님은 자비롭고,
은혜로우시며, 노하기를 더디 하시며, 사랑이 그지없으시다"(시
103:8; 표준새번역, 새번역; 참조. 시 86:15; 103:8; 111:4; 116:5;
145:8; 욘 4:2)라는 구절에서의, 불완전하기 짝이 없는 인간의 사
랑과 대비되는 완벽하신 하나님의 사랑에 대한 묘사를 읽다 보면,
고린도전서 13장 4-7절이 말하는 완전한 "사랑"이 바로 주님의
이러한 품성을 형상화한 것일지 모른다는 생각을 하게 됩니다. 인
간으로서는 상상조차 불가능할 사랑의 경지를 일별(一瞥)이라도
할 수 있도록, 부족하나마 흉내라도 낼 수 있도록 '모범답안'으로
제공된 것이 아닐까 하는 추측을 불러일으키는 구절이란 점에서
말이지요. 본시 이기적(selfish)이고 자기중심적(self-centered)이
기에 죄인된 삶에서 쉽게 벗어나지 못하는 우리임에도, 그런 우리
를 향해 "많은 물"과 "홍수"조차 끌 수 없을 절절한 사랑(애 8:7)
의 마음을 고백하는 하나님이심을 생각하면 더욱 그럴 수밖에 없
게 됩니다.

자신의 평안과 행복, 인내와 소망이 사라졌음을 한탄하며 낙
심하던 예레미야(애 3:17-20)가 "주님의 한결같은 사랑이 다함이
없고 그 긍휼이 끝이 없기 때문"(애 3:22; 새번역)이라는 이유와 함
께 '소망'을 향해 갑작스레 방향을 돌리는 것은, "언제까지" 자신
을 잊으실 것이냐며 하나님께 따져 묻던(시 13:1-4) 다윗이 이어

지는 다음 절에서 "그러나 나는 주의 변함없는 사랑을 믿습니다. 내 마음이 주의 구원을 기뻐합니다. 주께서 내게 은혜를 베푸셨으니 내가 여호와를 찬송할 것입니다"(시 13:5-6)라고 신속히 '태세 전환'을 한 것과 정확히 일치하는 모습입니다. 그들이 이처럼 급변한 태도를 취할 수 있었던 것은 힘들고 고통스런 상황 가운데에도 하나님의 "변함없는 사랑"을 기억하며 그 사랑에의 신뢰를 다시 회복하게 되었기 때문이니까요.

"하나님께서 한 마디를 말씀하셨을 때에, 나는 두 가지를 배웠다. '권세는 하나님의 것'이요, '한결같은 사랑도 주님의 것'이라는 사실을"(시 62:11-12; 표준새번역)이라는 다윗의 고백은, 하나님의 말씀에 대한 깊은 묵상이 주님의 크신 능력에 대한, 그리고 말씀 안에 담겨 있는 그분의 놀라운 사랑에 대한 깨달음으로 인도한다는 '진리'를 새삼 일깨워 줍니다. "우리를 사랑하시고 그분의 피로 우리의 죄에서 우리를 해방시켜 주신 분"(계 1:5)이라는 당신에 대한 정의로 우리를 향한 사랑의 '강도'를 설명하고자 하신 주님께서는, "그리스도께서 우리를 사랑하셔서 우리를 위해 자신을 향기로운 예물과 희생제물로 하나님께 드리신 것처럼 여러분도 사랑으로 행하십시오"(엡 5:2)라는 교훈에 의해 우리도 그런 사랑을 '흉내'라도 내며 살 것을 명하십니다. "우리 주의 은혜가 그리스도 예수 안에 있는 믿음과 사랑과 함께 넘치도록 풍성"(딤전 1:14)하기에, 그 '은혜'에 힘입기만 한다면 불가능한 일도 아닐 수 있겠지요.

목사이자 작가인 릭 러소(Rick Rusaw)가 자신의 저서『나에게 새로운 출발이 필요할 때』(*When I'm Needing a Fresh Start*)에 적은, "하나님은 당신의 독생자를 통해 우리 안에 거하신다. 마치 농부가 자신을 두려워하는 참새를 위해 직접 새가 된 것과 유사한 이 상황은, 인간이 스스로를 하나님의 마음에 대입시켜 볼 수 있 도록 만드는 유일한 방편이다"라는 말이 기억날 때면 "하나님의 사랑이 우리에게 이렇게 드러났으니, 곧 하나님께서 당신의 독생 자를 세상에 보내 주셔서, 우리로 하여금 그로 말미암아 살게 해 주신 것입니다"(요일 4:9; 표준새번역)라는 감격적인 말씀도 함께 떠오르곤 합니다.

"아버지께서는 우리를 어둠의 권세에서 구해 내셔서 그분이 사랑하는 아들의 나라로 옮기셨습니다"(골 1:13)라는 선언이 가 르쳐 주듯 하나님의 "사랑하는 아들의 나라"에서 그분의 "사랑하 는 자녀"로 살게 된 우리는, "사랑은 이 세상에서 가장 강력한 무 기이다. 예수님은 사랑으로 세상을 정복하셨고 우리 또한 사랑으 로 세상을 정복해야 한다"라는 후안 오르티즈의 권면처럼 '사랑' 으로 세상을 '정복'하며 살아야 할 존재들입니다.

31장 치유하시는 하나님(1)

> "예수께서는 주의 능력이 함께하심으로 병을 고치셨습니다"(눅 5:17).

주님께서 이 땅에 오셔서 베푸셨던 다양한 사역들이 "Teaching", "Preaching", "Healing"이라는 세 가지 형태로 크게 분류되곤 하는 것은, 당시 예수님 곁에 모여 들었던 사람들을 "가르치시고", "말씀을 베푸시고", "치료해 주셨던" 역사 때문입니다. "예수께서 갈릴리 지역을 두루 다니시며 회당에서 가르치시고 복음을 전파하시며 사람들의 모든 질병과 아픈 곳을 고쳐 주셨습니다"(마 4:23), "예수께서 모든 도시와 마을을 두루 다니시며 회당에서 가르치시고 하늘나라 복음을 전파하시며 모든 질병과 아픔을 고쳐 주셨습니다"(마 9:35)라는 복음서의 증언들에 잘 요약되어 있는 사실처럼 말이지요.

"예수께서는 그들을 맞이하셔서, 하나님 나라를 말씀해 주시고, 또 병 고침을 받아야 할 사람들을 고쳐 주셨다"(눅 9:11; 마 14:14; 새번역)라고 기록된, "말씀 가르침"과 "병 고침"이 병행된 주님의 사역에 대한 소개가 알려 주듯 "치유"는 예수님이 베푸셨던 세 가지 사역 중 하나이기에, 사실상 복음서 전체의 1/3 분량을 차지하는 내용이라고 말해도 무방할 것입니다. "어느 날 예수께서 가르치고 계실 때… 주의 능력이 함께하심으로 병을 고치셨습니다"(눅 5:17)라고 하여 역시 "가르침"과 "치유"의 사역이 동시에 베풀어졌음을 증거하는 복음서의 구절은 이에서 한발 더 나아가, 병 고침의 섭리를 통해 가시화된 하나님의 '능력'을 강조하고 있기도 합니다.

"나는 너희를 치료하는 여호와다"(출 15:26)라고 하셨던, 그리고 그와 더불어 "나 밖에는 다른 신이 없다… 나는 상하게도 하고 낫게도 한다. 아무도 내가 하는 일을 막지 못한다"(신 32:39; 표준새번역, 새번역)라며 주셨던 하나님 스스로의 선언은 물론, "그분은 상처를 주기도 하시지만 또 싸매 주기도 하시고, 다치게도 하시지만 그 손길이 또 치료도 하신다네"(욥 5:18)라는 엘리바스의 말이나 "이제 주께로 돌아가자. 주께서 우리를 찢으셨으나 다시 싸매어 주시고, 우리에게 상처를 내셨으나 다시 아물게 하신다"(호 6:1; 표준새번역; 참조. 사 19:22)라는 호세아 선지자의 권고 역시, 주기도 빼앗기도 그리고 높이기도 낮추기도 하시는 하나님께서 때로 상처를 주실지라도 치유의 은혜 또한 함께 허락하시는 분임을 알려 주기 위한 말씀들입니다.

"예수께서는 주의 능력이 함께하심으로 병을 고치셨습니다"(눅 5:17)라는 간증에서 예수님의 치유 능력을 바라보는 누가의 관점은 그 능력이 예수님의 내부 아닌 외부에 존재(extrinsic)하며 역사하는 요소로 이해하는 시각입니다. 이것은 요한복음에서 "내 아버지께서 지금까지 일하고 계시니 나도 일한다", "아들 혼자서는 아무것도 할 수 없고 아들은 아버지께서 하시는 것을 보는 대로 따라 할 뿐이다. 아들은 무엇이든지 아버지께서 하시는 일을 그대로 한다"(요 5:17, 19)라는 선포에 의해 당신 자신(아들 예수님) 아닌 다른 능력자(아버지 하나님)로부터 그러한 능력을 전달 받는다고 하셨던 주님 스스로의 말씀들과도 맥을 같이 하는 관점이지요.

신학자이자 교수인 잭 디어(Jack Deere)는 본인의 저서『성령의 놀라우신 능력』(*Surprised by the Power of the Spirit*)에서 위의 구절을 분석하며, "예수님은 언제 어디서든 스스로의 재량으로 충분히 치유를 베푸실 수 있는 분인데 누가는 왜 여기에서 아버지 하나님만 그런 능력을 소유하신 것처럼 묘사하고 있는가"라는 질문을 제기한 후, "이는 치유의 섭리에 대해 어떤 경우에는 나누어 주시고(dispense) 또 어떤 경우엔 허락하지 않기도 하시는 (withhold) 아버지 하나님의 '단독적 권리'라는 측면에서 접근할 때만 이해할 수 있는 관점"이라는 말로 해석의 실마리를 제공합니다. 그와 더불어 "예수님께서 신성(神性)이신 당신의 능력으로 행하는 기적을 스스로 포기하시고 – 성육신이라는 낮아짐의 과정에 의해 – 하나님께 쓰임 받는 하나의 '인간', 성령의 능력을 통한 기적의 '대리인'임을 자임하신 결과"라는 설명도 덧붙이고 있습니다.

12년간 혈루병을 앓던 여인이 예수님의 옷자락을 만지고 병이 치유된 놀라운 역사(마 9:20-22; 막 5:25-34; 눅 8:43-48)나 "사람들은 아픈 사람들을 모두 데려와 예수의 옷자락이라도 만지게 해달라고 간청했습니다. 그리고 그 옷자락을 만진 사람들은 모두 나았습니다", "온 무리가 예수에게 손이라도 대보려고 애를 썼다. 예수에게서 능력이 나와서 그들을 모두 낫게 하였기 때문이다"(마 14:35-36; 눅 6:19; 막 6:55-56; 3:10; 새번역)라는 간증들에서는 '곁을 스치기만 해도' 병이 낫는 예수님의 치유 능력(하나님으로부터 전달 받았다고 하신)을 목격하게 됩니다.

그러나 날 때부터 앞을 보지 못하던 걸인을 치유하신 유명한 사건은, "실로암 연못에 가서 씻어라"(요 9:7)는 '말씀'만으로 병을 고치셨던, 주님의 더욱 놀라운 치유 능력에의 증언이라 할 것입니다. 갈릴리에서 행하신 두 번째 표적이자 왕의 신하의 아들을 말씀으로 치유하신 일(요 4:50)과, 직접 오실 필요가 없다고 말해 그 믿음을 칭찬 받은 백부장 하인의 중풍병이 말씀으로 치료된 역사(마 8:13; 눅 7:9-10)에서도 '말씀'만으로 치유하시는 주님의 능력이 생생히 입증되고 있는바, 이 모든 기록들은 "그분이 말씀을 보내 그들을 고쳐 주시고 그들을 파멸에서 구해 주셨다"(시 107:20)라는 시편의 찬송을 뒷받침하는 증언이기도 합니다.

위에서 언급한 누가복음 5장 17절의 전체 내용은 "어느 날 예수께서 가르치고 계실 때 바리새파 사람들과 율법학자들이 갈릴리의 모든 마을과 유대와 예루살렘에서 와 앉아 있었습니다. 그리고 예수께서는 주의 능력이 함께하심으로 병을 고치셨습니다"라는 것으로, 그 뒤에 이어지는 18-20절(참조. 마 9:2; 막 2:3-5)에는 중풍병 환자를 데리고 왔던 네 사람이 큰 무리 때문에 예수께로 가까이 갈 수 없게 되자 예수님 근처의 지붕을 걷어 낸 후 중풍병 환자가 누운 자리를 달아 내렸고, 그들의 믿음을 보신 주님께서 중풍병 환자를 향해 "네 죄가 용서함을 받았다"(표준새번역)고 말씀하셨다는 유명한 구절이 연결됩니다.

당신의 이 말씀을 '신성모독'이라 여기던 바리새인들과 율법학자들의 속마음을 꿰뚫어 보신 예수님께서는 "너희는 왜 그런 생각을 마음에 품느냐?"고 힐문하신 후 "'네가 죄를 용서 받았다'라는 말과 '일어나 걸어라' 라는 말 중 어떤 것이 더 쉽겠느냐?"(눅 5:22-23; 마 9:4-5; 막 2:8-9)고도 재차 질문 하십니다. 예전의 저처럼 예수님의 이 질문이 가지는 정확한 의미를 이해하기 어려운 분들이라면 영어 성경 "ERV"에서 풀어 쓴, "Maybe you are thinking it was easy for me to say, 'Your sins are forgiven.' There's no proof that it really happened. But what if I say to the man, 'Stand up and walk'? Then you will be able to see that I really have this power"(아마도 너희는 "네 죄가 용서 받았다"고 말하는 것이 훨씬 쉬운 일이라고 생각할 것이다. 그 말이 실제로 이루어졌는지 확인할 증거가 없으니 말이다. 하지만 내가 "일어나 걸어라"고 말한다면 어떻겠느냐? 그때는 너희가 나에게 그런 권세가 정말로 있음을 알게 될 것이다)라는 구체적 해석에서 도움을 얻을 수 있을 것입니다.

예수님께서 이렇게까지 직접적인 도전을 하셔야 했던 것은 그만큼 당시의 바리새인들과 율법 학자들이 주님의 "치유의 능력"도, "죄사함의 권세"도 인정하지 않았기 때문입니다. 예수께서 말씀이나 옷자락의 스침만으로 치유를 베푸실 수 있었다는 사실은 그 '능력'을 받는 자의 믿음이 치유 과정에 크게 작용한다는 의미이기도 할 것으로, 이처럼 손도 대지 않고 치유를 베푸실 수 있는 주님의 능력이 막상 당신의 고향에서는 사용될 수 없었던 데 대해 "예수께서는 다만 몇몇 병자에게 손을 얹어서 고쳐 주신 것밖에는, 거기서는 아무 기적도 행하실 수 없었다"(막 6:5; 새번역; 참조. 눅 4:23-24)라고 증거한 내용에서, 질병의 치료에는 치유하시는 분의 능력과 권세 못지않게 치유 받는 이의 신뢰와 의존이 관건임을 확인하게 됩니다.

예수님이 행하신 기적을 가장 많이 경험하고도 회개하지 않아 고라신, 벳세다와 함께 심한 꾸중을 들었던 가버나움(마 11:21-24; 눅 10:13-15)은, 사실 성경의 여러 곳에서 목격되는 놀라운 치유들이 일어났던 곳입니다. 애초 세리였지만 이후 복음서를 기록하는 사도로 성장했던 마태를 부르신(마 9:9) 이곳에서 백부장 하인의 병을 - 말씀만으로 - 치유해 주신(마 8:5-13; 눅 7:2-10) 주님은, 열병으로 앓아누웠던 베드로의 장모를 일으켜 열을 내리게 하셨을 뿐 아니라(마 8:14-15; 막 1:30-31; 눅 4:38-39), 귀신 들린 사람의 몸에서 악귀를 쫓아내셨으며(막 1:23-26; 눅 4:33-35) 병자들의 여러 질병을 모두 치유해 주셨습니다(마 8:16-17; 막 1:32-34; 눅 4:40-41).

그럼에도 그들이 예수님의 '주되심'에 대한 전적 신뢰를 보이지 않았기에 "가버나움아, 네가 하늘에까지 치솟을 셈이냐? 지옥에까지 떨어질 것이다. 너 가버나움에서 행한 기적들을 소돔에서 행하였더라면, 그 도시는 오늘까지 남아 있을 것이다"(마 11:23; 눅 10:15; 표준새번역)라는 책망을 피할 수 없었던 것입니다.

주님께서 중풍병자에게 죄사함을 선포하신 이유에 대해 성경은 "예수께서는 그들의 믿음을 보시고"(마 9:2; 막 2:5; 눅 5:20)라는 간단명료한 설명을 제시하고 있지만, "너희 믿음대로 되라"고 하신 주님의 공표 그대로 눈을 뜨게 된 두 맹인(마 9:29-30)이나, "네 믿음이 너를 구원했다"라는 위로와 더불어 치유를 얻은 혈루병 여인(마 9:22; 막 5:34; 눅 8:48), 그리고 "네 믿음이 크구나! 네 소원대로 될 것이다"(마 15:28; 막 7:29)라는 대답을 '끝내' 얻어낸 이방 여인 모두가 자신의 믿음을 바탕으로 주님의 치유 능력을 경험한 사람들입니다. 그렇기에 예수께서는 회당장 야이로에게 "두려워하지 말고, 믿기만 하여라. 딸이 나을 것이다"(눅 8:50; 막 5:36; 표준새번역, 새번역)라고 명하신 것이겠지요.

그런 맥락에서 "건강한 사람에게는 의사가 필요 없고 병든 사람에게만 의사가 필요하다"(눅 5:31; 마 9:12; 막 2:17)라는 주님의 말씀도 "스스로를 건강하다고 '생각'하는 사람에게는 의사가 할 수 있는 일이 없고, 자신의 병을 '알고 인정하는' 사람에게만 치유가 베풀어질 수 있을 뿐이다"라는 의미로 이해함이 옳으리라 생각됩니다. 육신의 병을 고치기 위해 의사를 만난 환자는 본인의 상태와 증상을 솔직하고 정확하게 말해야 하며, 마음의 병을 치유받기 위해 상담가를 만난 내담자는 자신의 고민과 어려움에 대해 숨김없이 털어놓아야 도움을 받을 수 있습니다. 그 같은 진솔한 자세로 주님과 깊이 있는 대화를 주고받으며 내면의 상처를 치유받을 수 있었던 사마리아 여인(요 4:7-29)을 대표적 사례로 꼽을 수 있겠지요.

교수이자 작가인 찰스 험멜(Charles E. Hummel)은 『벽난로 안의 불』(*Fire in the Fireplace*)이라는 자신의 저서에서, "예수님이 우리의 고통스런 기억을 치유하시면 설령 내적 장애를 초래할 만큼 깊은 상처라도 극복이 가능하며, 성령의 도움으로 과거의 힘든 시간을 대면함으로써 타인을 용서할 수 있는 능력까지 회복될 수 있다"고 제언합니다. "너희의 짐을 주님께 맡겨라"(시 55:22; 표준새번역, 새번역)는 다윗의 권고와 "여러분의 모든 근심을 주께 맡기십시오"(벧전 5:7)라는 베드로의 권면 또한 그러한 사실에 연유하는 것이라고 볼 수 있겠습니다.

자기가 가진 '병'을 숨기기 위해서이든 아니면 스스로 그 '질환'에 대해 깨닫지 못해서이든 우리가 하나님 앞에 자신의 문제를 드러내어 올려 드리지 않으면 주님의 치유 능력이 발휘될 수 없습니다. 그렇기에 "건강한 사람에게는 의사가 필요 없고 병든 사람에게만 의사가 필요하다"고 전제하신 예수님께서 "의인을 부르러 온 것이 아니라 죄인을 불러 회개시키러 왔다"라며 이어 가신 말씀(눅 5:32; 마 9:13; 막 2:17)은, 진정으로 "건강한" 사람이나 "의인"이 우리 가운데 따로 있다는 의미가 아니라 – "살아 있는 이들 중에는 의인이 없다"고 명기한 성경의 수많은 구절들(시 14:3; 53:3; 143:2; 잠 20:9; 전 7:20; 롬 3:10)을 생각할 때 – 자신의 병을 인식한 후 주님 앞에 그것을 내놓고 도움을 구하는 사람에게만 진정한 치유가 일어난다는 뜻으로 이해해야 옳을 것입니다. 하나님만이 우리의 "희망"(시 39:7; 62:5; 71:14)이시며 "피난처와 힘"(시 46:1; 59:16; 62:7; 렘 16:19)이시고 "고통당할 때 바로 눈 앞에 있는 도움"(시 9:9; 46:1, 11; 91:2, 9; 141:8; 나 1:7)이심은 성경이 반복적으로 주는 약속들에 의해 확인되는 진리이기에 말입니다.

32장 치유하시는 하나님(2)

> "여호와께서 그 백성들의 상처를 싸매시고 그가 때린 자리를 치료하시는 날에 달은 해처럼 빛을 내고, 햇볕은… 일곱 배나 더 밝을 것이다"(사 30:26).

하나님의 치유 능력을 증거하는 성경의 여러 사례들 가운데에도 아람의 군사령관 "나아만"에 관한 이야기는 기독교인들에게 특히 친숙한 내용이라고 할 수 있을 것입니다. 나병으로 고통 받던 그가 치유를 얻은 '비법'에 대해서는 "나아만은 하나님의 사람이 시킨 대로, 요단강으로 가서 일곱 번 몸을 씻었다. 그러자 그의 살결이 어린 아이의 살결처럼 새 살로 돌아와, 깨끗하게 나았다"(왕하 5:14; 표준새번역, 새번역)라는 서술로 간략하게 기록되어 있지만, 그런 치유에 이르는 과정 속엔 엘리사의 '처방'에 분개하며 그냥 돌아서려던 나아만이 부하들의 말을 듣고 마음을 돌이키게 되었다는 드라마틱한 스토리도 숨어 있기 때문이지요.

애초엔 엘리사가 직접 나와 반겨 주며 '정성스런' 치료 행위를 하지 않은 데에 분노하면서 그의 조언을 묵살해 버리려고 마음먹었던 나아만은, 더 어렵고 힘든 노력도 해야 했을 터에 쉽고 간단한 지시를 못 따를 게 뭐냐는 부하들의 말을 듣고 생각을 돌림으로써 놀라운 치유의 기적을 경험하는, 즉 교만으로 시작한 일을 겸손으로 마무리하는 결과를 얻을 수 있었습니다.

하지만 이와 정반대로, 한때는 자신이 다스리는 성읍에서 우상을 없애고 여호와의 제단을 재건하며 "마음과 영혼을 다해" 여호와를 찾기를 언약하라고 백성들을 독려(대하 15:8-18)할 만큼 하나님 앞에 신실했으나 막상 발에 병이 들어 위독하게 되자 여호와를 찾고 구하지 않은 채로 죽음을 맞이한(대하 16:12; 왕상 15:23) 아사 왕의 경우는, 겸손과 순종으로 시작된 삶을 교만으로 마감한 최악의 사례로 전락하게 되었지요.

예수께서 비유를 통해 주신 말씀 중 포도원에 가서 일하라는 아버지의 지시를 처음엔 거부했다가 후에 마음을 돌려 일하러 나간 아들(마 21:28-31)의 경우를 떠오르게도 하는 나아만의 예화에서, 치유와 관련해 우리에게 전하고자 하시는 주님의 메시지 몇 가지를 발견할 수 있습니다.

예수께서 안식일에 회당에서 이사야 말씀을 읽으시며 당신의 고향 나사렛 사람들의 믿음 없음을 나무라실 때 사르밧 과부와 함께 예를 드셨던 이방 사람으로 이 나아만이 등장(눅 4:27)하는 것을 보면, 태생이나 혈연이 아니라 주님께서 베푸시는 치유의 은혜에 반응하는 방식이 곧 하나님의 인정과 칭찬에 합당한 조건이라는, 성경이 제시하는 첫 번째 메시지를 찾을 수 있습니다. 엘리사시대 이스라엘에 수많은 나병 환자가 있었음에도 시리아 사람 나아만 외에는 어느 누구도 깨끗함을 얻지 못했다는 사실을 지적하신 예수님은, 이후 사마리아와 갈릴리 사이의 한 마을에서 만나 치유를 베푸셨던 열 명의 나병 환자 가운데 사마리아인 한 사람만 돌아와 하나님께 영광 돌리는 모습을 보시곤 "이 이방 사람 말고는 하나님께 영광을 돌리려고 되돌아온 사람이 없단 말이냐?"(눅 17:18)라고 개탄하기도 하셨지요.

자기 나라의 군사령관이라는 높은 위치에 있으면서도 치유를 향한 간절함으로 타국까지 찾아온 나아만의 모습에서, 치유를 얻고자 하는 당사자의 의지가 얼마나 중요한지와 관련된 메시지도 얻을 수 있습니다. 사실 예수께서는 어딘가를 지나시다 우연히 만난 환자들을 '그냥' 치료해 주신 것이 아니라 병 중에 있는 상대에게 낫고자 하는 의지가 있는지 확인이 된 후에야 치유를 베풀곤 하셨으니까요. "예수께서… 물으셨습니다. '네 병이 낫기를 원하느냐?'… '일어나 네 자리를 들고 걸어가거라.' 그러자 그가 곧 나아서 자리를 들고 걸어갔습니다"(요 5:6-9)라는 실례와 "'내가 네게 무엇을 해 주기를 원하느냐?' 그가 대답했습니다. '주여, 다시 보고 싶습니다.' 예수께서 그에게 말씀하셨습니다. '눈을 떠라. 네 믿음이 너를 구원했다.' 그러자 그는 곧 보게 됐고 하나님께 영광을 돌리며 예수를 따라갔습니다"(눅 18:41-43; 마 20:32-34; 막 10:51-52)라고 기록된 사건에서 확인할 수 있는 것처럼 말입니다.

한편 "주님, 원하신다면 저를 깨끗하게 하실 수 있습니다"라는 나병 환자의 말에 "내가 원한다. 자, 깨끗하게 되어라!"(마 8:2-3; 막 1:40-42; 눅 5:12-13)라고 답하며 베푸신 치유의 역사는 예수님 당신이 치유에 미치는 의미 또한 되짚어 보게 합니다. 주님께서 행하셨던 치유가 말씀이나 옷자락의 스침만으로도 가능했다는 사실을 단지 기적적 신비라고만 단순화할 수 없을 것은, 인간 스스로 시도하던 다른 어떤 방법보다 효과적이고 이상적인 형태로 이루어진 치유, 즉 병자들에게 일어났던 "회복"과 "깨끗해짐"이 그들의 신뢰와 의지의 대상인 하나님의 '임재'를 통해, 다시 말하면 주님의 '함께하심'이 만들어 낸 현상이기 때문입니다.

유사한 주제를 다룬 설교에서 목사인 크레이그 그로쉘도 "아이들이 넘어져 다쳤을 때 가장 필요한 것은 현재의 증상에 대한 진단이나 '왜 이런 일이 일어나야만 했는지'를 밝히는 원인 규명, 다음에는 다치지 않을 수 있는 방법에 대한 조언 등이 아니다. 그들에게는 오직 따뜻하게 안아 줄 가슴과 기댈 어깨(안전한 피난처)가 필요할 뿐이다. 그와 같이, 넘어지고 상처 입어 아픔을 느끼는 우리를 향해 하나님은 '아버지가 여기 있다. 걱정하지 말아라'며 위로해 주는 분이시다"라고 말합니다.

하지만 그런 치유의 은혜를 얻기 위한 선결 조건은 자신의 상처를 직시하고 아버지의 넓은 품으로 달려 나가는 용기입니다. 어렸을 땐 넘어져 다치면 의지하는 대상을 향해 뛰어가던 우리가 성인이 된 후에는 사람들의 눈을 피해 도망치거나 스스로를 타인으로부터 격리시키며 "나는 괜찮다"는 말로 자신과 주위 사람들을 속이기도 하지만, 그런 식의 행동은 결코 본인에게도 주변에도 도움이 될 수 없습니다. 가슴을 치고 회개하며 자비를 구한 세리가 하나님의 용서를 얻었던 데에 반해, 그 모습을 보면서 자신은 그렇지 않다고 자부하던 바리새인은 꾸중과 훈계(눅 18:9-14)를 피할 수 없었던 이유도 바로 그것입니다. 예수님 뵙기를 앙망하며 이전의 탐욕을 회개한 삭개오는 주께서 약속하신 '구원'을 누릴 수 있었지만(눅 19:2-10) 세리나 죄인들과 함께 식사하신다며 주님을 비난한(마 9:11; 막 2:16; 눅 5:30) 바리새인과 율법학자들은 지적과 꾸중을 듣게 된 경우 역시 마찬가지겠지요.

예수님께서 베푸신 놀라운 치유 사역들 중에는 단지 질병을 치료하는 정도가 아니라 이미 숨을 거둔 사람을 다시 살려 내신 초자연적 현상도 여럿 있었는데, 마르다와 마리아의 오빠인 나사로를 죽고 난 4일 후 되살리신 사건(요 11:1-44)이 가장 널리 알려지기는 했지만, 외아들을 잃은 나인의 과부를 불쌍히 여기시며 말씀으로 그를 다시 살아나게 하신 일(눅 7:11-15)과 "달리다굼"(Talitha koum)이라는 말로 잘 알려진, 야이로 회당장의 딸을 살려 내신 사례(마 9:23-25; 막 5:35-43; 눅 8:49-56) 등이 모두 그에 포함되는 경우입니다.

좀 더 과거로 돌아가, 마찬가지로 죽은 이들을 다시 살리신 하나님의 이적(異跡/異蹟)을 목격할 수 있는 열왕기의 기록에서는, 병이 들어 상태가 위중해지다 결국 숨진 사르밧 과부(위에서 언급된)의 아들이 엘리야의 기도를 통해 다시 살아난 일(왕상 17:17-

24)과, 어렵사리 얻었음에도 갑작스레 죽고 만 수넴 여인의 아들을 엘리사가 기도로 살려 낸 예(왕하 4:18-37) 등을 찾을 수 있습니다.

치유의 능력으로 따진다면 이미 숨을 거둔, 그래서 아무리 유능한 의사라도 더 이상 손을 쓸 수 없는 상태에 이른 사람을 살려 내는 일이야말로 가장 강력한 치료라고 해야겠지만, 흔히들 농담 섞인 말로 이야기하듯 하나님께서 되살려 내신 이들도 결국엔 다시 죽고 말았음을 생각한다면 육신의 질병을 치유하거나 심지어 목숨을 살리는 것조차 그 자체로는 특별한 의미를 갖는 일이 아니라고 말할 수 있을지 모릅니다.

예수께서 70명의 제자들을 전도의 현장으로 보내며 전하셨던 "거기에 있는 병자들을 고쳐 주며 '하나님의 나라가 너희에게 가까이 왔다' 하고 그들에게 말하여라"(눅 10:9; 표준새번역)는 명령을 되새기다 보면, 육신의 병을 치유하는 것 못지않은 영혼 돌보기의 긴급성이 이 구절에 암시되어 있음을 감지하게 되니 말입니다.

이처럼 영혼을 돌보는 사역 가운데 빼놓을 수 없는 것으로 영적으로 '눈먼' 사람들의 눈을 뜨게 하는 사명을 들 수 있으리라 봅니다. "여호와는 눈먼 사람들의 눈을 뜨게 하시며 여호와는 엎드린 사람들을 일으키시고"(시 146:8)라는 말씀이 알려 주듯 "개안"(開眼)은 하나님의 치유에 있어 상징적 의미가 큰 사역입니다. "그 때에 예수께서는… 눈먼 많은 사람을 볼 수 있게 해주셨다"(눅

7:21; 표준새번역, 새번역)라는 기록과, "성전 뜰에서 눈먼 사람들과 다리를 저는 사람들이 예수께 다가오니, 예수께서는 그들을 고쳐 주셨다"(표준새번역), "그 때에 사람들이, 귀신이 들려서 눈이 멀고 말을 못 하는 사람 하나를 예수께 데리고 왔다. 예수께서 그를 고쳐 주시니, 그가 말을 하고, 보게 되었다"(마 21:14; 12:22; 눅 11:14; 표준새번역)라는 간증들에 제시된 바와 같이 '눈먼' 사람들의 '눈을 뜨게' 하는 치유가 예수님의 사역 가운데 상당수 포함되어 있음은, 그렇기에 우연이라고 말하기 어려운 일일 것입니다.

주님께서 라오디게아 교회를 나무라실 때 "네가 보고 싶으면 안약을 사서 네 눈에 발라라"(계 3:18)는 훈계의 말씀을 주셨던 것처럼, 영적인 면에서의 눈멂(blindness)은 하나님의 기준과 원칙을 납득하고 순종하지 못하게 만드는 인간의 가장 심각한 질병이기에, 하나님의 치유 사역의 본질적 의미를 이 같은 맹안(盲眼)과 암흑 상태의 타파, 그리하여 "빛"이신 그분에게로 가까이 다가서게 하는 데서 찾음이 마땅하리라 여겨집니다.

자신들의 영적 맹안을 전혀 깨닫지 못한 채 "우리도 눈이 먼 사람이란 말이오?"라며 항의하던 바리새인들에게 "너희가 눈이 먼 사람이었다면 죄가 없었을 것이다. 그러나 너희가 지금 본다고 하니 너희의 죄가 그대로 남아 있다"(요 9:40-41)라고 하신 예수님의 책망이 진지한 묵상의 소재가 되는 이유가 그것이기도 합니다.

구약성경의 마지막 책 말라기에는 하나님께서 하시는 말씀마다 전혀 이해하지 못하고 어리석은 질문으로 대응하는 백성들의 영적 실명(失明) 상태가 적나라하게 고발되어 있습니다. 하나님께서 "내가 너를 사랑했다"고 하시면 "우리를 어떻게 사랑하셨습니까?"(1:2)라고 반문하고, "너희가 내 이름을 소홀히 했다"고 꾸중하실 때는 "우리가 어떻게 주의 이름을 경멸했습니까?"(1:6)라 되물으며, 하나님께서 그들의 제물을 기쁘게 받지 않으신다고 하면 "왜" 기쁘게 받지 않으시느냐고도 따집니다(2:13-14).

더욱이 "우리가 어떻게 주님을 괴롭게 했단 말인가"라면서 "공의의 하나님이 어디 있느냐"(2:17)고 배짱을 부리던 그들이, "너희가 내 것을 훔쳤다"라는 꾸중에 "우리가 어떤 식으로 훔쳤다는 겁니까?"(3:8)라며 반발하다가, "너희가 불손한 말로 나를 거역했다"는 나무람에는 "우리가 무슨 말을 했다는 것입니까?"(3:13)라고 맞받는 '불손한' 태도까지 보입니다.

그렇기에, 구약성경의 마무리와 다가올 시대에의 준비를 위한 책인 말라기가, 요한에 의해 예비될 예수님의 첫 번째 오심(First Coming)을 예고(말 3:1; 참조. 사 40:3-5)한 후 곧이어 심판의 날, 즉 예수님의 두 번째 오심(Second Coming)까지 예고(말 3:2; 참조. 사 2:12; 욜 3:11-16; 암 5:18-21; 슥 1:14-17; 말 4:1)하고 있음은 시사하는 바가 적지 않습니다.

하지만 누구에게나 두렵게 느껴질 그 심판의 날에조차 주님의 이름을 경외하는 사람들을 기다리고 있을 것은 "치유"의 광선을 발할 "의의 태양"(말 4:2)입니다. 우리가 자신의 질병, 눈멂, 심지어 영적 사망까지 인지하고 인정한 후, 신비하거나 기적적인 '특별한' 체험이 아니라 '평범한' 일상에서 주님의 임재(함께하심)가 주는 치유를 기대하며 신뢰의 삶을 선택한다면, "여호와께서 그 백성들의 상처를 싸매시고 그가 때린 자리를 치료하시는 날에 달은 해처럼 빛을 내고, 햇볕은… 일곱 배나 더 밝을 것이다"(사 30:26)라는 예언이 실제로 구현될 그날이 지체되지 않고 속히 올 것(합 2:3)입니다.

33장 귀 기울이시는 하나님

> "주께서는 불쌍한 사람의 소원을 들어주십니다. 그들의 마음을 붙들어 주시고, 그들의 소리에 귀를 기울여 주십니다"(시 10:17).

"귀 기울이다"라는 말의 의미를 사전에서 찾아보면 "주의를 집중하여 성심껏 잘 듣다", "남의 이야기나 의견에 관심을 가지고 주의를 모으다" 등의 뜻풀이를 발견할 수 있습니다. 이와 같은 정의가 알려 주듯 자신의 '주의'와 '관심'을 누군가의 말이나 의견을 향해 기울인다는 것은 그만큼 상대방을 존중하고 그가 하는 말과 생각을 가치 있게 여긴다는 의미가 되겠지요. 우리가 주위에서 흔히 듣게 되는 "입은 하나이고 귀는 둘인 이유를 기억하라"와 같은 금언이 '듣는' 일의 중요성을 강조하는 말이라는 점까지 고려한다면 "잘 듣는 일", 다시 말해 "귀 기울이는 일"이 인격적 상호 관계의 형성과 발전, 그리고 그 유지에 얼마나 중요한 발판이 되는지 충분한 추론이 가능합니다.

성경의 내용 가운데 하나님께서 스스로 창조하신 인간의 말을

"들으셨다"는 표현이 가장 먼저 등장하는 것은 역시 창세기의 기사로, "그의 이름을 이스마엘이라고 하여라. 네가 고통 가운데서 부르짖는 소리를 주께서 들으셨기 때문이다"(창 16:11; 표준새번역), "이스마엘에 관해서는 내가 네 말을 들었으니"(창 17:20), "하나님이 그 아이가 우는 소리를 들으셨다"(창 21:17; 새번역) 등과 같이 이스마엘의 출생과 성장 과정에서 하갈과 아브라함에게 주신 말씀들을 통하여 "들으시는" 하나님을 확인하게 됩니다.

아이가 생기지 않아 언니 레아에게 '열등감'을 느끼던 라헬이 여종 빌하에 의해 태어난 아들을 두고 "하나님께서 나를 변호하시고 내 목소리를 들으셔서 내게 아들을 주셨구나"(창 30:6)라며 올린 감사를 시작으로, 남편 야곱의 사랑을 누리지 못하던 레아가 낳은 다섯 번째 아들 잇사갈의 출생에 대해 "하나님이 레아의 호소를 들어 주셔서, 레아가 임신을 하였고, 야곱과의 사이에서 다섯 번째 아들을 낳았다"(창 30:17; 표준새번역, 새번역)라고 서술하는 창세기 30장은, 오랜 기간 마음고생이 심하던 라헬에게 마침내 아들 요셉이 태어난 당시의 축복을 "하나님께서 라헬의 기도를 들으시고 그녀의 태를 열어 주셨습니다"(창 30:22)라는 말로 표현하고 있기도 합니다.

네게브 지방에 살고 있던 가나안 왕 아랏이 이스라엘과 맞서 싸우며 그들의 일부를 포로로 사로잡자 백성들은 여호와께 기도드렸고, 하나님께서는 "주께서 이스라엘의 간구를 들으시고, 그 가나안 사람을 그들의 손에 붙이시니"(민 21:3; 표준새번역)라는 증언과 같이 그들의 호소를 '들어' 주셨습니다. 모세의 설교집이 자 이스라엘 불순종 역사의 회고집이라고도 할 신명기의 내용 가운데, 그들의 반역으로 파멸을 예고하셨다가 모세의 중보 기도를 '듣고' 마음을 돌이키신 하나님을 상기시키며 "주께서는 너희를 두고 크게 분노하셔서, 너희를 죽이려고 하시므로, 나는 두려웠다. 그러나 주께서는 다시 한 번 나의 애원을 들어주셨다"(신 9:19; 표준새번역), "내가 처음과 같이 40일 밤낮을 산에 머물러 있을 때 여호와께서는 그때도 내 말에 귀를 기울여 주셨다"(신 10:10)라고 적은 회고 부분 또한 "들어" 주시고 "귀 기울여" 주신 하나님에 대한 감사를 표현하는 구절들입니다.

악행을 거듭하며 하나님의 진노를 샀던 북이스라엘 왕 여호아하스가 아람의 억압에 시달린 후 여호와의 용서와 은혜를 구하자 그의 간구를 '들어' 주신 일을 두고 "그러나 여호아하스가 주님께 간절히 용서를 구하니, 주님께서 그의 간구를 들어주셨다"(새번역)라고 기록한 열왕기하 13장 4절이나, 그와 유사하게 남유다 왕 므낫세가 바알 제단, 아세라 목상을 세우고 자기 아들들을 희생제물로 바치며 점을 치고 마법까지 부리게 하다 바벨론으로 끌려가게 되면서, 고난 가운데 낮아진 마음으로 여호와의 은혜를 구하니 그런 그의 간구도 '들어' 주셨음을 "므낫세는 여호와께 기도드렸고 여호와께서는 그의 맹세에 마음이 움직여 그의 간구를 들어주셨습니다"라고 증거한 역대하 33장 13절에서는, 회개를 하면 용서하고 또 다시 들어 주시는, 즉 "결심을 돌이키시는" 하나님(9, 10장 참조)을 새삼 목격하게 됩니다.

위의 구절들에서 확인했듯, 어떠한 경우에도 하나님께서 귀 기울여 들어 주시는 것은 역시 우리의 "간구"(기도)입니다. 기도에 대한 가르침이 집약되어 있는 누가복음 11장을 통해 주님께서는 귀 기울여 들으시기에 합당한 기도의 본보기를 제시하고 계시는데, 구체적인 설명과 비유까지 사용하며 제자들을 향해 말씀하신 이 장을 각 절 별로 나누어 살펴볼 때, 시작 부분의 주기도문(2-4절)이 "무엇"(what)에 대해 기도해야 하는지(기도의 제목)를 가르쳐 주신 내용이라면, 한밤중에 찾아와 빵을 달라며 끈질기게 조르는 친구의 비유(5-8절)는 "어떻게"(how) 기도할 것인지(기도의 방법)에 대한 지침, 그리고 나쁜 아버지라도 자녀에게 좋은 것을 주고자 한다는 예시(11-13절)는 "왜"(why) 기도해야 하는지(기도의 이유와 목적)에 대한 교훈이라고 분류해 볼 수 있을 것입니다.

창세기에서 하늘 높은 곳에 계시는 것으로 '상상'만 되던 여호와가 – 야곱이 꿈에서 본 "하늘까지 닿는 사다리"와 그 "위에 서 계신" 모습(창 28:12)으로 상징되는 – 출애굽기에서는 산자락까지 친히 내려와 주시는데(출 19:9-25; 20:18-21), 출애굽기 2장과 3장은 그 이유에 대해 "하나님께서는 이스라엘 민족의 신음 소리를 들으시고… 그들에게 관심을 기울이셨습니다", "내가 진실로… 그들이 감독관들 때문에 울부짖는 소리도 들었다… 그래서 내가 내려온 것이다"(출 2:24-25; 3:7-8; 참조. 느 9:9)라는 표현을 빌어 설명하고 있습니다.

레위기의 시기 이후 성막에 거하겠다고 말씀하신(레 26:11; 삼하 7:6; 대상 17:5; 시 132:5) 하나님께서 신약시대에 오면 아예 우리 안에 거할 것을 약속하신(요 14:20; 15:4-7; 롬 8:10-11; 빌 1:6; 2:13; 골 1:27; 요일 2:14; 4:4) 것은, 당신께서 우리의 기도와 간구를 그처럼 가까이에서 잘 들으실 수 있을 뿐 아니라 우리의 생각과 느낌에까지 주의를 기울이고 계시다는 사실을, 인간이 이해할 수 있는 방식으로 알려 주시기 위함이었을 것입니다.

시작 부분에서 소개한 창세기의 내용 가운데 하나님께서 "귀 기울이신" 대상으로 가장 많이 언급된 것이 여성, 그중에서도 아이를 낳지 못하거나 남편의 사랑을 받지 못하는 여성이었다는 사실은 결코 우연이 아니리라 생각합니다. 고대 중근동 사회에서의 대단치 않던 여성의 지위는 따로 설명이 필요 없을 주지의 사실인데다, '대(代)를 잇는 도구'로 인식되던 그들이 자녀(아들)를 낳지 못하면 존재의 의미마저 위협 받는 상황이었기에, 아이를 '생산하지' 못하는 여성 - 혹은 남편의 사랑을 얻지 못해 그렇게 될 가능성이 높은 여성 - 은 그 사회의 약자 중 약자였을 것입니다.

"주님, 주께서는 불쌍한 사람의 소원을 들어주십니다. 그들의 마음을 붙들어 주시고, 그들의 소리에 귀를 기울여 주십니다"(시 10:17; 표준새번역), "주께서 고통 받는 사람들을 무시하거나 모른 체하지 않으셨고 그들을 외면하지 않으셨으며 도와 달라고 울부짖을 때 그 소리를 들으셨다"(시 22:24)라는 시편의 구절들에서도 그처럼 힘없고 연약한 이들에게 특히 마음을 쓰시는 하나님의 품성은 충분히 입증되는 바이지요.

"너희가 고난 가운데 부르짖을 때에, 내가 건져 주고, 천둥치는 먹구름 속에서 내가 대답하고"(시 81:7; 새번역)라고 말씀하시는 하나님은, "그들의 부르짖음을 들으시고 그 고통을 봐 주셨고 그들을 위해 그분의 언약을 기억하시고 그 엄청난 인자하심에 따라 마음을 돌이켜"(시 106:44-45; 참조. 느 9:28) 구원하시는 분이기에, 성경의 기자들은 "내가 고난당할 때 내가 여호와를 불렀더니 주께서 내게 대답하셨습니다. 지옥의 깊은 곳에서 내가 도움을 부르짖었더니 주께서 내 울부짖음을 들으셨습니다"(욘 2:2; 참조. 시 118:5; 138:3)와 같은 감사의 고백을 절로 올리지 않을 수 없었을 것입니다.

"그때 여호와께서는 여호와를 경외하는 사람들이 서로 말하는 것을 귀 기울여 들으셨다"라고 증언하는 말라기 3장 16절이 특히 큰 울림을 안겨 주는 것은, 그 말씀이 바로 앞 절들에서 "하나님을 섬기는 것은 헛된(useless) 일이고 그 명령을 지키며 죄를 뉘우치고 슬퍼하는 것은 무익한(profitless) 일"(말 3:14)이라며 "이제 보니, 교만한 자가 오히려 복이 있고, 악한 일을 하는 자가 번성하며, 하나님을 시험하는 자가 재앙을 면한다!"(말 3:15; 표준새번역, 새번역)라고 뇌던 "불손한" 사람들의 비아냥에 이어지는 내용이기 때문입니다. 이러한 16절을 "그 때에 주께서는, 주를 경외한 사람들이 서로 주고받는 말을 똑똑히 들으셨다"라고 옮긴 "표준새번역"의 어법에 의해 그 말씀의 뉘앙스를 보다 선명히 느끼게 되기도 합니다.

"내 마음에 혹시 죄를 품고 있었다면 주께서 듣지 않으셨을 것이다. 그러나 하나님께서 분명 내 말을 들으셨도다. 내 기도하는 소리에 귀 기울이신 것이다"(시 66:18-19)라고 '자신'하는 시편의 구절도 물론 그렇지만, 하나님께서 그 자신과 후손들에게 베풀어 주신 은혜에 감사하며 "내 의로움에 따라, 내 손이 깨끗했기에" 상을 주셨다거나 "주 앞에 흠 없이 살고 내 자신을 지켜 죄를 짓지 않았기에"(삼하 22:21, 24-25; 시 18:20, 23-24) 갚아 주셨다고 '호언'하는 다윗의 시를 읽을 때마다 읽는 저에게 더 민망한 마음이 들던 때가 있었습니다. 어떻게 스스로를 그렇게까지 평가하면서 의롭고 흠 없다고 단언할 수 있을까 하는 생각에서 말이지요.

하지만 그 구절들 사이에 위치한 "여호와께서 명하신 길을 지켰고 주의 명령을 멀리 하지 않았다"(삼하 22:22-23; 시 18:21-22)라는 고백을 묵상하면서, 주님의 말씀과 명령에 "귀 기울인" 본인의 자세가 선행했기에 하나님께서도 자기 말에 "귀 기울이신다"는 사실을 이같이 확신할 수 있었으리라 결론짓게 되었습니다.

목회자이자 저술가인 앤드류 머레이(Andrew Murray)가 했던 "하나님의 목소리를 잘 듣는 일은 하나님께서 내 얘기도 잘 들어주시리라는 확신을 위한 최고의 방책이다"라는 말은, 복음전도자 레너드 레븐힐(Leonard Ravenhill)이 남긴 "사람의 말을 더 적게 듣고 하나님의 말씀을 더 많이 들어라. 여행(travel)을 멈추고 고행(travail)을 시작하라"는 '뼈아픈' 조언과 궤를 같이합니다.

부디 "하나님의 성전에서 부르짖으면 우리의 소리를 들어 달라"(대하 20:9)는 솔로몬의 간구를 '교회'에서 '큰 소리로' 기도해야 자기의 요구가 하나님께 더 잘 들린다는 뜻인 줄로 믿고 그렇게 행동하는 사람보다는, 우리 자신이 주님의 성전(고전 3:16; 6:19; 고후 6:16)임을 기억하며 그 성전을 향해 주시는 세미한 말씀에 귀 기울이고자 힘쓰는 사람들이 더욱 많아질 수 있기를 깊이 소망해 봅니다.

> "여러분이 전에는 죄의 종이었으나, 이제 여러분은 전
> 해 받은 교훈의 본에 마음으로부터 순종함으로써, 죄
> 에서 해방을 받아서 의의 종이 된 것입니다"(롬 6:17-
> 18).

"우리와 관계 맺고 계신 하나님은 듣겠다는 우리의 준비 상태 이상으로 우리와 대화하기를 원하시는, 또한 받을 일에 대한 우리의 기대 이상으로 우리에게 주기를 원하는 분이시다. 이러한 하나님은 자발적 의지로 그 가르침을 따르겠다고 마음을 열고 기다리는 사람에게라면 언제든 방향과 관점을 제시하는 분이시기도 하다. 우리에게 선택의 여지를 허락지 않을 만큼 뚜렷하고 명료한 메시지를 보내며 하나님이 우리를 압도하시는 경우는 거의 없다. 이 말은 우리가 흔히 기대하는 바와 달리, 하나님께서 우리를 향해 '나는 네가 이렇게 저렇게 하기를 원한다'라며 크고 또렷한 목소리로 명령하시는 것은 실제 삶에서 경험하기 힘든 일이라는 의미이다."

하나님에 의해 허락된 자유의지의 성격을 명쾌하게 정리한 이 내용은, 자신들이 공동 저술한 『교회의 미래 내다보기』(*Discerning Your Congregation's Future*)라는 책에서 저자인 로이 오스왈드 (Roy M. Oswald)와 로버트 프리드리히(Robert E. Friedrich)가 말한, 우리에게 기쁨과 두려움을 함께 선사하는 주장입니다.

"그리스도께서 우리를 해방시켜 주신 것은 자유를 누리게 하기 위함입니다. 그러므로 굳건히 서서 다시는 종의 멍에를 메지 마십시오"(갈 5:1)라고 권면했던 바울이 마치 그 권면의 이유로 제언한 것처럼 느껴지는 "이는 그리스도 예수 안에 있는 생명의 성령의 법이 죄와 죽음의 법에서 여러분을 해방했기 때문입니다", "여러분이 전에는 죄의 종이었으나, 이제 여러분은 전해 받은 교훈의 본에 마음으로부터 순종함으로써, 죄에서 해방을 받아서 의의 종이 된 것입니다"(롬 8:2; 6:17-18; 새번역)라는 구절들은, 애초 허락되었던 그 귀한 특권(자유의지)을 스스로 저버린 우리에게 예수님께서 베푸신 은혜의 참 의미가 무엇인지 분명히 일깨워 주는 말씀들입니다.

하나님의 성품을 잘 모르는 사람들이 가장 많이 하는 질문 겸 '비난' 중 하나는 "왜 하나님께서 선악과라는 것을 만드시고 그것을 동산 한가운데 두어 아담과 이브가 죄를 짓게 하셨느냐"일 것입니다. 그리고 그에 대해 기독교인들이 가장 많이 건네는 대답은 "하나님께서 그런 선택의 여지를 허락하지 않으셨다면 인간은 로봇과 다름없는 존재가 되어 있을 테니까"라는 답변이고 말이지요. 같은 답변을 보다 정확하고 심도 있는 표현 방식으로 "하나님은 우리의 정신(mind)보다 의지(will)를 움직이기 원하신다"고 제시했던 블레즈 파스칼(Blaise Pascal)은, "설령 누군가를 그 자신의 의지와 반대되는 방향으로 설득해 놓았다 해도 결국 그 사람이 본래 갖고 있던 생각과 의견에는 여전히 변화가 없을 것"이라고 부연해 설명합니다. 인간이 스스로의 의지와 판단 없이 무조건 복종하는 존재가 되지 않기를, 또한 우리의 복종이 자신의 의지와 판단에 거스르면서 억지로 하는 것이 아니기를 원하시는 하나님이기에 그런 '옵션'을 허락하셨던 것임을, 그의 그런 말에서 재삼 확인할 수 있습니다.

창세기 2장의 "그러나 선과 악을 알게 하는 나무의 열매만은 먹어서는 안 된다. 그것을 먹는 날에는, 너는 반드시 죽을 것이다"(창 2:16-17; 표준새번역)라는 경고 가운데 "죽을 것"이라는 표현을 쓰신 하나님의 의도는 우리가 흔히 오인하기 쉽듯 일방적 '살해 위협'이나 '사형 선고'의 의미가 아닙니다. "나는 오늘 하늘과 땅을 증인으로 세우고, 생명과 사망, 복과 저주를 너희 앞에 내놓았다. 너희와 너희의 자손이 살려거든, 생명을 택하여라"(신 30:19; 표준새번역)라는 신명기의 명령이 뜻하는 바와 같이, 그런 공언은 하나님이 제안하신 길에의 수용과 거절이라는 선택의 기회가 주어진 우리를 향해 각자가 선택할 행위의 '귀결'을 미리 알려 주신 것이지, 거절한 자들은 괘씸하니 "죽여 버리겠다"고 하신 협박이 아니라는 말이지요.

바울은 자신의 서신을 통해 "나는 어느 누구에게도 얽매이지 않은 자유로운 몸이지만, 많은 사람을 얻으려고, 스스로 모든 사람의 종이 되었습니다"(고전 9:19; 표준새번역, 새번역)라는 '자기 선언'을 제시하고 있는데, 이 구절을 파스칼이 말한 자발적 '의지'와 연결해 생각할 경우 신학자들과 기독교 철학자들이 종종 이야기하는 "의지의 자유"(freedom of the will)라는 개념을 떠올리게 됩니다. '자유'의 두 가지 형태 중 하나이자 "강요되지 않은 방식으로 행동할 수 있는 행위 능력"이라고도 풀이되는 이 "의지의 자유"는, 자유의 또 다른 형태인 "인식론적 · 지적 자유"(epistemic freedom · freedom of the intellect), 즉 "강요받지 않은 방식으로 허락된 사고와 믿음의 능력"과 구별되는 성격으로서의 자유입니다.

기독교 철학자 리처드 스윈번(Richard Swinburne)은 모든 인간의 지적 자유와 의지의 자유를 보장하시는 하나님께서, 당신의 뜻을 거부하기 원하는 사람들도 합리적으로 그렇게 할 수 있도록 상황을 조성해 두셨다고 주장합니다. 만약 그런 방식으로 조성된 세상이 아니라면 의지와 지성, 양쪽 모두에 "신성적인 힘에 의한 강제"(divine coercion)가 부과될 수밖에 없기 때문이라는 것이 그가 들고 있는 이유이지요.

위에 언급된 신명기 30장의 명령이 알려 주듯 당신께서 제공하시는 생명이 모든 이들에게 수용되기를 분명코 원하셨을 하나님께서 - 그럼에도 불구하고 - 스스로의 마음에서 우러나 주님을 따르는 일이 가능한 여건을 보장하고자 자유로운 선택의 여지를 각 사람 앞에 놓아두신 것임을 생각할 때 그의 말을 부인하기는 쉽지 않습니다. 실제로 성경(구약과 신약을 망라하여)에 등장하는 수많은 인물들은 모두 각자의 자유의지에 따라 하나님이 주신 명령을 따르거나, 혹은 그와 반대되는 삶을 선택했던 사람들이니까요.

하나님께서 인간에게 허락하신 자유의지의 진정한 의미를 무척이나 명쾌하게, 그리고 핵심을 찌르는 표현으로 분석한 문안을 찾는 데에는 C. S. 루이스의 명저 『순전한 기독교』가 가장 적합한 책일 수 있으리라 생각합니다. 자녀들이 방 정리를 스스로 하도록 맡겨 둔 어머니와 하급자들이 자신의 업무를 각자 알아서 하도록 자율성을 부여한 조직(군대, 회사 등)의 상관을 예로 들면서, 그 경우 어머니나 지휘자의 의도처럼 자발적으로 일을 할 사람은 그중 절반밖에 되지 않겠지만 - 그리고 그것이 명령자가 애초 원했던 결과는 아니지만 - 그럼에도 그런 결과는 명령한 사람의 '뜻으로' 일어난 일이라고 루이스는 설명합니다.

같은 원리로, 하나님께서 창조하기 원하신 것은 옳은 일을 할 수도 또 그른 일을 할 수도 있는, 다시 말해 선해질 수 있는 자유와 악해질 수 있는 자유를 함께 부여 받은 존재들이라고 그는 또 지적합니다. 악을 가능케 하는 것도 자유의지이지만 사랑과 선(善), 기쁨에 가치를 부여하는 유일한 것 또한 자유의지이기에 말입니다.

"예루살렘아, 예루살렘아! 예언자들을 죽이고 네게 보낸 사람들에게 돌을 던진 예루살렘아, 암탉이 병아리를 날개 아래 품듯이 내가 네 자녀를 모으려고 한 적이 몇 번이더냐? 그러나 너희가 원하지 않았다"(마 23:37; 눅 13:34)라는 예수님의 탄식에서 호명되는 "예루살렘"(יְרוּשָׁלַ֫יִם; yerushaláyim)은 - "평강 주시는 하나님" 편(22장)에서도 언급했었듯 - "다윗성"으로 불리는 "살렘"(Salem [سالم: Sālim])의 도시", 즉 평화, 평안의 도시(사 33:20)입니다. 그 이름의 의미처럼 주님께서 당신을 드러내고자 이 땅에 존재하는 하나님 왕국의 수도로 선택하신 장소였음에도 이스라엘 민족은 말씀을 대언하는 선지자들을 그곳에서 돌로 쳐 죽이는 일까지 서슴지 않았지요. "암탉의 날개 아래 평안을 찾는 병아리"와 같이 평화로운 하나님의 왕국을 자신들의 보호처, 안식처로 삼아야 마땅했을 주의 백성이 당신의 사랑과 은혜를 반복적으로 거부하는 행태를 보면서 "예루살렘아, 예루살렘아!"라고 두 번에 걸쳐 부르시는 하나님의 모습에서는 숨길 수 없는 안타까움과 침통함이 그대로 엿보입니다.

이처럼 두 번 반복되는 호명 방식은 특별한 감정을 강조하기 위해 사용하는 표현법으로, 이삭을 바치려는 아브라함을 "아브라함아, 아브라함아"(창 22:11)라고 여호와의 천사가 다급히 불렀던 것이나, 당신을 핍박하던 "사울"의 이름을 "사울아, 사울아"(행 9:4)라고 친밀히 부르시며 당신의 사도인 "바울"이 되는 길로 인도하신 일에서 구체적 사례가 발견됩니다. 예루살렘에 대한 주님의 이 같은 애통은 하나님께서 허락하신 자유의지를 악용하는 인간의 반역이 얼마나 당신을 실망시키고 그 마음을 아프게 하는지

가시적으로 보여 주는 단면이라 하겠습니다.

그 같은 상황을 두고 루이스는, "하나님께서는 인간들이 자유를 잘못 사용할 때 어떤 일이 벌어질지 물론 잘 알고 계셨지만 그럼에도 그런 위험을 감수할 가치가 있다고 생각하셨음이 분명하다"고 말합니다. "만일 세상이 계속해서 신의 간섭을 통해 지탱되고 교정된다면 그 어떤 중요한 것도 인간의 선택에 달려 있지 않은 세상, 선택이라는 것 자체가 확실성을 잃음으로써 눈앞에 있는 선택 사항 중 무엇을 택하든 차이가 없는 세상, 따라서 선택 사항이란 것이 진정한 의미를 잃는 세상이 되어 버릴 것"이라는 의견도 피력하지요.

"하나님께서 이런 [타락 가능성의] 과정을 저지하실 수도 있었겠지만, 만약 그렇게 하셨다면 당신께서 세상을 창조할 당시 스스로에게 내신 문제, 즉 자유로운 행위자들을 포함하는 세계 전체의 드라마 속에서 그들의 반란에도 불구하고 – 아니 오히려 그 반란을 사용하여 – 당신의 선함을 표현해야 한다는 문제 풀기를 거부하시는 격이 되었을 것"이라는 그의 주장 또한, 인간을 창조하면서 '굳이' 그렇게 어렵고 복잡한 방식을 택하신 하나님의 의도를 이해하게 합니다.

"사람들은 스스로 지혜가 있다고 주장하지만, 실상은 어리석은 사람이 되었습니다"(롬 1:22; 새번역)라는 바울의 탄식은 "사람의 눈에는 바른길 같이 보이나, 마침내는 죽음에 이르는 길이 있다"(잠 14:12; 16:25; 표준새번역, 새번역)라는 솔로몬의 경고와 동일선상에 있는 말씀입니다. 이는 다시 "지혜로운 사람이 어디 있습니까?"(고전 1:20)라는 반문에 의해, 신구약성경의 여러 곳(사 19:12; 29:14; 33:18; 44:25; 렘 8:9; 마 11:25; 고전 1:27; 3:19-20)에서 "바른 길"을 판단할 수 있는 "지혜"가 인간 내부에 있지 않음을 언명하신 하나님의 메시지와 연속선을 이루게 되지요. 모든 이들이 "저마다" 자기 눈에 옳게 "보이는 대로" 행동하면서 부여된 자유의지로 악행을 거듭했던 사사시대가 반복적인 실망과 좌절을 하나님께 안겨 드린 대표적 역사로 남게 된 이유 또한 그와 같다고 하겠습니다.

사도 바울이 자신의 서신서 두 구절에 비슷한 톤으로 기록한, "모든 것이 내게 허용돼 있습니다. 그러나 모든 것이 유익한 것은 아닙니다. 모든 것이 내게 허용돼 있습니다. 그러나 나는 아무것에도 얽매이지 않겠습니다"(고전 6:12)라는 말씀과 "'모든 것이 다 허용된다'고 사람들은 말하지만, 모든 것이 다 유익한 것은 아닙니다. '모든 것이 다 허용된다'고 사람들은 말하지만, 모든 것이 다 덕을 세우는 것은 아닙니다"(고전 10:23; 표준새번역, 새번역)라고 하는 의미 깊은 교훈은, 우리에게 자유의지를 허락하심과 동시에 그에 따르는 책임과 귀결도 함께 일임하신 하나님의 진의를 효과적인 방식으로 대변하고 있습니다.

매 7년마다 돌아오는 안식년에 종을 풀어 주며 '자유'를 허락하라는 명령이 제시된 출애굽기 21장과 신명기 15장에는 그에 대한 예외적 경우로서 "그러나 너와 네 집을 사랑하고 그가 너와 함께 있기를 좋아해 만일 그가 네게 '나는 떠나기 싫습니다' 하면 송곳을 가져다 그의 귀를 문에 대고 뚫어라. 그러면 그가 평생에 네 종이 될 것이다"(신 15:16-17; 출 21:5-6)라는 지침이 부가되어 있습니다. 혼자 떠나 마음대로 살 수 있는 '자유'로움보다 사랑하는 주인과 함께 있으며 순종하는 것을 더 기뻐하는 '종'의 자세에 우리의 모습 – 하나님을 "사랑"하고 그 명에 따르기를 "좋아"하는 – 을 대입해 보도록 만드는 이 구절 때문인지, 이미 저의 마음 안에 새겨져 있는 "Slave of the Lord"(주님의 종)라는 문신을 몸(!)에도 새기는 일에 대해 가끔 '꿈꿔' 보게 됩니다.

오래전 국어 수업 시간에 배웠던 한용운 시인의 "복종"이라는 제목의 시 가운데,

"남들은 자유를 사랑한다지마는, 나는 복종을 좋아하여요. 자유를 모르는 것은 아니지만, 당신에게는 복종만 하고 싶어요. 복종하고 싶은데 복종하는 것은 아름다운 자유보다도 달콤합니다. 그것이 나의 행복입니다…"

라는 대목을 떠오르게 하는 위의 말씀이 오늘날의 믿는 이들에게도 그대로 적용될 수 있는 이유는, 스스로의 자발적 의지로 하나님의 종, "의의 종"(slave of righteousness)이 되기로 선택하지 않는 한 사탄의 종, "죄의 종"(slave of sin)으로 전락할 수밖에 없는 것(롬 6:6, 16-20)이 자유의지를 부여 받은 우리 모두에게 숙명적으로 주어진 선택의 길이기 때문입니다.

35장 자유의지를 허락하신 하나님(2)

> "하나님은 우리 사람을 평범하고 단순하게 만드셨지만, 우리가 우리 자신을 복잡하게 만들어 버렸다는 것이다"(전 7:29).

출애굽기 7-12장에 나열된, 하나님께서 이집트에 내리셨던 열 가지 재앙과 바로가 그들에 대해 취했던 태도를 서로 연결하며 살펴보면, 처음의 다섯 가지를 포함한 앞부분 여섯 재앙(나일강, 개구리, 이, 파리, 가축, 우박)의 발생 원인으로 바로가 "스스로 마음을 강퍅하게 했다"(Pharaoh's heart remained hard)라는 표현(출 7:22; 8:15, 19, 32; 9:7, 34)이 사용되는 반면, 그 밖의 네 가지 재앙(종기, 메뚜기, 어둠, 장자)에서는 "하나님께서 그 마음을 강퍅하게 만드셨다"(The Lord hardened Pharaoh's heart)라는 문장(출 9:12; 10:20, 27; 11:10)이 반복되고 있다는 '엄청난' 차이를 발견할 수 있습니다.

이러한 재앙 발생의 이유를 "하나님께서 여호와임을 알게 하고자 하심"(출 7:5, 17; 8:22; 10:2; 11:7)으로 명기한 성경의 설명과 함께 그 일들이 진행되는 과정을 되짚어 볼 때, 처음에는 재앙이 일어나지 않도록 마음을 돌이킬 기회를 주셨던 하나님께서 그럼에도 바로의 태도에 전혀 변함이 없자 이후에는 그 강퍅함이 계속되게끔 '허락'하셨던 것임을 깨달을 수 있습니다.

당신에 대해 알 수 있는 여건이 충분히 제공되어 있는 상황에서조차 "하나님을 하나님으로 영화롭게 높이거나 감사를 드리기는커녕, 허망한 생각으로 마음을 어둠의 한가운데에 방치한" 사람들을 향해 주시는 말씀이 연속으로 기록된 로마서 1장에서의 "하나님께서 그들을 마음의 정욕대로 더러움에 내버려 두사 그들의 몸을 서로 욕되게 하게 하셨으니"(롬 1:24; 개역개정), "하나님께서는 사람들을 부끄러운 정욕 속에 내버려 두셨습니다"(롬 1:26; 표준새번역), "사람들이 하나님을 인정하기를 싫어하므로, 하나님께서는 사람들을 타락한 마음 자리에 내버려 두셔서, 해서는 안될 일을 하도록 놓아 두셨습니다"(롬 1:28; 새번역)라는 세 구절은, 바로와 같이 강퍅한 마음을 버리지 않는 이들에게 처분된 하나님의 '허락'이라고 할 수 있을 것입니다.

"그 기뻐하시는 뜻을 따라"(엡 1:5; 새번역) 우리를 당신의 백성으로 삼아 주신 하나님께서는, 원치 않음에도 억지로 바치는 순종이 아니라 "전심을 다해 찬양하고 섬기려는 자발적인 마음"(willing mind)에서의 상호 관계를 기대(대상 28:9)하며 인간을 창조하셨습니다.『고통의 문제』라는 자신의 저서에 "피조물은 창조자와 분리된 존재가 아닐 뿐더러 하나님이 그들을 잘못 이해하시는 일 또한 있을 수 없습니다. 하나님이 전체 설계도 안에서 그들을 위해 정해 놓으신 자리가 곧 그들의 자리입니다. 그 자리에 도달할 때 비로소 그들의 본성은 완성되고 행복이 찾아옵니다"라고 기술한 C. S. 루이스의 주장도 이 사실에 근거하는 것이라고 말할 수 있습니다. 물고기는 물속에, 하늘을 나는 새는 하늘에 있을 때 진정한 자유를 누릴 수 있듯, 또한 바다의 물은 정해진 경계 안에(욥 38:8-11; 렘 5:22) 머물러야만 혼란과 재앙을 발생시키지 않을 것이듯, 우리 인간도 애초 하나님께서 의도하신 존재 '목적'에 맞는 삶을, 정해 주신 '범위' 안에서 살아갈 때만 진정한 자유와 해방감을 만끽할 수 있을 테니까요.

"우리는 하나님이 우리를 하찮게 여겨서 자연스러운 충동에 따라 살게 내버려 두시기를 - 자연적인 자아와 다른 무엇으로 만들기 위해 애쓰지 않으시기를 - 바랄 수 있습니다. 그러나 이것 또한 우리를 더 사랑하지 말고 덜 사랑해 달라고 요구하는 태도입니다"라는 루이스의 지적은, '자유의지'라는 귀한 특권을 남용하며 도리어 엇나가는 인간에 대해서도 여전히 희망을 거두지 않으시는 하나님의 '사랑'에 방점을 두고 있습니다. "하나님의 인자하심이 그대를 회개로 이끄시는 것을 알지 못하고 그분의 인자하심과 용납하심과 오래 참으심의 풍성함을 멸시합니까?"(롬 2:4)라는 말로 당신의 우려와 개탄을 대언하게 하신 동시에, "오늘 너희가 그의 음성을 듣거든, 너희 조상들이 광야에서 시험 받던 날에 반역한 것과 같이, 너희 마음을 완고하게 하지 말아라"(히 3:7-8; 표준새번역; 참조. 히 3:15; 4:7)라는 간곡한 당부로써 오래전 이미 주셨던 경고(시 95:7-8)를 반복하기까지 하시는 하나님의 그 사랑 말입니다.

이처럼 인간의 지적 자유와 의지의 자유를 보장하시는 하나님께서 당신의 뜻을 거부하기 원하는 사람들도 합리적으로 그렇게 할 수 있도록 "상황을 조성해 두셨다"고 말한 기독교 철학자 리처드 스윈번의, "하나님의 존재에 대한 증거가 사실 무척 많지만 그렇게 많다는 것이 우리에게 좋지 않은 일일 수 있다"라는 '의외'의 지적 역시 우리에게 적잖은 생각 거리를 제공합니다.

선뜻 이해하기 쉽지 않은 그의 이 말은, 자신의 책『만들어진 신』(Delusion of God)에서 하나님의 존재를 입증하는 증거들이 너무 빈약하다며 토마스 아퀴나스(St. Thomas Aquinas)의 "하나님의 존재에 관한 다섯 가지 입증 방식"(Five Ways to Prove the Existence of God)까지 비판한 '저명한' 무신론자 리처드 도킨스(Richard Dawkins)를 반박하며 나온 주장인데, "보고자 하는 사람에게만 보이는" 증거를 옹호하는 이 같은 의견은, 하나님께서 "믿음과 관련된 자유를 보장하기 위해 당신을 믿기 원치 않는 사람들이 압도적 증거에 의해 위압 받지 않도록 조치하셨다"라는 - 하나님에 대한 믿음을 거부하고 싶어 하는 사람들마저 너무 많은 증거 때문에 그러지 못할 만큼 압도되는 상황을 그분은 결코 원치 않으신다는 - 이해 방식이기도 합니다.

철학자들에 의해 자세히 기술되어 왔듯 그러한 강제 상황은 한 사람의 의지를 짓밟을 수 있는 인식론적 강압(영향력)을 야기하는 일이기에, 당신을 선택하거나 거부하는 문제에서 자유의 보장을 중요시하는 하나님께서 그런 식의 인식론적 강압이 일어나지 않도록 미리 주의하셨다는 것이 스윈번의 확신입니다. 즉, 이런 방법을 통해 진심으로 주님에 대해 알고 찾기를 원하는 사람들만 그분에게 인도될 수 있을 만큼 '조절된' 증거를 제시하며 양쪽의 자유의지를 최대한 보장하려는 것이 하나님의 본의라는 설명이지요. 스윈번의 이 말은 파스칼이 남겼던, "하나님께서는 진심으로 당신을 찾고자 하는 사람에게 스스로를 명확히 드러내 보이시는 반면, 찾으려 하지 않는 사람들, 그리고 믿지 않겠다고 의지적으로 결정한 사람들에게는 그들이 원하는 것을 한치의 오차 없이 그대로 주신다"는 주장과도 정확하게 일치합니다.

이 같은 인간의 죄성에 대한 묘사들 중 개인적으로 가장 '인상적'이라고 생각하는 표현은 "목이 곧다/뻣뻣하다"(stiff-necked)는 것으로, 애초 출애굽기에서 "내가 이 백성을 보니 목이 뻣뻣한 백성이로다"(출 32:9; 개역개정)라며 시작된 하나님의 탄식이, "나는 너희와 함께 올라가지 아니하리니 너희는 목이 곧은 백성인즉 내가 길에서 너희를 진멸할까 염려함이니라"(출 33:3, 5)는 경계로 이어졌지만, 그럼에도 이스라엘은 "너희는 목이 곧은 조상과 같이 고집을 부리지 말고, 주께로 돌아오너라"(대하 30:8; 표준새번역)던 히스기야의 권고조차 무시함으로써, "목이 곧고 마음과 귀가 꽉 막힌 사람들이여, 당신들도 여러분의 조상처럼 계속해서 성령을 거역하고 있습니다"(행 7:51)라는 스데반의 질책으로 끝

끝내 제자리걸음에 머물고 있는 태도를 지적 받게 됩니다.

의미는 유사하지만 어감에 조금 차이가 있는 또 하나의 묘사 방식으로 "고집 센"(stubborn-hearted)이라는 형용사가 있는데, "내가 승리할 것을 믿지 않는 너희 고집 센 백성아, 내가 하는 말을 들어라"(사 46:12; 표준새번역, 새번역)라고 하신 주님의 절절한 당부뿐 아니라, "이스라엘이, 고집 센 암송아지처럼 말을 듣지 않으니, 어찌 주께서 그들을 어린 양을 치듯 넓은 초장에서 먹이시겠느냐?"(호 4:16; 표준새번역)라며 건네신 근엄한 꾸중에서도 같은 표현이 발견됩니다. 호세아 선지자가 고집 센 이스라엘 백성을 "암송아지"에 비유한 – 영어 성경 본문에는 "cow", "calf", "heifer" 등으로 번역된 – 것도 흥미롭지만 이사야서의 "고집 세다"라는 표현을 "마음에 살이 찌다"로 옮긴 "우리말성경"의 번역 역시 많은 생각을 불러옵니다. 비슷한 양상의 행태를 "목이 뻣뻣하다", "마음에 살이 찌다" 같은 말들로 묘사함으로써 인간의 완악함이 "몸"과 "마음" 양편에 드러나는 것임을 깨달을 수 있게 하는 표현이니까요.

하지만 인간의 자유의지 자체가 "하나님이 주시는 에너지로 유지되는 몸을 통해서만", 그리고 "하나님이 주셨기에 갖게 된 생각의 능력을 통해서만" 발휘될 수 있는 것이라는 C. S. 루이스의 설명을 고려하면 말 그대로 '적반하장' 격의 행태임을 인정하지 않을 수 없습니다. 그러한 우리의 모습에 안타까워하실 하나님을 떠올리다 보면, 예전에 누군가로부터 받은 "왜 하나님은 이처럼 부패하기 쉬운 재료로 피조물을 만드셨는가"라는 질문에 "더 좋은 재료로 만들어진 피조물일수록 – 즉, 더 똑똑하고 강하고 자유로운 피조물일수록 – 옳은 길로 가면 그만큼 더 선해지지만, 그른 길로 가면 그만큼 더 악해지는 법"이라고 대답했다던 루이스의 '우문현답'이 함께 떠오릅니다.

그에 더하여 "하나님께서는 사람을 바르게 만드셨지만 사람들은 온갖 짓을 다했다는 것이다"라는, 그리고 "하나님은 우리 사람을 평범하고 단순하게 만드셨지만, 우리가 우리 자신을 복잡하게 만들어 버렸다는 것이다"(표준새번역, 새번역)라고 하는 전도서 7장 29절의 두 가지 번역 방식에서도 위 질문에 대한 같은 기조의 해답을 발견하게 됩니다.

실제로 "자유의지"를 "인간의 선택과 행위를 스스로가 결정한다(self-determined)는 개념"이라고 정의한 기독교 용어 사전에서는, "하나님이 허락하신 자유를 잘못 사용한 인간 행위의 결과가 '악'이기에 이 개념은 죄악이라는 문제의 '해결책'으로도 사용되어 왔다"는 부연 설명을 통해, "자유의지의 오용과 남용 -> 악(죄) -> 영적 사망(죄의 산물)"이라는 연결성을 방증하면서 각자의 행동과 마음가짐 여하에 따라 인간 스스로 그 연결고리를 끊을 수 있다는 가능성도 함께 암시하고 있습니다.

인간의 죄악 가운데 "~을 범한 죄"(commission)는 물론 "~을 하지 않은 죄"(omission)도 존재한다는 사실을 역으로 생각해 볼 때, 인간의 자유에 있어서도 "~으로부터의 자유/~을 하지 않아도 되는 자유"(freedom from~) 못지않게 "~을 향해 가는 자유/~을 추구하고자 하는 자유"(freedom to~)가 존재한다고 말할 수 있을 것입니다. 이러한 후자의 '자유'에 집중한다면 "뻣뻣한 목"이 부드러워지고 "살쪘던 마음"이 날렵해지는 방식('몸'과 '마음'의 성화라는)으로의 문제 해결도 불가능한 일만은 아니리라 믿습니다.

이 같은 각성과 성화에 의해 하나님께서 우리를 거룩하게 변화시키시며 마침내 당신에게 헌신할 '의지'까지 불러일으키시는 과정은, 결코 우리 자신의 뜻과 무관한 방식이 아니라 우리의 의지를 '자극'하면서 선을 이룰 수 있도록 돕는 방법으로 진행됩니다. 바울이 자신의 서신서에서 "여러분 안에서 선한 일을 시작하신 분", "여러분 안에서 하나님의 기쁘신 뜻에 따라 결단하게 하시고 행동하게 하시는 분"(빌 1:6; 2:13)으로 하나님을 지목하고 있음이 이 사실을 입증하는 것이려니와, 그렇게 선한 일을 시작하신 하나님의 기쁘신 뜻에 따라 결단('마음'으로)하고 난 이후에는 "무엇이든지 네 손으로 할 만한 일을 찾으면 온 힘을 다해 하여라"(전 9:10)는 솔로몬의 권면처럼 자신의 두 손으로 추구할 만한 올바른 일을 찾아 그 찾은 일에 온 힘을 다하여 임함('몸'으로)이 마땅하다고 하겠습니다.

같은 주제를 다룬 앞 장에서 종을 풀어 줘야 하는 안식년 규정에의 예외 조항으로 "그러나 너와 네 집을 사랑하고 그가 너와 함께 있기를 좋아해 만일 그가 네게 '나는 떠나기 싫습니다' 하면 송곳을 가져다 그의 귀를 문에 대고 뚫어라. 그러면 그가 평생에 네

종이 될 것이다"(신 15:16-17)라는 신명기의 지침을 소개했는데,
그와 동일한 내용을 "그러나 그 종이 허심탄회하게 '내가 내 주인
과 내 아내와 자식들을 사랑하니 나가고 싶지 않다'라고 하면 그
주인은… 문이나 문기둥으로 데리고 가서 그 귀를 송곳으로 뚫어
라"(21:5-6)고 기술한 출애굽기의 병렬 구절에서 이 같은 순종의
자세를 직접 보여 주신 분의 이미지가 보다 실체적인 형태로 구현
되어 있음을 목격합니다. 당신의 주인(아버지 하나님)을 사랑했고
아내와 자녀들(우리)을 사랑했기에 그 몸의 뚫림을 감수하셨던,
섬김을 받기 위해서가 아니라 섬기기 위해 종으로 오셨던 예수님,
그분 말입니다.

제사나 예물도, 번제나 속죄제도 원치 않으시는 하나님의 바
람을 대언한 다윗이 "주님께서는 내 두 귀를 열어 주셨습니다"(시
40:6; 새번역)라고 자신의 시편에 적고 있듯, 형식적 제사나 예물
을 원하지 않으시는 하나님께서 우리로부터 가장 바라시는 일은
더 이상 "목이 곧고 마음과 귀가 꽉 막힌 사람들"(행 7:51)이 되지
않는 것이겠지요.

시편의 이 구절을 인용한 히브리서는 "주님은 제사와 예물을
원하지 않으셨습니다. 그래서 나에게 입히실 몸을 마련하셨습니
다"(히 10:5; 표준새번역, 새번역)라는 서술에 이어 그 "몸"으로
"주의 뜻을 행하러" 왔다(히 10:7, 9)고 하신 예수님의 선포도 반
복 소개하고 있습니다.

스스로의 자발적 '의지'와 아버지의 '뜻'에 따라 십자가의 길을

택하신 주님께서 먼저 본을 보이셨듯, 부여 받은 자유의지로, 그리고 공급 받은 "몸"과 "마음"으로 우리가 올려 드려야 할 가장 가치 있는 제사는 "나의 하나님, 내가 주의 뜻 행하기를 즐거워합니다"(시 40:8; 표준새번역)라는 고백과 결단이어야 마땅하지 않을까 생각해 봅니다.

끝맺는 글

저에게 있어 하나님은 "사랑이 그지없는 아버지"이십니다. 기독교인들 사이에서 자주 불리는 "주(主)님"이라는 존칭을 제외하면 가장 일반적으로 사용되는 호칭이 "아버지"이기 때문인지 자신의 생물학적 아버지를 하나님의 이미지에 투영시키는 경우가 많다고 - 그래서 자녀들에게 가혹하거나 무책임한 아버지를 가진 사람은 신앙인이 된 후에도 하나님에 대한 왜곡된 이미지에서 벗어나기 힘들다고 - 하는데, 가족보다는 자신의 삶이 항상 우선이었던 아버지, 평생 교사로 재직하셨지만 혼자 힘으로 자녀를 키우며 쌓이는 '울분'을 과격하게 표현하곤 하시던(제 마음속에 무서운 분으로 자리 잡고 있는) 엄마를 부모님으로 둔 제가 어떻게 하나님을 자애롭고 사랑이 많은 분으로만 인식하게 되었는지 저 자신에게도 불가사의한 일입니다.

물론 그런 한편으로, 하나님을 너무 편하게, 그래서 버릇없이 대하고 있는 것은 아닌가 스스로도 종종 우려스런 마음이 들 만큼 제가 '아버지'를 친근하게 느낄 수 있게 된 데에는, 저의 부족함과 연약함을 어엿비(가엾게) 여기시고 유리그릇 만지듯 늘 조심스레 다루어 주시는 주님의 자애로움이 먼저 있었다는 사실은 잘 알고 있습니다.

2021년 봄 개설 후 꾸준히 운영해 온 블로그(https://blog.naver.com/christin_in_christ)에 게재되었던 40편의 글들을 모아 "숨은 말씀 찾기"라는 제목의 책을 2022년 출간한 이후, 다시 1년여간 소개된 50편의 글들을 종합해 "알아도 모르는 하나님 이야기"라는 이름의 책을 세상에 내놓게 되었습니다. "성경 에세이"라고 부제를 붙였던 "숨은 말씀 찾기"가 제 블로그 공간의 분류처럼 "말씀이 이끄는 삶"이라는 개념으로 묶일 수 있는 글들이었다면, 이번에 출간하는 "알아도 모르는 하나님 이야기"는 "나의 하나님, 우리 하나님"이라는 제목하에 따로 구분했던 내용들입니다.

블로그의 한 이웃분께서 새로운 책의 제목은 "꼬리에 꼬리를 무는 말씀"이 어떻겠느냐는 제안을 주셨을 만큼 "하나님의 품성"(Attribute)이라는 주제와 관련된 다양한 성경 구절들을 거의 빠짐없이 포함하고 있는 글들이기에 읽는 분들에게 다소 '부담스럽게' 느껴질까 우려되는 부분도 있지만, 지금까지 출간된 저의 번역서와 저술서의 성격이 모두 그렇듯 부족한 그 글들이 개인의 묵상 소재로뿐 아니라 공동체의 설교나 성경공부 모임 등에서 참고 자료로도 사용될 수 있길 바라는 간절함의 반영이라고 이해되었으면 합니다.

신학대학원 시절 가르침을 받던 교수님께서 추천의 글을 써주신 "숨은 말씀 찾기"와 달리, 이번 책의 소개 글은 가족인 딸에게 원고를 부탁했습니다. 제 이름으로 단독 출간하는 마지막 책이 될 듯한 본서의 제목을 직접 지어 준 '장본인'인 데다가, 문화 선교의 중요성이 점차 확대되는 이즈음 다음 책을 출간한다면 저희가 "기독교적 영화 읽기"라는 부제로 – 그리고 "영상이몽"(映像異夢)이라는 제목으로 – 함께 포스팅하고 있는 글들을 모은 것이 되리라 예상하기 때문이기도 합니다. 혼자 하는 작업일 수밖에 없는 문서 선교의 특성상 때로 외로움을 느낄 만한 여지가 많은 사역임에도, 늘 공감하고 동역해 주는 가족들이 곁에 있어 하나님께 더욱 감사할 뿐입니다.

제가 깊이 사랑하는 하나님께서 어떤 분이신지 스스로 정리해 보려는 목적도 가진 본서가, 책을 읽는 모든 분들에게 성경의 말씀 속에 제시된 하나님의 인격적 특성을 탐구하는 여정에서 일목요연한 길잡이가 되어 주기를 소망합니다. 자존(自存), 자위(自衛) 등의 개념이 인생의 가장 큰 가치라고 오신한 철없고 무지했던 제가 삶의 길목마다 '가고 섬'을 지시해 줄 누군가를 간절히 찾기 시작한 무렵, 먼저 찾아와 '신호등'이 되어 주신 나의 하나님, 사랑하는 아버지께 이 책을 바칩니다.